アメリカ管理会計発展史

―事業部制組織への適合―

高梠真一 著

創成社

はしがき

　本書の目的は,「管理会計がなぜ, 世界で最初に産業革命を経験し, 原価計算に精通していたイギリスではなく, かつてその植民地であったアメリカで生成・発展したのか」という観点から, 20世紀初頭のデュポン火薬会社において生成したとされる管理会計が, 1921年に構築された事業部制組織に適合して, いかに発展したかを, できる限り一次資料に基づいて検証・考察することである。そして, そのことによって, 管理会計がその境界領域の影響を受け, あるいはこれを取り込みながら, 研究対象領域を拡大させる傾向にある昨今において, 事業部制組織に適合して発展した管理会計が, 本来, どのような会計機能をもつものであったかをとらえなおし, 現在および将来の経営管理に対する管理会計の存在意義を再検討・再確認する場を提供すると共に, 管理会計発展史に関する研究領域に広がりをもたせることを意図するものである。

　また, H. Thomas Johnson と Robert S. Kaplan は, 1987年に著した *Relevance Lost* において, 1925年から1980年の間, 管理会計が企業環境に対して適合性を喪失していたことを, その歴史的な分析に基づいて検証・指摘したが, その指摘が, 果たして正しかったのかどうかを検討することも, 本書の目的の1つである。

　その際, 管理会計の生成については, 筆者は, 前拙著『アメリカ管理会計生成史－投資利益率に基づく経営管理の展開－』において, これを考察した。同拙著では, 20世紀初頭のデュポン火薬会社において, 職能部門別組織を前提として管理会計が生成したことを, できる限り一次資料に基づいて検証した。そして, 投資利益率に基づく経営管理活動が, 具体的には, 予算や標準原価計算といった管理会計技法を軸として, 意思決定と業績評価という観点から, いかに展開されたかを考察した。これに対し, 本書においては, 管理会計の発展に関して, 事業部制組織がより階層的な性格をもつことを考慮して, 経営管理を戦略計画, マネジメント・コントロール, オペレーショナル・コントロールという視点からとらえ, これをできる限り一次資料に基づいて検証・考察する。

iv

　従来，管理会計発展史研究の領域においては，実際の企業で展開された会計実務に基づいた研究ではなく，欧米の研究者による著作・論文等，つまり二次資料に基づく研究，あるいは管理会計論としての研究が主流であり，管理会計技法が経営管理にいかに利用されていたかを一次資料に基づいて考察する研究は，管理会計史に関する一次資料収集の困難性もあって，満足のいくほどにはなされていない。つまり，管理会計の発展に関する研究は，十分であるとはいい難い状況にある。そこで，本書では，従来の管理会計実務に関する歴史研究の穴を埋めるべく，階層的性格をもつ事業部制組織に適合して，管理会計がどのように発展したかを，特に管理会計技法の側面に焦点をあてて，戦略計画，マネジメント・コントロール，オペレーショナル・コントロールという枠組みを用いて検討する。なぜなら，管理会計技法の具体的な内容や利用方法，およびその際に用いられる諸概念等を正確に理解していなければ，管理会計の機能をしっかりと把握し，論理構築を行うことは不可能であると考えられるからである。

　序章では，管理会計発展史における残された課題・疑問等を念頭に置きながら，20世紀初頭に，持株会社としてのデュポン社の事業会社であったデュポン火薬会社で生成した管理会計が，その後，1921年に世界で初めて事業部制組織を構築した，事業会社としてのデュポン社およびGM社において，いかに発展していったかを検証・分析する場合，その検証・分析する意義や方法等について考察する。具体的には，まず，アメリカ管理会計発展史研究を実施する際に，歴史研究そのものの意義と共に，管理会計をどのようにとらえ，その体系をいかに認識するかについて検討する。次に，従来，アメリカ管理会計発展史研究において，何がどこまで明らかにされ，いかなる課題が残されているかを考察する。そして，管理会計が，1921年の事業部制組織の構築という企業環境の変化に対して，どのように適合していったかを検証・分析する場合，一次資料に基づく研究の重要性を指摘すると共に，具体的な仮説を設定し，当該仮説を一次資料による研究成果に基づいて検証するという方法について検討する。

　第1章では，本書で検討する管理会計の発展はその生成あってのことなので，管理会計の発展を考察する前に，デュポン火薬会社において，職能部門別組織を基盤として，管理会計がいかにして生成したかを，できる限り一次資料に基づいて検証する。具体的には，持株会社であったデュポン社，および同社の事

業会社であったデュポン火薬会社が，どのような企業環境の下で設立され，両社の関係はいかなるものであったかを検討する。そして，事業会社としてのデュポン火薬会社において，管理会計が投資利益率を軸として，職能部門別組織に基づいて，いかにして生成したかを考察する。

　第2章では，1921年に世界で最初に事業部制組織を構築・導入したデュポン社とGM社において，事業部制組織が管理会計発展の基盤として，いかなる役割を果たしたかを，両社の関係を検討・分析しながら考察する。本書では，事例として，デュポン社およびGM社を取り上げるが，その理由として，両社が同時期に事業部制組織を構築したという事実と共に，かつてデュポン社の社長であったPierre S. du Pontが，GM社における事業部制組織導入期において，同社の社長に就任していたということも挙げられる。そこで，まず，デュポン社とGM社の関係を検討し，デュポン火薬会社において生成した管理会計の技法・概念が，なぜGM社に移転したかについての背景を分析した後に，両社の事業部制組織が管理会計発展の基盤として，いかなる構造および特徴をもっていたかを検証・考察する。

　第3章では，まず，事業部制組織構築の背景として，当時のGM社の事業部間取引において発生する諸問題について吟味する。そして，管理会計の発展期において十分な検討がなされてこなかった領域の1つである，20世紀初期のGM社における事業部制組織に不可欠な内部振替価格制度の構築に関して，これが，いかなる基本方針や原則に基づいて行われたか，および同制度において用いられる適正利益概念がどのようにとらえられていたか，またコストと投資の概念がいかに認識されていたか，について考察する。

　第4章では，20世紀初期におけるGM社の価格設定政策のために，投資利益率を軸とした同社の管理会計システムがいかに機能したかを検証するが，一次資料収集の困難性もあって，ここでは，かつてデュポン社の財務責任者から，その後GM社の副社長となり，同社の財務委員会のメンバーとして，価格設定政策に携ったDonaldson Brownが，1924年に当時の価格設定政策の実態を著した論文に基づいて，GM社で展開された価格設定政策について検討する。

　第5章では，第1章において，各部門等への資金配分という意思決定活動に役立つ割当予算システムが，20世紀初頭のデュポン火薬会社において生成

したことを考察しているが，この職能部門別組織を前提として構築された割当予算システムが，その後，デュポン社および同社と関係の深かった GM 社において，事業部制組織に適合して，いかに発展していったかを考察する。両社では，同時期の 1921 年に職能部門別組織が事業部制組織に転換されているが，この事業部制組織に対応できるように，20 世紀初頭のデュポン火薬会社で構築された割当予算システムに修正・変更が加えられ，新しい割当予算システムが構築されている。

　第 6 章では，20 世紀前期のデュポン社において開発されたコントロール・チャート・システムが，いかなる構造と機能をもっていたかを，同社を取り巻く企業環境を考慮しながら考察する。そこで，まず，当時のデュポン社において，事業部制組織が構築されて間もない頃，コントロール・チャートがいかに利用されていたかについて検討する。次に，コントロール・チャート・システムを機能させるための組織，および投資利益率を軸としたコントロール・チャートの構造と機能について，デュポン社を取り巻く企業環境を考慮しながら考察する。そして，コントロール・チャートが同社の Top Management による業績評価活動のために，いかに利用されていたかを検証する。

　第 7 章では，20 世紀中期のデュポン社において，情報フレームワークに基づいて導出される割引キャッシュ・フローを含むベンチャー事業の現在価値が，事業部制組織内で提案されるベンチャー事業投資案の評価のために，いかに算出・利用されようとしたかについて検証する。そして，同社を取り巻く企業環境を考慮しながら，割引キャッシュ・フローの役割，およびベンチャー事業の現在価値のもつ意義について検討する。具体的には，まず，事業部制組織を前提として，20 世紀中期のデュポン社におけるベンチャー事業が，いかに展開されたかについて，同社を取り巻く企業環境を考慮しながら考察する。次に，同社がベンチャー事業投資案を評価する際に利用した割引キャッシュ・フロー法の意義・方法，および問題点について検討する。そして，ベンチャー事業価値評価を体系的・継続的に実施するための情報フレームワークがどのようなものであったかを吟味し，その枠内で，その軸となる割引キャッシュ・フローを含むベンチャー事業の現在価値の計算がどのように展開されたか，および，同社のベンチャー事業に関する割当予算の申請・評価・判定がいかに実施されて

いたかを検証する。

　そして，終章では，本書のこれまでの考察を前提として，まず，1921 年に世界で最初に事業部制組織を構築したデュポン社と GM 社を事例として，管理会計が事業部制組織に適合しながら，1921 年から Johnson & Kaplan によって指摘された管理会計の適合性喪失期（1925 年～1980 年）の間に，どのように発展（あるいは衰退）したかを，戦略計画，マネジメント・コントロール，オペレーショナル・コントロールの枠組みを用いて分析する。そして，序章で提示した管理会計発展史に関する仮説を，本書での一次資料による研究成果に基づいて検証する。さらに，その際，Johnson & Kaplan が主張した企業環境に対する管理会計の適合性喪失が，果たして事実であったかどうかも検証の対象としている。

　そこで，本書での検証を可能にするためには，できる限り一次資料に基づいて考察を行う必要がある。なぜなら，管理会計発展史研究が著書・論文等の二次資料に基づいて行われるならば，それらの著者の認識・思考・論理等に引きずられ，新たな歴史的事実の発見，既存の事実の再解釈，そしてそれらの事実に基づく独自の論理構築等を行うことを妨げられる恐れがあるからである。ゆえに，アメリカ管理会計発展史研究を遂行しようとするならば，国内外における先人の研究成果の恩恵を受けつつも，現存する一次資料に基づいた歴史研究が行われるべきであると考えられる。なぜなら，正しい事実の認識が，説得力のある論理の構築を保証するからである。

　本書は，多くの方々のお陰で上梓することができた。筆者は，その全ての人々に感謝を申し上げたいが，ここで，その全てのお名前を記すことができない。お許し頂きたい。筆者は，大分大学の学部から大学院時代にかけては，大野公義先生，故 深見芳文先生，故 繰生正男先生，そして故 和田幹雄先生から，学問の基礎および研究の意義・方法等について教えて頂いた。そして，奉職後は，津守常弘先生（九州大学名誉教授），徳賀芳弘先生（京都大学大学院教授），大石桂一先生（九州大学大学院教授）を中心に毎月開催される九州会計研究会，および毎年 8 月に開催される会計学サマーセミナーに参加される先生方から，会計学研究の意義や方法等について，日常的にご指導を頂いている。また，管理会計史研究および会計史研究の意義や方法等に関しては，特に，上總康行先生（京

都大学名誉教授），そして中野常男先生（神戸大学名誉教授）より常に有益なご指摘・ご助言を頂いている。これらの先生方の支えがなかったならば，本書の執筆は不可能であった。ここに記して，心から深く感謝申し上げる次第である。

　そして，本書で利用した資料に関しても，多くの方々にご協力・お世話を頂いたが，その全てのお名前を記して，お礼を申し上げることができないことをお許し頂きたい。特に，University of Illinois の 故 Vernon K. Zimmerman 先生および附属図書館のスタッフの方々，20年以上にわたり客員研究員として受け入れて頂いている Hagley Museum and Library の Roger Horowitz 博士，Christopher T. Bear 氏，Carol Lockman 氏およびスタッフの方々，そして Kettering University Archives の David White 氏およびスタッフの方々に対しては，ここに記して心からお礼を申し上げたい。これらの方々の専門的見識や助言に基づいて収集できた一次資料によって，本書の完成をみることができた。

　また，筆者は，客員研究員として，University of Illinois および Hagley Museum and Library において滞在・研究する機会を，さらにその後の海外での資料収集の機会を，久留米大学から享受された。自由な研究環境や風土を重んじ，学究生活を支えて頂いた久留米大学関係者の方々に，心より深く感謝申し上げる。

　さらに，本書にかかる研究助成として，久留米大学ビジネス研究所調査研究費補助金，および第1章に関しては，文部科学省科学研究費補助金・基盤研究(c)，また出版については，久留米大学学術振興資金による出版助成金の交付を受けた。これらの補助金・助成金は本書での研究に対して大いなる助力となった。ここに記して，感謝の意を表するものである。

　かつて，筆者が研究者の道に進むことを決意したとき，すすんでその道に送り出してくれた今は亡き父母に，そして研究中心の生活を送る筆者を常に支えてくれている妻に，ここで感謝の意を示すことをお許し頂きたい。

　最後に，出版事情が困難な時勢であるにも係わらず，本書を刊行する機会を与えて頂いた株式会社・創成社社長の塚田尚寛氏ならびに同社出版部の西田徹氏には，心より厚くお礼を申し上げる次第である。

2018年9月　　　　　　　　　　　　　　　　　　　　書斎にて

　　　　　　　　　　　　　　　　　　　　　　　　高梠真一

目　次

はしがき

序　章　アメリカ管理会計発展史研究の意義と視座──1
─生成から発展へ─

1　序………………………………………………………………………………1

2　管理会計に対する認識………………………………………………………3

3　アメリカ管理会計発展史研究の現状と課題………………………………5

　3－1　Johnson & Kaplan による管理会計史研究……6

　3－2　上總康行氏による管理会計史研究……9

4　アメリカ管理会計発展史研究の視座と方法………………………………14

　4－1　一次資料に基づく管理会計史研究の意義……15

　4－2　アメリカ管理会計発展史研究における方法……19

5　小　括………………………………………………………………………22

第1章　職能部門別組織の構築と管理会計の生成──28

1　序……………………………………………………………………………28

2　デュポン社の設立と職能部門別組織の構築………………………………28

　2－1　デュポン社の設立─デュポン火薬会社との関係─……28

3　投資利益率に基づく管理会計の生成………………………………………35

　3－1　戦略計画のための管理会計の生成……38

　3－2　マネジメント・コントロールのための管理会計の生成……41

　　3－2－1　予算編成の実施……41

　　3－2－2　予算統制の実施……45

　3－3　オペレーショナル・コントロールのための管理会計の生成……46

4　小　括………………………………………………………………………50

x

第2章　管理会計発展の基盤————52
—事業部制組織の構築—

1　序 ……………………………………………………52

2　デュポン社と GM 社との関係…………………………52

 2－1　GM 社の設立と職能部門別組織の構築……52

 2－2　デュポン社による GM 社への投資……56

3　管理会計発展の基盤としての事業部制組織の構築…………60

 3－1　デュポン社における事業部制組織の構造と特徴……60

 3－2　GM 社における事業部制組織の構造と特徴……70

4　小　括………………………………………………77

第3章　内部振替価格制度の構築————80

1　序 ……………………………………………………80

2　事業部間取引の問題点………………………………80

3　内部振替価格概念および事業部間取引に関する基本原則の検討………83

4　適正利益概念の考察…………………………………88

5　コスト概念に対する認識と検討………………………90

6　投資概念に対する認識と検討…………………………93

7　内部振替価格制度構築の留意点………………………96

8　小　括………………………………………………99

第4章　価格設定政策の展開————104

1　序 ……………………………………………………104

2　価格設定政策の意義と前提……………………………105

3　基準価格の設定方法…………………………………110

4　価格設定政策の実施…………………………………118

5　小　括………………………………………………123

第5章　割当予算システムの進展————126

1　序……126

2　デュポン社における割当予算システムの構築……127

  2－1　割当予算の要求・申請の手続き……127

  2－2　割当予算の評価・判定の手続き……132

3　GM社における割当予算システムの構築……136

  3－1　割当予算システムのフレームワーク……137

  3－2　割当予算の要求・申請と会計処理の手続き……142

4　GM社のリサーチ活動における割当予算システムの展開……153

  4－1　リサーチ・セクションの意義と組織……154

    4－1－1　リサーチ・セクションの意義……154

    4－1－2　リサーチ・セクションの組織……155

  4－2　リサーチ・セクションにおける割当予算の承認と会計処理……156

  4－3　試験走行場における割当予算の統制……163

5　GMリサーチ社における業務予算の編成と申請……168

  5－1　GMリサーチ社における当初業務予算案の編成……168

  5－2　GMリサーチ社における予算の修正……174

6　小　括……179

第6章　コントロール・チャート・システムの展開——185
―事業部評価への適合―

1　序……185

2　コントロール・チャートの初期の利用―業績評価への貢献―……186

  2－1　コントロール・チャートの財務比率に関する評価・分析……188

  2－2　コントロール・チャートの予測に関する評価・分析……194

  2－3　コントロール・チャートの在庫に関する評価・分析……198

3　コントロール・チャート・システムの構造……202

  3－1　コントロール・チャート・システムに係わる組織……202

  3－2　投資利益率概念の生成・発展……206

  3－3　コントロール・チャートの構成要素……208

xii

　　4　コントロール・チャート・システムの機能……………………………211

　　5　コントロール・チャート・システムにおける業績評価……………232

　　　5－1　1月から4月までの分析………232

　　　5－2　5月から10月までの分析 ……233

　　6　小　括………………………………………………………………………237

第7章　割引キャッシュ・フローの利用―――243
―ベンチャー事業価値評価への適合―

　　1　序………………………………………………………………………………243

　　2　デュポン社におけるベンチャー事業の展開………………………………244

　　3　割引キャッシュ・フロー法の導入とその意義……………………………251

　　　3－1　割引キャッシュ・フロー法導入の背景……251

　　　3－2　割引キャッシュ・フロー法の機能……254

　　　3－3　ベンチャー事業価値評価の問題点……258

　　4　情報フレームワークの構成要素と構造……………………………………260

　　5　ベンチャー事業価値の計算…………………………………………………264

　　6　ベンチャー事業における割当予算システムの展開………………………269

　　　6－1　割当予算の要求・申請……269

　　7　小　括………………………………………………………………………273

終　章　管理会計における発展の特徴と仮説の検証――277

　　1　アメリカ管理会計における発展の特徴……………………………………278

　　　1－1　戦略計画のための管理会計の発展……278

　　　　1－1－1　職能部門別組織における割当予算システムの展開……278

　　　　1－1－2　事業部制組織における割当予算システムの確立……280

　　　1－2　マネジメント・コントロールのための管理会計の発展……281

　　　　1－2－1　職能部門別組織における予算管理の展開……281

　　　　　(1)　予算編成の実施　281

　　　　　(2)　予算統制の実施　282

　　　　１－２－２　事業部制組織におけるコントロール・チャートの利用……282

　　　　　　　　⑴　コントロール・チャートの初期の利用　282

　　　　　　　　⑵　コントロール・チャート・システムの確立　283

　　　１－３　オペレーショナル・コントロールのための管理会計の発展……284

　２　アメリカ管理会計発展史における仮説の検証…………………………286

　　２－１　仮説①の検証……287

　　２－２　仮説②の検証……288

　　２－３　仮説③の検証……290

　　２－４　仮説④の検証……291

参考文献　295

初出一覧　303

索　　引　307

序　章

アメリカ管理会計発展史研究の意義と視座
—生成から発展へ—

1　序

　イギリスの歴史家 Edward Hallett Carr は，歴史を「歴史家と事実との間の相互作用の不断の過程であり，現在と過去との間の尽きることを知らぬ対話」[1] として理解し，「歴史が過去と未来との間に一貫した関係を打ち樹てる時にのみ，歴史は意味と客観性を持つことになる」[2] と指摘している。また，Carr によって 1961 年に著された *What is History ?* の邦訳をされた清水幾太郎氏は，同訳書の「はしがき」で，「過去は，過去のゆえに問題となるのではなく，私たちが生きる現在にとっての意味のゆえに問題になるのであり，他方，現在というものの意味は，孤立した現在においてではなく，過去との関係を通じて明らかになるものである。したがって，時々刻々，現在が未来に食い込むにつれて，過去はその姿を新しくし，その意味を変じて行く」[3] ものであると記され，Carr の歴史哲学について，「私たちを遠い過去へ連れ戻すのではなく，過去を語りながら，現在が未来へ食い込んでいく，その先端に私たちを立たせる」[4] ものであると説明される [5]。

　このような歴史および歴史研究に対する認識・理解は，管理会計史および管理会計史研究にとっても，同様に適用できるものであると考えられる。管理会計（management accounting）は，計画と統制，意思決定と業績評価，あるいは戦略計画，マネジメント・コントロール，オペレーショナル・コントロール等に役立つ会計機能を 1 つの体系として説明できて初めて生成したと考えることができるが [6]，その時期は通常 20 世紀初頭であるといわれることが多い。しかし，その一翼を担ったとされるデュポン社（the E. I. du Pont de Nemours and

Company) や GM 社（the General Motors Corporation）においても，管理会計機能の解明は十分であるとはいい難い状況にある。ただ，デュポン社における管理会計機能の実態は少しずつ明らかにされつつある[7]。しかし，それでも，20世紀のデュポン社における管理会計実務・機能の検証・解明は，まだ不十分である。

また通常，管理会計はその技法的観点からいえば，20世紀初頭のデュポン社において，職能部門別組織（functionalized organization）を基盤として，Top および Middle Management における予算と Lower Management における標準原価計算とが連動して体系的に実施されて初めて，管理会計生成の最低条件が整い，その後に登場した事業部制組織（divisional organization）に適合して，管理会計が発展（企業環境へ適合）したと考えられるが，その検証・考察は，実際の企業のなかで展開された会計実践によってではなく，欧米の研究者によって著された著作に基づいて[8]，つまり，主に二次資料によって，あるいは管理会計論として行われてきた傾向にある[9]。

H. Thomas Johnson & R. S. Kaplan は，1987年に著した *Relevance Lost* の中で，1921年の事業部制組織構築後の1925年から1980年の間に，管理会計は企業環境に対する適合性を喪失していたと指摘し，この間における管理会計実務に関する主要な発展はなかったと論述したが[10]，それは，確かなことであろうか。

また，別の視点からみれば，現在，企業環境が変化し，それに適合できる新しい管理会計の技法・概念がタイムラグを伴いながら登場し，管理会計機能の適応範囲が拡大するという現象は今に始まったことではないが，やはり，そうしたことで，管理会計のフレームワークや体系および本質が変わってしまうのではないか，という危惧が生じる。

本章の目的は，このようないくつかの疑問を念頭に置きながら，20世紀初頭に，持株会社であったデュポン社（the E. I. du Pont de Nemours Company）の事業会社であったデュポン火薬会社（the E. I. du Pont de Nemours Powder Company）で生成した，体系的な機能を有する管理会計が，その後，事業部制組織に改編された事業会社としてのデュポン社および GM 社でいかに発展していったか，つまり，管理会計が事業部制組織の構築という企業環境の変化に

どのように適合していったかを検証・分析する場合，その検証・分析することの意義や視座および方法等について検討することである。

具体的には，まず，アメリカ管理会計発展史研究を実施する際に，管理会計をどのようにとらえ，その体系をいかに認識するかについて検討する。次に，従来，事業部制組織構築後の管理会計実務の発展史研究がいかに展開されてきたかを考察する。そして，最後に，1921 年の事業部制組織構築以降，デュポン社と GM 社におけるアメリカ管理会計発展史研究を行う際の視座および方法について検討することにする。

2　管理会計に対する認識

1958 年度のアメリカ会計学会（American Accounting Association: AAA）管理会計委員会報告書によれば，「管理会計とは，経済実体の歴史的および計画的な経済的データを処理するにあたって，経営管理者が合理的な経済目的の達成計画を設定し，またこれらの諸目的を達成するために知的な意思決定を行うのを援助するため，適切な技術と概念を適用することである」[11]と定義される。そして，「管理会計は，有効な計画設定や代替的な企業活動からの選択，および業績の評価と解釈による統制に必要な方法や概念を含み，また，管理会計の研究は，経営管理上の特殊な諸問題，意思決定および日々の課業との関連において，会計情報を収集・総合・分析・提示する方法を考察することからなる」[12]と説明される。

このような定義・説明は，現在，管理会計に対する一般的な認識であり，本章では，管理会計を上記の定義のようにとらえ，この認識に従って考察を展開することにする。ただ，この定義・説明に対し，上總康行氏は，「この見解は注目に値するが，この定義には，管理会計が歴史的に発展してきたという事実が十分反映されていない」[13]と指摘される。また，田中隆雄氏が主張されるように，「管理会計の定義が異なれば，歴史研究にあたって，多くの歴史的事実から何を抽出し，何を軸に歴史の発展を把握するかということも異なってくる。つまり，管理会計に対する認識が異なれば，管理会計史研究の主題も異ならざるをえない」[14]ことは常に留意されるべきである。

4

そこで，アメリカ管理会計発展史研究を行う場合，管理会計の定義を明確に示しておくと同時に，管理会計をより深く理解・認識し，管理会計の実体を十分に説明できるようにするためには，その体系についても，これを整理・検討しておかなければならない。管理会計は経営管理のための会計機能であり，管理会計の体系は経営管理のとらえ方によって左右される。よって，管理会計の体系は，図表序－1に示されるように，さまざまな観点から説明されるが，それは，各時代の管理会計のとらえ方によって，また管理会計のいかなる側面に力点を置いて説明するかによって異なってくると考えられる[15]。

図表序－1　管理会計の諸体系

AAA 1955年		ベイヤー㉑	ASOBAT 1966年		マックファーランド㉒	アンソニー
計画	個別計画	意思決定会計	計画	アンプログラムド	資本投資をともなう個別計画	戦略計画
	期間計画			プログラムド	製品別・市場別個別利益計画	マネジメント・コントロール（予算管理を中心とする）
統制		業績評価会計	統制	アンプログラムド	予算の編成と統制	
				プログラムド		オペレーショナル・コントロール

（出所）青木［1984］，p.30.

そして，1921年の事業部制組織構築以降の管理会計実務の発展に関する歴史研究を行うためには，それまでよりも複雑で高度に階層化した事業部制組織をベースとする経営管理活動の理解が必要となる。そこで，そのような状況に対応できる経営管理および管理会計の体系が求められる。その場合，自ら独自の体系を構築してもよいが，現時点では先人の見解を超えるものを見い出せないので，本書では，管理会計の発展（企業環境への適合）の検証を行う場合，戦略計画，マネジメント・コントロール，オペレーショナル・コントロールという経営管理の体系に対応させて考察することにする[16]。なぜなら，管理会計

の発展を職能部門別組織から事業部制組織への変更という観点から考察する場合，経営管理活動を，計画と統制，あるいは意思決定と業績評価等として認識するよりも，戦略計画，マネジメント・コントロール，そしてオペレーショナル・コントロールとしてとらえた方が，経営管理階層によって計画および統制を行う内容や方法が異なるという視点を，より明確に説明できると考えられるからである[17]。

　なお，筆者が2004年に著した拙著『アメリカ管理会計生成史－投資利益率に基づく経営管理の展開－』では，20世紀初頭のデュポン火薬会社における管理会計の生成を，意思決定会計と業績評価会計という体系に基づいて検証した[18]。なぜなら，職能部門別組織を前提としたデュポン火薬会社は，当時，持株会社であったデュポン社の1事業会社であり，その後に登場する事業部制組織を擁した事業会社としてのデュポン社と比較した場合，その経営管理階層はそれほど複雑には分化していなかったことから，資本的支出だけでなく運転資本等を包括した割当予算（appropriation）による資金配分機能を1つのまとまりとしてとらえ，これを意思決定に役立つ会計機能とし，予算管理と原価管理に関する会計機能を業績評価に役立つ会計機能として把握する体系が，当時の管理会計をもっともわかりやすく説明できると考えたからである[19]。

3　アメリカ管理会計発展史研究の現状と課題

　従来，管理会計の歴史研究は，理論，実務，学説等を対象として展開されてきたが，本書では，管理会計実務の発展史を考察の対象としている。そして，前述したように，本章の目的は，Top Management から Lower Management までを包括した，体系的な管理会計実務が20世紀初頭に生成した後，1921年の事業部制組織構築以降から1980年まで，管理会計実務がいかに発展（企業環境へ適合）していったかを検証・分析する際の意義，視座，および方法について検討することである。そこで，ここでは，本章の目的との関連性から，これまで展開されてきた事業部制組織構築以降の管理会計実務の発展期における歴史研究に重点を置き，その研究がいかなる意義・目的をもち，その目的を達成するために，どのような歴史的考察が行われたかを検討する。

6

そのために，紙面の関係上，具体的な業績として，1987年にH. Thomas Johnson & Robert S. Kaplan によって著された*Relevance Lost*，および1989年に上總康行氏によって著された『アメリカ管理会計史』（上巻・下巻）を取り上げるが，管理会計実務の発展に関する歴史研究は生成のそれに比べて少ないのが現状である[20]。しかし，もちろん，管理会計の発展はその生成あってのことなので，以下，管理会計の発展を，その生成に関する歴史研究とも関連させながら，Johnson & Kaplan，および上總氏の管理会計史研究全体に焦点を当てて検討することにする。

3-1　Johnson & Kaplan による管理会計史研究

H. Thomas Johnson & Robert S. Kaplan は，1987年に*Relevance Lost*を著したが，第1章では，現場の管理者が原価を削減し生産性を向上させようとしても，管理会計報告書が役に立たないこと，また管理会計システムによって正確な製品原価を獲得できないこと，および管理者の観点が短期的な月次損益計算書に限定されていること，等を（同書が執筆された）当時の危機的状況として認識し，これらの企業環境に対する適合性喪失の状況を歴史的考察から得られた知見に基づいて回復させることが，同書の目的であると述べている[21]。

第2章では，Johnson & Kaplan は，事例として，ライマン紡織工場（the Lyman Mills）の他に，19世紀中期の鉄道会社，19世紀末の鉄鋼会社，および流通業と小売業を取り上げ，それらに共通した管理技法として原価計算システムが用いられた事実を検証した。彼らは，ライマン紡織工場とカーネギー・スティール社（the Carnegie Steel Company）では各工程における直接加工費，ルイビル・ナッシュビル鉄道（the Louisville & Nashville Railroad Company）ではトン・マイル当たりコスト（cost per ton-mile），および流通業と小売業では資本回転率（stock turn）が会計情報として利用されたことを指摘したが，資本投資に対する不確実性が少なかったこと，および単一活動の中で投資意思決定を行うだけでよかったこと等を理由として，当時，投資利益率（return on investment）のような投資効率を示す指標はまだ使用されていないと結論付けた。また，第3章では，科学的管理の展開，標準原価計算，製品原価計算の生成について言及されている[22]。

そして，第4章では，その内容が Johnson による 1975 年の論文に従って記述されており[23]，彼は，1910 年代末頃までに，投資利益率を軸とした管理会計実務がデュポン火薬会社において初めて生成したことを，一次資料に基づいて検証した。しかし，筆者の一次資料に基づく歴史分析によれば，19 世紀中期のアメリカ鉄道会社であるウェスタン鉄道（the Western Railroad Corporation）において，割当予算が投資利益率に基づいて作成・利用された事実が確認されている[24]。また，第5章の GM 社に関する記述は，その内容が Johnson による 1978 年の論文を基礎にして執筆されていることは明らかであるが[25]，1920 年代において，デュポン社と強い繋がりのあった GM 社における管理会計実務の発展が，事業部制組織の構築を前提として考察された[26]。

このように，19 世紀中期から 1920 年代における Johnson & Kaplan の歴史研究（実質的には Johnson の研究）の目的は，管理会計が企業環境にしっかりと適合し，着実に生成・発展した事実を，一次資料に基づいて明らかにすることであった。しかし，第6章では，それまで生成・発展してきた管理会計が 1925 年以降，企業環境に対する適合性を喪失したことが歴史的考察によって検証・分析されたが，その主な理由としては，経営管理活動に対する情報コスト削減の圧力もあって，財務会計において財務報告のために作成された会計情報が，経営管理のために利用されるようになったこと等が指摘された[27]。

第7章では，第6章で指摘された 1925 年から 1980 年までの管理会計の適合性喪失期において，意思決定目的のために考案された，いくつかの管理会計の技法・概念について検討されている。それは，研究者によって取り上げられた資本予算（capital budgeting）や割引キャッシュ・フロー（discounted cash flow），限界原価（marginal cost）等であり，当時，いくつかの企業はそれらの技法を取り入れようとしたが，多くの企業では－特に投資利益率を管理会計実務の技法としていち早く利用したデュポン社でさえ（だからこそ）－，1970 年代までプロジェクト評価のために投資利益率に固執し，これを利用していたことが指摘された。また，学際的領域であったオペレーションズ・リサーチや情報経済学等も実務に対しては，あまり役に立っていないとの見解が述べられている。そして，第7章では，研究領域での業績が実務のためには十分に受け入れられていなかったと分析されたが[28]，筆者の一次資料に基づく分析によれば，デュポン

社では1960年代あたりから，ベンチャー事業への投資意思決定の方法として，割引キャッシュ・フローを用いたやり方を研究・導入しようとした事実が確認されている[29]。

　第8章では，企業環境の変化に適合できない1980年代における管理会計システムの弊害が主張されたが，特に，経営管理のための原価計算における直接労務費に基づく製造間接費配賦法の不適切性が指摘され，その不適切性が，事業部制組織等を擁する大規模な企業経営にもたらす有害性について言及されると共に，管理会計システムにおける適切な改善が必要であることが主張されている。それを受けて，第9章では，1970年代の日本における全社的品質管理やジャストインタイム等の技法が紹介され，コンピュータを利用した統合生産システムの登場，製品ライフサイクルの短縮化，規制緩和，そして総原価に占める直接労務費の割合の減少等の企業環境の変化が指摘され，それらの変化に適合するために，具体的には，新しい原価計算システム，およびマネジメント・コントロールや業績測定に関するシステムを開発することが必要であると強調された[30]。

　第10章では，第9章の指摘に対応して，新しい原価計算システムについて言及されており，企業環境の変化に適合する新しいコスト・ドライバー（cost drivers）という概念を用いて，製造間接費を適切に配賦できるシステムを提案したが，それは，正確な製品原価を算出できることを意味していた。今日でいう活動基準原価計算（activity based costing）の登場である。そして，最後の11章でも，第9章の指摘に応える形で，原価管理や業績測定に関するシステムについて言及されたが，短期的な財務尺度を重視するという姿勢を改め，非財務指標を視野に入れた業績測定システム構築の必要性が強調された。そして，最後に，新しい管理会計システムを生み出すには，原点（基本）に戻ることが必要であり，企業にとって何が重要であるかを知ることである，と締めくくられた[31]。

　以上のように，Johnson & Kaplan は，*Relevance Lost* の中で，管理会計の歴史研究を土台として，企業環境への適合性を喪失した管理会計がその適合性を回復させるために，管理会計の出発点に立ち戻り，そもそも管理会計とはいかなる会計機能であったのかを再認識し，その歴史的考察の中に，適合性回復

への活路を見い出そうとしたのである。つまり，彼らは，歴史的考察の結果，管理会計が企業環境に対する適合性をもっていた段階・時代では，経営管理のためだけに構築されたシステムから会計情報を導出・利用していたのに対して，1925年以降，外部報告や監査等のために設計されたシステムから経営管理に不可欠な会計情報を獲得・利用するようになったので，管理会計の適合性喪失を招いたという結論を導き出した。ゆえに，Johnson & Kaplan の管理会計史研究の目的は，1925年から1980年までに喪失した，企業環境に対する管理会計の適合性を回復させるための鍵を，歴史研究の中で見つけ出すことであったと考えることができる。

3-2　上總康行氏による管理会計史研究

　上總康行氏によって1989年に著された『アメリカ管理会計史』（上巻・下巻）は，「19世紀中葉から20世紀中葉までのおよそ100年間を対象として，アメリカ合衆国における管理会計の歴史的展開を明らかにしようとしたもの」[32]であり，膨大な著書・論文等に基づいて管理会計の通史が考察されているが，その通史を考察した理由として，今後，個別的な研究が積み重ねられることが必要であると記された後で，「個別的な研究が積み重ねられていくとしても，その全体像をある程度つかまえておかなければ，場合によっては，まさに『木を見て森を見ず』という結果に陥ってしまう危険も生じる」という観点が示された[33]。

　そして，同書には上巻と下巻があり，上巻では管理会計の萌芽期から生成期まで，下巻ではその成立期から展開期まで，が考察の対象とされるが，本章では，管理会計発展史を取り扱うので，その考察対象期間は下巻とほぼ同一である。そこで，同書の上巻（萌芽期から生成期まで）を生成期，下巻（成立期から展開期まで）を発展期として認識することにする[34]。

　まず，序章では，アメリカ管理会計史が展開される際に，従来の管理会計史研究のさまざまな視座・方法等が整理・検討され，管理会計の構造・機能に対する認識が示された後に，管理会計史の発展段階モデルが提案されるが，それは，図表序-2で示される。図表序-2によれば，その発展段階モデルにおいて，萌芽期（～1880年頃），生成期（1880年～1920年頃），成立期（1920年～50年頃），展開期（1950年頃～）の4つの発展段階が設定されている[35]。

10

　そして，本章で認識される管理会計の生成期は，図表序－2では萌芽期と生成期に分けられ，前者が「配当利益計算を主な計算目的としており，いましばらく簿記システムで間に合っていた時代」，後者が「垂直統合企業において会計システムが導入され，体系的管理の展開を支援するため，全社的な規模での管理単位計算が行われていた時代」としてとらえられた。また，本章で考察の対象とする管理会計の発展期は，図表序－2では成立期と展開期に分けられ，前者が「科学的管理の全国的な展開にともなって予算システムが普及していき，そのもとで資本蓄積を強化するための利益計算が行われ，さらに過去計算に加えて，未来計算が行われるようになった時代」，後者が「多角的企業の隆盛にともない事業部制組織が採用され，予算管理システムのもとで投資単位ごとの利益計算が行われるようになった時代」として把握された[36]。

図表序－2　アメリカ管理会計史の発展段階モデル

区分\要因	萌 芽 期	生 成 期	成 立 期	展 開 期
経 営 構 造	単一職能企業	垂直統合企業	垂直統合企業	多角化企業
管 理 組 織	直 線 組 織	職能部門別組織	職能部門別組織	事業部制組織
利 用 目 的	成 行 管 理	体系的管理	科学的管理	人間関係管理
計 算 目 的	配当利益計算	管理単位計算	未来利益計算	投資単位利益計算
管理会計システム	簿記システム	会計システム	予算システム	予算管理システム

（出所）上總 [1989], p.19.

　萌芽期は第1章から第4章において論述される。まず，第1章において，19世紀中期の典型的なウォルサム型アメリカ綿工業会社であったライマン・ミルズ会社（the Lyman Mills Corporation）において，当時としては，先駆的な工業会計システムが管理手段として利用されていた事実が検証・分析された。第2章では，19世紀中期の巨大鉄道会社で構築された会計システムが管理会計実務の萌芽としてとらえられたが，そのことを検証する事例として，ニューヨーク・エリー鉄道（the New York and Erie Railroad Company）が取り上げられ，同

鉄道の経営管理のための経営管理組織，および会計情報や時刻表の利用の状況が考察された。第3章では，1860年代から1870年代にかけての巨大鉄道会社であったルイビル・ナッシュビル鉄道（the Louisville and Nashville Railroad Company）において，同社で展開された拡張戦略，経営管理のためのトン・マイル当たり営業費の利用，鉄道運賃政策等が分析・検討された。第4章では，Henry Bradley Plant が1870年代から1880年代にかけて，アメリカ南部のいくつもの巨大鉄道会社を効率よく管理するためのプラント鉄道システム（plant system）を構築していくプロセス，および予算統制の状況が管理会計実務の萌芽として論述された[37]。

そして，生成期は第5章から第7章において論じられる。第5章において，アメリカ機械工業における職長帝国の無機能化やアメリカ機械技師協会の設立，そして直接工場管理体制を可能とする工場の作業機構，および管理機構の改革について分析された。第6章では，体系的管理と科学的管理の展開による職長帝国の崩壊，および直接工場管理体制の確立を前提として，原価計算と一般会計を結合させたストルザース・ウェルズ商会（the Struthers, Wells & Company）の工場会計システムが考察された。第7章では，第一次企業合同運動の中で誕生した垂直統合企業であった，20世紀初頭のデュポン火薬会社において，その経営管理の内容や組織，財務構造等が分析され，建設資金割当予算（construction appropriation）システムや投資利益率に基づく統合会計システム－製造会計システム，販売会計システム，購買会計システムの結合－が構築されることによって，管理者集団を説得・誘導するための重層的ないし階層的管理会計実務が，トップ・マネジメントのための会計→ロワー・マネジメントのための会計という段階を経て生成したと認識された[38]。

次に，下巻は，本章の考察対象である事業部制組織構築後の管理会計発展史の時期に相当するが，第8章から第12章までが管理会計の成立期，第13章から第16章までがその展開期として考察されている[39]。

第8章では，1920年代の管理会計実務が検証されるが，当時の巨大電気機器製造会社であったゼネラル・エレクトリック社（the General Electric Company）が取り上げられ，その財務政策の展開の状況，そして予算システムの導入，およびそれによって可能となった予算統制の実態とその普及の状況が検討され

た。第9章では，1929年を起点とした大恐慌期に対応するために，1930年代に事業部制組織を導入していたウェスティングハウス電気製造会社（the Westinghouse Electric & Manufacturing Company）における財務政策の展開，および経営戦略や経営管理機構の改革の中で，同社の予算システムに基づく変動予算の実施，そしてその普及の状況が検証された。第10章では，1930年代において，損益分岐点分析と変動予算を結合した利益管理の方法が，大恐慌の危機を乗り越えるトップ・マネジメントのための経営管理手法として紹介・検討された。また，全部原価計算における固定的製造間接費の配賦に起因する利益測定の歪みを修正する目的で，Jonathan N. Harris によって提唱された直接原価計算が検討され，それが，損益分岐点図表や変動予算と共に，予算統制を補完するトップ・マネジメントのための管理会計技法であることが指摘された[40]。

また，第11章では，第二次世界大戦後から1950年代にかけて，事業部制組織に基づいて展開された，人間関係管理を重視した管理会計の改革について論述された。主に，現業管理者である職長を中心とした人間関係管理が取り上げられ，そのために，要約財務諸表を従業員に公開すること，職長に管理者意識を醸成するための管理会計教育を実施すること，予算の編成や標準原価の設定等のような管理会計過程に職長を参加させること，が指摘された。第12章では，予算システムが，責任会計論の見地から，標準原価計算を包摂・統合することによって，総合管理と現業管理のための階層的会計報告システムとして再構築されたこと，が論述され，そのことが，管理会計の成立期を特徴づけたと指摘された[41]。

さらに，第13章から第16章までの展開期では，第13章において，1950年代前半の巨大化学会社であり，事業部制組織を擁するモンサント化学会社（the Monsanto Chemical Company）が取り上げられ，投資利益率を中軸的利益概念として，予算管理を軸とした，現代的で多角的な管理会計実務の実施状況が検証された。第14章では，1950年代に，事業部制組織を擁する巨大電気機器製造会社であったゼネラル・エレクトリック社において，集権的経営管理を必要とする，事業部制組織に基づく業績評価活動に貢献した参加型予算管理の内容が考察された。第15章では，1950年代に，事業部制組織を擁する，多角化した巨大食品会社であったH. J. ハインツ社（the H. J. Heinz Company）において，

予算システムと直接原価計算が結合された管理会計システムに基づいて，主要製品ライン別の短期限界利益管理の実施状況が明らかにされた。第 16 章では，1950 年代における巨大軍需企業であったロッキード航空機会社（the Lockheed Aircraft Corporation）において，長期計画設定が分析・検討され，戦略的計画設定のための管理会計技法として，長期利益計画，および割引現金価値法を含む資本予算のような代替案評価技法が考察された[42]。

　以上のように，上總氏はそれまで試みられることのなかった，19 世紀中期から 20 世紀中期までの 100 年に及ぶ管理会計実務の歴史を通史として考察されたが，1950 年以降における新しい管理会計システムは，戦略的計画設定のための会計，総合管理のための会計，現業管理のための会計，から構成される階層的管理会計システムとして登場し，多角的な経営戦略や人間関係管理を支援すると共に，投資利益率に基づく目標利益を獲得するものであったと分析された[43]。

　そして，上總氏は，『アメリカ管理会計史』の終章において，今後の課題として 4 つの点を指摘された。まず，1 つ目に，同書が 19 世紀中期から 1950 年代までを考察の対象とされたことから，情報処理技術の発展や新しい会計技法の開発が展開された，1960 年代以降の管理会計実務が分析の対象とされなかったこと，2 つ目に，同書の主な目的が，さまざまな隣接の歴史研究を吸収しながら，アメリカ管理会計史の全体像を描くことであったため，主要な管理会計技法の歴史研究が十分になされなかったこと，3 つ目に，同書で提案されたアメリカ管理会計史の発展段階モデルについて，今後もさらに再検討が必要であること，そして，4 つ目に，同書では，管理会計は財務政策に規定されると指摘されたが，今後，管理会計史と財務会計史を統合したアメリカ企業会計史としての歴史研究が必要になる可能性があること，が指摘された[44]。

　以上，事業部制組織構築以降の管理会計発展期を含む管理会計史研究が，従来，どのように展開されてきたかを，Johnson & Kaplan および上總氏の管理会計史研究に基づいて検討した。その際，Johnson & Kaplan の研究では，1925 年から 1980 年まで，管理会計実務の発展はなかったと主張された[45]。しかし，上總氏はその反対に，管理会計の生成・発展の歴史を，19 世紀中期

14

から20世紀中期まで詳細に分析された[46]。では，なぜ1925年以降において，両者の認識に違いが生じたのであろうか。

　また，田中隆雄氏は，1982年に著された『管理会計発達史－アメリカ巨大製造会社における管理会計の成立－』の中で，「(体系的な管理会計がデュポン火薬会社で生成した後－筆者記述) 1920年以降今日に至るまでの管理会計の主要技法の開発または導入を，企業の実務と関連させて明らかにすること」が，これからの課題であると記され，1920年以降から1980年頃までの管理会計実務の発展に注目された[47]。しかし，現在，上總氏が指摘された4つの課題を含めて，それらの課題が十分に解決されたとは考え難い。

　そこで，次に，これらの課題の解決に少しでも貢献するために，先人の研究成果の恩恵を受けつつも，できる限り一次資料に基づいて，企業環境の大きな変化が生じた事業部制組織構築後の1921年頃から1980年までの時期において，管理会計実務がいかに発展（あるいは衰退）したかを検証・考察する際に，どのような視座をもち，いかなる方法でそれに取り組むかを検討する。この場合，本書での考察期間には，Johnson & Kaplan が管理会計実務の発展はなかったと指摘した，1925年から1980年までの適合性喪失期が含まれている[48]。

4　アメリカ管理会計発展史研究の視座と方法

　前述したように，Johnson & Kaplan の管理会計史研究は，主に一次資料に基づく管理会計の生成・発展に関する先駆的研究であり[49]，上總氏の管理会計史研究は，管理会計の生成から発展までが通史として分析された，膨大な二次資料に基づく歴史研究である。そこで，これらの研究が管理会計発展史研究に対して，大きな貢献をしたことを認識した上で，まず，一次資料に基づく管理会計史研究の意義について検討する。そして，これまでの管理会計発展史研究の中から，前述の課題を含めて，疑問および未解決問題等を掘り起こし，一次資料による分析に基づいて，これまでの研究において解明されていない部分をいくらかでも穴埋めし，前述の課題や疑問および未解決問題を少しでも解決するための方法について検討する。

4－1　一次資料に基づく管理会計史研究の意義

　管理会計の生成期において，Johnson & Kaplan および田中隆雄氏は一次資料に基づく考察を行うことによって，投資利益率は 20 世紀初頭デュポン火薬会社の経営管理のために初めて利用されたという見解を示されたが[50]，実際には，一次資料の分析に従えば，19 世紀中期のアメリカ鉄道会社であったウェスタン鉄道および 19 世紀後期の鉄鋼会社であったカーネギー・スティール社において，割当予算作成のために投資利益率が利用されていたことが確認されている[51]。では，なぜそのような認識の相違が生じるのであろうか。その原因は，従来の研究では，19 世紀におけるウェスタン鉄道やカーネギー・スティール社に関して，一次資料に基づく検証・分析が十分に行われてこなかったことにあると考えられる[52]。

　そこで，ここではまず，そのことを証明するために，具体的な事例を用いて，これまでの管理会計史研究では十分に認識されてこなかった視点を抽出し，一次資料に基づく管理会計史研究の意義を検討する。ただ，管理会計史研究を行う場合，当該研究に利用される一次資料は外部に公表されていないものが多いので，財務会計史研究等と比べて，資料収集が困難であることも考慮しておかなければならない。ゆえに，そのような一次資料の収集環境を前提として，事例としては，19 世紀中期のウェスタン鉄道および 19 世紀後期のカーネギー・スティール社を取り上げ，両社において，投資利益率が経営管理のために，いかに利用されていたかを一次資料に基づいて検証し，その具体的な検証プロセスを提示することによって，一次資料に基づく管理会計史研究の意義を指摘する[53]。

　19 世紀中期のアメリカ鉄道会社であったウェスタン鉄道は，当初の鉄道ルートが，Massachusetts 州 Worcester から Springfield を経由して，New York 州 Albany までの約 150 マイルに及び，3 つの鉄道管区（division）をもつ最初の長距離地域間鉄道であったので，1850 年代に巨大鉄道会社が直面する，それまでとは異なる複雑な経営管理の問題を 1830 年代から経験した，先例のない挑戦を余儀なくされた鉄道会社であった[54]。本章において，ウェスタン鉄道を事例として取り上げた理由はそこにある。

　そして，ウェスタン鉄道は公的性格を有していたため，1833 年 3 月 15 日に，Massachusetts 州から鉄道建設の許可を得るための設立特許状（charter）を与

えられ[55]，州法によって，授権資本金の額が2,000,000ドルであること等が定められた[56]。また，鉄道路線の全面開通時には，鉄道建設に要した投資額（the cost of the road）に対する年間利益額の割合（投資利益率）が10%を超えるような鉄道運賃が設定された場合，州政府は同鉄道の同意を得た上で，その運賃を引き下げる権利をもっていた[57]。

　そこで，ウェスタン鉄道が1835年に，WorcesterとSpringfieldの間において，(資金) 割当予算を作成し，鉄道運賃を設定した事例を検討することにする。その割当予算は，図表序-3で示される。図表序-3によれば，この区間における鉄道建設の基礎工事に要する投資額が1,900,000ドルと見積もられ（図表序-3の最下部），年間貨物量が53,400トン，年間乗客が55,510人と予測された上で，投資利益率が10%程度になるように，貨物1トン当たり4ドル，乗客1人当たり2ドルと設定され，貨物輸送収入が213,000ドル（正確には213,600ドルと考えられる；53,400トン×4ドル=213,600ドル），乗客輸送収入が111,020ドル（55,510人×2ドル），および郵便貨物収入が10,000ドルと見積もられた。そして，これらの年間収入総額334,620ドルから，年間費用総額130,572ドルを差し引いた営業利益が204,048ドルと見積もられたが，この営業利益額と投資額の割合である投資利益率は，この割当予算作成時の達成目標である10%程度（204,048ドル÷1,900,000ドル）であることが確認できる。

図表序-3　割当予算の作成と鉄道運賃の設定

53,400 ton, at $4		213,000
55,510 passengers, at $2		111,020
Add for Mail		10,000
Gross estimated income		$334,620
All the expenses of the Worcester road		
including $15,000 for deterioration were per year	100,572	
Add for increased length western	30,000	130,572
Net estimated income on	$1,900,000	$204,048

（出所）Western Railroad Corporation [1839]，pp.6-7.（最上部に記される213,000ドルは213,600ドルの誤りであると考えられるが，原図表のまま表示した。）

序　章　アメリカ管理会計発展史研究の意義と視座　17

　そして，図表序 - 3で示される割当予算において，投資利益率10％を確実に達成するためには，鉄道建設の基礎工事に要する投資額を，できる限り少なく見積もることができるような鉄道ルートを選定する必要がある。1836年8月15日に2人のエンジニアによって作成された報告書には，鉄道建設の基礎工事に要する見積投資額（cost；投資コスト）の他に，当該区間の距離（length），最も高い地点の標高値（height of summit），鉄道路線の傾斜の程度（grade; 底辺を1マイルとしたときの高さで表示）等も，鉄道ルートを比較・選定する際に検討された[58]。

　この点に関して，Johnson & Kaplan および田中氏は，19世紀中期のアメリカ鉄道会社の経営管理のためには，トン・マイル当たりのコストと営業比率（operating ratio）を用いれば，それで十分であり，当時，経営管理のために，投資利益率はまだ利用されていなかったと指摘された[59]。しかし，一次資料に基づいて検証されるように，19世紀中期のウェスタン鉄道では，見積営業利益と鉄道建設の基礎工事に要する見積投資額の割合である投資利益率が，割当予算を作成する際の基準として利用されていた[60]。

　そして，19世紀後期最大の鉄鋼会社であったカーネギー・スティール社は，1892年に資本金25,000,000ドルで設立されたが，当時，アメリカ合衆国海軍は3隻の軍艦を建造する必要に迫られており，アメリカ連邦議会では，複数の会社を競合させることによって，この3隻の軍艦の建造に使用される軍艦装甲用鋼鉄板を，どの鉄鋼会社に注文するかが検討された[61]。

　1897年12月10日に発行されたアメリカ鉄鋼協会（the American Iron and Steel Association）の会報には，カーネギー・スティール社は，自社の軍艦装甲用鋼鉄板の契約価格が適正であることを主張するために，同年4月17日に，その価格設定の根拠を説明するための割当予算を海軍長官に提出したことが記されている[62]。それは，図表序 - 4によって示される。

　図表序 - 4によれば，19世紀後期のカーネギー・スティール社においては，工場設備への巨額の投資を確実に回収できるように，投資利益率が利用されたが，まず，総投資額，総製造販売高，総費用等が見積もられ，投資利益率8％（減価償却を考慮しなければ11.5％）を目標値として，鉄鋼価格が設定されるような割当予算が作成された。つまり，同社は，目標投資利益率を8％（あるいは

11.5％）として，総投資額 4,126,019.77 ドルを回収するために，軍艦装甲用鋼鉄板トン当たり契約価格を 541.94 ドルと設定した場合，適正な利益を獲得できるかどうかを事前に確認しておく必要があり，それと同時に，鋼鉄板のトン当たり契約価格 541.94 ドルが適正であることをアメリカ海軍省に証明・主張するために，投資利益率を利用した[63]。

　ところが，Johnson & Kaplan は，19 世紀後期のアメリカ鉄鋼会社の経営管理のために，直接材料費および加工費に関するコスト情報が利用され，製造直接費に関する他社との比較・分析が実施されたが，投資利益率は利用されなか

図表序－4　割当予算の作成と鋼鉄価格の設定

Proceeds of same, $6,764,476.87, or $541.94 per ton.	Per Ton.
Secretary Herbert's basis of cost of manufacture, labor, and	
material, excluding maintenance ··	$197.78
Maintenance, 10 per cent. on cost of plant, excluding land and	
interest, $306,101.97 per annum, or, on 2,270 tons* ·······················	134.84
Total cost of armor plate as established on Secretary Herbert's	
basis ····················	$332.62

SUMMARY AND DEDUCTIONS.

12,482 tons of armor shipped.		
Proceeds, per ton ·········	$541.94	$6,764,476.87
Cost, per ton ··········	332.62	4,151,762.87
Profit, without allowance for depreciation············	$209.32	$2,612,714.00
Or $475,039 per annum.		
Investment-Plant···········		$3,376,019.77
Working capital ·········		750,000.00
Total ·········		$4,126,019.77
Annual return, without allowance for depreciation or for interest on		
investment, about 11½ per cent.		
Total cost of plant ··········		$3,376,019.77
Deduct-Land ···········	$240,000	
Salvage+ ··········	1,000,000	1,240,000.00
Loss when Navy shall have been completed in, say, 15		
years ··········		$2,136,019.77
Or $142,401 per annum.		
Net revenue for manufacturing, $332,638 per annum, or 8 per cent. per		
annum on capital invested.		

（出所）American Iron and Steel Association [1897], pp.14-15.

ったと指摘した[64]。しかし，一次資料に基づいて検証されるように，19世紀後期のカーネギー・スティール社では，見積営業利益と見積総投資（固定的投資＋運転資本）の割合である投資利益率が，割当予算を作成する際の基準として利用されていた[65]。

4－2　アメリカ管理会計発展史研究における方法

　筆者のアメリカ管理会計史研究は，「管理会計がなぜ，世界で最初に産業革命を経験し，原価計算に精通していたイギリスではなく，かつてその植民地であったアメリカで生成したのか」という観点から出発した。そして，筆者の拙著『アメリカ管理会計生成史－投資利益率に基づく経営管理の展開－』において，投資利益率に基づく管理会計実務が，19世紀のアメリカ鉄道会社で展開された鉄道管理会計の影響を受けながら，20世紀初頭のデュポン火薬会社でいかにして生成したかを考察したが，その研究は，次のような4つの仮説を設定し，それらを一次資料に基づいて検証するという方法で行われた[66]。

① デュポン火薬会社で展開された管理会計においては，投資利益率を軸として，意思決定会計と業績評価会計が連動して体系的に機能していた。

② 製造業における投資利益率を軸とした管理会計システムは，19世紀中期のアメリカ鉄道会社で展開された鉄道管理会計の影響を受けたものである。

③ GM社における投資利益率を軸とした管理会計システムは，デュポン火薬会社のそれの影響を受けたものである。

④ デュポン火薬会社およびGM社における管理会計も，鉄道管理会計の場合と同様に，Top Management → Middle Management → Lower Management というように「上から下へ」と生成した。

　そして，本章では，体系的・本格的な管理会計が20世紀初頭のデュポン火薬会社で生成した後，1921年における事業部制組織の構築という企業環境の変化に適合して，デュポン社やGM社でいかに発展していったかを考察する際に，どのような視座にたち，いかなる検証方法を用いるかを検討する。その場合，管理会計は1925年までに生成・発展し，1925年から1980年までその発展はなかったとする Johnson & Kaplan の主張に関していえば，1921年から

1925 年までは，彼らの研究と本研究ではその見解を同じくするが，この期間における彼らの考察では，内部振替価格（transfer prices）の利用や割当予算システム（appropriation system）の進化等がほとんど検討されていないので，これまでの研究で抜け落ちている領域を一次資料に基づいて，さらに検証する必要がある[67]。

また，Johnson & Kaplan が指摘した，1925 年から 1980 年までの企業環境に対する管理会計の適合性喪失期における考察についても，当時のアメリカ経済不振の原因を全て管理会計の適合性喪失に押しつけるような論調－例えば製造間接費の不適切な配賦等が確認されたとしても－はどうかと考えられる。そこで，この点に関しては，1940 年代のデュポン社における投資利益率を軸としたコントロール・チャート・システム（control chart system）の構築，および 1960 年代の同社における投資利益率と割引キャッシュ・フローに基づく設備投資意思決定の展開，等について再検証する必要がある。なぜなら，これらの管理会計実務の発展の考察について，Johnson & Kaplan が依拠したのは全て二次資料であり，一次資料を分析した形跡は見当たらないからである[68]。

さらに，前述したように，田中隆雄氏が，「1920 年以降今日に至るまでの管理会計の主要技法の開発または導入を，企業の実務と関連させて明らかにすること」をこれからの課題とされたこと[69]，また上總康行氏が，『アメリカ管理会計史』の中で，1960 年代以降の管理会計実務が分析の対象とされなかったこと，および主要な管理会計技法の歴史研究が十分になされなかったことを今後の課題とされたこと[70]，等を念頭に置いた場合，これらの課題がこれまで十分に解決されたとは考え難いので，本書での挑戦は，これらの課題の解決に少しでも貢献しようとするものである。

そこで，本章では，上述のような課題の解決や未解決問題の解明等に挑戦するために，これまでの研究成果を基にして，以下のような具体的な 4 つの仮説を設定し，それらを一次資料に基づいて検証する具体的内容と方法を提示する[71]。

1 つ目は，次のような仮説である。20 世紀初頭のデュポン火薬会社においては，意思決定や業績評価のために投資利益率が利用されたが，この投資利益率は，主に，割当予算システムにおいて，経営執行委員会等の Top Management が各部門や各事業体から要求される割当予算やプロジェクト等

を評価・判定する際に利用されると共に，営業予算を編成する場合等にもその基準として用いられた[72]。これに対し，1921年の事業部制組織構築以降のデュポン社においては，割当予算システムでの投資利益率の利用方法が職能部門別組織の場合とは異なり，前記の役割に加えて，コントロール・チャート・システムにおいて，各事業部の評価のためにも利用されるようになったという仮説である。そして，そのことを一次資料によって検証できれば，割当予算システムや投資利益率を軸としたコントロール・チャート（control chart）という管理会計技法が，職能部門別組織から事業部制組織への変更という企業環境の変化に適合して登場したことを検証できると考えられる。

　この点については，これまで，前記のJohnson & Kaplanによって，1987年に著された*Relevance Lost*の第4章で少し記述がなされているが，前述したように，その分析には全て二次資料が使われており，事業部制組織と投資利益率との関係は明確に検証されていない[73]。また，高浦忠彦氏によって1992年に著された『資本利益率のアメリカ経営史』の第3章では，デュポン社のチャート・システム（chart system）について考察されているが，投資利益率（同書では資本利益率と表示）を事業部ではなく部門の業績評価基準として分析され，事業部制組織との関係からは十分な検討がなされていない[74]。

　2つ目は，これまでの研究成果によれば，体系的・本格的な管理会計は，20世紀初頭のデュポン火薬会社において，職能部門別組織に基づいて生成したと分析されたが[75]，それはさらに事業部制組織に適合して発展したという仮説である。この仮説は，具体的には，事業部制組織の登場によって，新たに，内部振替価格，基準価格，コントロール・チャート，割引キャッシュ・フロー等が，事業部制組織を前提として利用されるようになったかどうかを検証することによって確認できると考えられる。その際，コントロール・チャートの利用については，1つ目の仮説を検証することによって導き出すことができると考えられるが，これを含めて，それらが本当に事業部制組織に特有の管理会計技法であるかを一次資料に基づいて検証する。

　3つ目は，これまでの研究成果によれば，管理会計の生成期において，その中心的管理会計技法は投資利益率であり，投資利益率は，19世紀中期の鉄道会社，19世紀後期の鉄鋼会社，および20世紀初頭の火薬会社で利用された当

初から，株式投資のためではなく，意思決定や業績評価という経営管理のために利用されたが[76]，このことは，1921年の事業部制組織構築後も，さらに企業環境に対する管理会計の適合性喪失が指摘された1925年から1980年に至る時期においても同様であるという仮説であり[77]，それは1つ目と2つ目の仮説を検証することによって派生的に導出されるものである。その際，投資利益率は時代背景や企業環境の変化に適合しながら，その分母と分子の内容を変化させているが[78]，企業環境の大きな変化をもたらした1921年の事業部制組織構築後も，意思決定や業績評価のために利用されたことを一次資料に基づいて検証する。

4つ目は，管理会計は1921年の事業部制組織構築以降，主に戦略計画およびマネジメント・コントロールの領域で発展し，オペレーショナル・コントロールの分野では発展しなかったという仮説である。これは1つ目，2つ目，および3つ目の仮説を検証することによって派生的に導き出されるものである。その際，本書では，管理会計の発展を職能部門別組織から事業部制組織への変更という観点から考察する場合，前述したように，経営管理階層によって計画および統制を行う内容や方法が異なるという視点をより明確に説明できるという理由から[79]，戦略計画，マネジメント・コントロール，オペレーショナル・コントロールという経営管理の体系に対応させて考察する[80]。よって，この観点からみれば，1921年の事業部制組織構築以降に展開された割当予算システムの構築，基準価格，内部振替価格，コントロール・チャート，割引キャッシュ・フローの利用等は，全て戦略計画，マネジメント・コントロールのための管理会計の発展状況を示しており，標準原価計算のようなオペレーショナル・コントロールのための管理会計技法の発展はなかったということを検証できると考えられる。

5 小 括

本章では，アメリカ管理会計発展史研究を実施する際に，まず，管理会計をどのようにとらえ，その体系をいかに認識するかについて検討し，従来，事業部制組織構築後の管理会計実務の発展史研究がいかに展開されてきたかを考察

した。そして，管理会計が事業部制組織の構築という企業環境の変化にどのように適合していったか（あるいは適合できなかったか）を検証・分析する場合，その検証・分析することの意義や視座，およびこれまでに検証されていない疑問・課題や未解決の問題等について，仮説を設定し，それを検証するという方法について検討した。なぜなら，一次資料の分析から得られた検証結果に基づいて再構成される認識・論理を獲得することによって，現在および未来における管理会計に対する理解を少しでも深め，現在の問題を解決する鍵を見い出すことができると考えられるからである。

　ゆえに，管理会計発展史に限らず，その生成史を含む管理会計史研究においては，まず，事実の正確な認識が大切であり，事実の正確な認識が，論理的な事実の再構成を可能にし，説得力のある論理の構築を導くものと考えられる。また逆の見方をすれば，どんなに精巧な論理が展開されたとしても，その前提となる事実の認識が誤っていたら，全く無駄ではないとしても，その論理構築に投入された努力は空しいものになる。また，現時点では，現在の問題の解決およびそれに係わる論理の構築に役に立つかどうかはっきりとはわからない歴史的事実でも，歴史家のフィルターをとおして，未来の観点から，これらを選択・解釈・保存しておいた方がよいと判断される場合はそうするべきである。なぜなら，その選択・解釈・保存された事実が，現在および未来において，絶対に役に立たないとは断言できないからである。

　そして，管理会計の領域においても，課題や未解決問題等の全くない時代はないと考えられるが，それらが存在する限り，歴史研究を止めることはできないのである。ただ，その場合，「苦しいときの歴史頼み」のような歴史研究は目の前の問題解決には繋がるかもしれないが，それと共に，長期的な観点からの歴史研究が必要であると考えられる。なぜなら，現在および未来の管理会計の実体を正確に理解・認識し，現在における疑問・課題・未解決問題等に対処できる堅固な論理構築を行うためには，管理会計史の一断面を考察するだけではなく，その全体を視野に入れた，継続した歴史研究を実施することが必要不可欠であると考えられるからである。

【注】

1 ）Carr［1990］, p.30；清水訳［2013］, p.40；Edward Hallett Carr は 1961 年の 1 月から 3 月の間に，Cambridge 大学で歴史に関する講演を行うが，Carr がその講演内容を同年に著書としてまとめたものが，*What is History ?* である。そして，本書で利用したのは，1990 年に発行された第 2 版である。また，同書は清水幾太郎氏によって訳され，1962 年に『歴史とは何か』として出版されたが，本書では，2013 年に出版された第 2 版の訳書（第 81 刷）を使用した。

2 ）Carr［1990］, p.130；清水訳［2013］, p.194.

3 ）清水訳［2013］, はしがき, pp.ⅲ - ⅳ.

4 ）清水訳［2013］, はしがき, p.ⅳ.

5 ）Edward Hallett Carr は，歴史を未来との関係から考慮した場合，「『なぜ』という問題とは別に，歴史家はまた『どこへ』という問題を提起するもの」（Carr［1990］, p.108；清水訳［2013］, p.160）であると述べている。そして，両者の関係を，「過去の諸事件と次第に現われて来る未来の諸目的の間の対話」として理解し，「過去に対する歴史家の解釈も，重要なもの，意味あるものの選択も，新しいゴールが次第に現われるに伴って進化」するものであり（Carr［1990］, pp.123-124；清水訳［2013］, p.184），「未来へ向かって進歩するという能力に自信を失った社会は，やがて，過去におけるみずからの進歩にも無関心になってしまう」と指摘している（Carr［1990］, p.132；清水訳［2013］, p.197）。

6 ）青木［1984］, p.30.

7 ）Johnson［1975］；Johnson［1978］；高寺・醍醐［1979］（第 10 章，第 11 章）；田中［1982］；Johnson and Kaplan［1987］；上總［1989］（第 7 章）；高浦［1992］（第 3 章）；高梠［2004］（第 4 章，第 5 章，第 6 章）。

8 ）Johnson［1975］；Johnson and Kaplan［1987］。

9 ）辻［1971］；高寺・醍醐［1979］；小林［1987］；上總［1989；伊藤［1992］；廣本［1993］；足立［1996］。

10）Johnson and Kaplan［1987］, pp.175-177.

11）ＡＡＡ［1959］, p.209；青木監修・櫻井訳著［1979］, p.149.

12）ＡＡＡ［1959］, p.209；青木監修・櫻井訳著［1979］, p.149.

13）上總［1993］, p.21.

14）田中［1982］, p.1.

15）青木［1984］, pp.28-35.

16）Anthony［1965］。

17）高寺・醍醐［1979］, pp.181-182.

18）高梠［2004］。

序　章　アメリカ管理会計発展史研究の意義と視座　25

19）高梠［2004］, pp.5-6.

20）アメリカ管理会計の生成期に関する歴史研究には，辻［1971］，田中［1982］，
Johnson and Kaplan［1987］，上總［1989］，足立［1996］，高梠［2004］等があるが，
もちろん，これらの他にも存在する。

21）Johnson and Kaplan［1987］, pp.1-18.

22）Johnson and Kaplan［1987］, pp.19-59；第2章から第5章までの歴史的考察は
Johnson によって展開された一次資料に基づく分析である。第2章のライマン紡織
工場に関しては，1972年の論文に基づいて記述されているが，この論文には，19
世紀中期のライマン紡織工場において，同工場の原価計算システムがいかに展開さ
れたかについて考察されている（Johnson［1972］）。

23）Johnson［1975］。

24）Western Railroad Corporation［1839］, pp.6-7；高梠［1999］, pp.57-60.

25）Johnson［1978］。

26）Johnson and Kaplan［1987］, pp.61-123.

27）Johnson and Kaplan［1987］, pp.125-151.

28）Johnson and Kaplan［1987］, pp.153-181.

29）高梠［2012a］；高梠［2012b］。

30）Johnson and Kaplan［1987］, pp.183-225.

31）Johnson and Kaplan［1987］, pp.227-263.

32）上總［1989］, はしがき（2）。

33）上總［1989］, はしがき（2）。

34）上總［1989］。

35）上總［1989］, pp.3-18.

36）上總［1989］, pp.19-20.

37）上總［1989］, pp.29-196.

38）上總［1989］, pp.199-284.

39）上總［1989］（下巻）。

40）上總［1989］, pp.289-415.

41）上總［1989］, pp.416-472.

42）上總［1989］, pp.475-610；上總［1989］では，1951年に Joel Dean によって著され
た *Capital Budgeting* に基づいて，内部利益率法が提唱されたことが指摘されている
が，その後，割引現金流入法がアメリカ巨大企業において，普及しつつある状況が考
察される（上總［1989］, pp.597-602；Dean［1951］, pp.14-35）。

43）上總［1989］, pp.604-605.

44）上總［1989］, pp.621-622.

45）Johnson and Kaplan [1987]。

46）上總 [1989]。

47）田中 [1982], p.248.

48）Johnson and Kaplan [1987], pp.175-177.

49）注2）を参照。Johnson & Kaplan によって著された *Relevance Lost* の第2章か
ら第5章までは，Johnson によって展開された一次資料による歴史研究であると考
えられる。

50）Johnson [1975]；田中 [1982]；Johnson and Kaplan [1987]。

51）Western Railroad Corporation [1839]；American Iron and Steel Association
[1897]。

52）高梠 [2017b]。

53）もちろん，これらの他にも重要な事例は存在するが，本書では，紙面の関係上，
19世紀の鉄道会社と鉄鋼会社の2つの事例のみを取り上げる。

54）Chandler [1980], p.82；高梠 [1999], p.40；高梠 [2017a], p.108；高梠 [2017b], p.33.

55）Chandler [1980], p.82.

56）Western Railroad Corporation [1838a], p.2.

57）Western Railroad Corporation [1836], p.19.

58）Western Railroad Corporation [1838b], pp.19-36；高梠 [1999], pp.68-69；高梠 [2017a],
pp.109-110；高梠 [2017b], p.35；鉄道建設の基礎工事とは，崖を削って傾斜を緩やか
にしたり，トンネルを掘ったり，橋を架けたりして，鉄道ルートを確保するための土
木工事のことである。そして，この土木工事に要する投資額は当時の総投資額の中で
一番大きな割合を占めていたので，複数の提案された鉄道ルートの中から，その見
積額が最も少ないルートが選定される傾向にあった（Western Railroad Corporation
[1838b], pp.28-36；Western Railroad Corporation [1842], p.11；高梠 [1999], pp.68-82）。

59）田中 [1982], p.133；Johnson and Kaplan [1987], p.38, pp.42-43.

60）高梠 [2017b], pp.33-35；上總 [1989] では，Albert Fink の研究に基づいて，1870年代の
アメリカ巨大鉄道会社において，投資利益率の端緒的利用の状況が考察されている（上
總 [1989], pp.131-132）。また，Albert Fink による 19世紀アメリカ鉄道業の原価計算機能
の研究については，日立 [1996]（pp.463-510）を参照。

61）American Iron and Steel Association [1897], pp.3-4.

62）American Iron and Steel Association [1897], pp.14-15.

63）高梠 [2004], pp.84-85.

64）Johnson and Kaplan [1987], pp.32-34.

65）高梠 [2017b], pp.35-38；カーネギー・スティール社の設立者であった Andrew
Carnegie は，同社を設立する以前には，ペンシルベニア鉄道（the Pennsylvania

Railroad Company) の管区長としての経歴をもっていた (Livesay [1975], pp.40-42)。また，足立 [1996] では，カーネギー・スティール社の原価計算機能について，詳細な考察がなされている (pp.511-557)。

66) 高梠 [2004], pp.16-17, pp.338-351; 仮説 (4) については，上總 [1989] ですでに指摘されているが (pp.273-279)，高梠 [2004] では，これを一次資料に基づいて再確認している。ただ，この仮説 (4) の認識に関しては，田中 [1982] によれば，管理会計は，Lower Management から Middle Management を経由して Top Management のための管理会計へと生成・発展したという結論になっている (pp.229-249)。また，廣本 [2008] によれば，「管理会計実務の歴史を読み直してみると，管理会計実務が適切な MM ループを形成するように発展してきたことが明らかになる。・・・（省略 − 筆者）・・・MM ループの形成過程は，一般に，多様である。『下から上へ』でも『上から下へ』でもなく，ローカルに存在する個別のシステムが結合する形でより大きな MM ループが形成されることもある。」(pp.175-178) と説明される。

67) Johnson and Kaplan [1987]；内部振替価格の考察に関しては，Johnson and Kaplan [1987] (pp.114-115) において，1 ページ程度の記述があるだけである。

68) Johnson and Kaplan [1987], pp.84-87, pp.163-165.

69) 田中 [1982], p.248.

70) 上總 [1989], pp.621-622.

71) 高梠 [2017b]；高梠 [2017c]；高梠 [2018]。

72) 高梠 [2004], pp.170-271.

73) Johnson and Kaplan [1987], pp.84-87.

74) 高浦 [1992], pp.73-129; 高浦 [1992] では，第 1 次世界大戦期以降のデュポン社におけるチャート・システムの成立・展開について考察されている (pp.107-123)。

75) 高梠 [2004]。

76) 高梠 [1999]；高梠 [2004]。

77) Johnson and Kaplan [1987], pp.175-177.

78) 高浦 [1992]。

79) 高寺・醍醐 [1979], pp.181-182.

80) Anthony [1965]。

第1章

職能部門別組織の構築と管理会計の生成

1 序

　本章では，管理会計の発展を考察する前に，デュポン火薬会社において，職能部門別組織を基盤として，管理会計がいかにして生成したかを，できる限り一次資料に基づいて検証する。まず，20世紀初頭，持株会社であったデュポン社，および同社の事業会社であったデュポン火薬会社がどのような状況の下で設立され，両社の関係はいかなるものであったかを検討すると共に，デュポン火薬会社で構築された職能部門別組織がどのようなものであったかを考察する。そして，管理会計が投資利益率を軸として，職能部門別組織に基づいて，いかにして生成したかを検証する。

2 デュポン社の設立と職能部門別組織の構築

2-1 デュポン社の設立—デュポン火薬会社との関係—

　デュポン社の歴史は，1802年に，1799年のフランス革命の動乱を逃れてアメリカに移住したとされるデュポン一族の Eleuthere Irenee du Pont が，Delaware 州 Wilmington の Brandywine 河畔に火薬工場を建設したことから始まった[1]。その後，1902年1月に，当時のデュポン社（the E. I. du Pont de Nemours and Company）の社長であった Eugene du Pont が急死したため，デュポン一族にかかわりのある残りの5人の株主（所有経営者）はデュポン社の将来について話し合いをもったが，最も若い Alfred du Pont だけが売却に反対し，従兄弟の T. Coleman du Pont と Pierre S. du Pont の協力を得て，1902

年3月にデュポン社を買い取り，持株会社としてのデュポン社 (the E. I. du Pont de Nemours Company) を設立し，火薬事業の経営権を継承した。その際，持株会社としてのデュポン社における財務状況と株主は，図表1－1のように示される[2]。

図表1－1によれば，持株会社としてのデュポン社は旧デュポン社を買い取るために，償還期限30年，年間利息4％の社債12,000,000ドルを発行し，これと同時に，額面100ドルの普通株120,000株を発行した。そして，持株会社としてのデュポン社では，この120,000株の72％に相当する86,400株のうち，新たに株主となったColemanが43,200株，PierreとAlfredが各々21,600株を取得し，残りの33,600株を旧株主が所有した。

図表1－1 持株会社としてのデュポン社の設立時における財務状況と株主

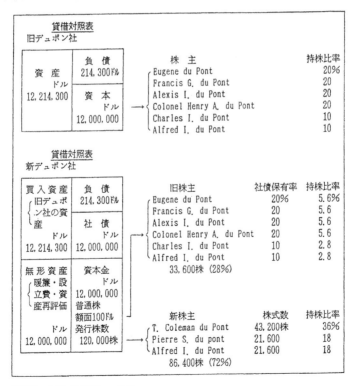

（出所）上總［1989］，p.250.

このように，持株会社としてのデュポン社は Coleman, Pierre, そして Alfred というデュポン一族の人間によって設立されたが，この 3 人の従兄弟は全員，Massachusetts Institute of Technology で教育を受けていた。Alfred はデュポン社を経営し，Coleman は市街鉄道用レールと電装品を製造・販売していたジョンソン社（the Johnson Company）とロレイン・スティール社 (the Lorain Steel Company) を経営していたが，1896 年に，Coleman はロレイン・スティール社の工場に原価計算の新方式を導入するために，Frederic W. Taylor を雇った。そして，1899 年には，Pierre もロレイン・スティール社の事業に加わっており，これらの会社で培われた 3 人の経営手腕は新しいデュポン社で発揮されることになる[3]。

19 世紀末，アメリカの火薬業界は，大手から中小の企業まで参加する 2 つの水平的企業連合体である火薬工業協会（the Gunpowder Trade Association）とイースタン・ダイナマイト社（the Eastern Dynamite Company）によって支配されていた。1872 年に創設された火薬工業協会は黒色火薬の価格と生産量を決定し，1895 年に設立されたイースタン・ダイナマイト社は新しいダイナマイト事業をコントロールする持株会社であったが[4]，3 人のデュポン家の従兄弟は，これらの水平的連合体を新デュポン社の下に垂直的に統合するために，持株会社としてのデュポン社の中に，100％所有の子会社のハザード火薬会社 (the Hazard Powder Company) およびダイナマイト生産を主力とする他の子会社を吸収合併し，当時の競争相手であった業界大手のラフリン・アンド・ランド火薬会社（the Laflin & Rand Powder Company）を買収した[5]。そして，1903 年 5 月に，授権資本金 50,000,000 ドルで事業会社としてのデュポン火薬会社が設立され[6]，火薬工業協会とイースタン・ダイナマイト社を構成していた各企業は事実上，このデュポン火薬会社の組織に組み込まれることになったが[7]，持株会社であるデュポン社と新しく設立された事業会社としてのデュポン火薬会社との関係は，図表 1 － 2 によって示される。図表 1 － 2 によれば，当時，持株会社であったデュポン社は，デュポン火薬会社の株式の 75.92％，そして，GM 社の株式の 30.29％ を取得していたことを確認することができる。

デュポン火薬会社は，1903 年に多くの火薬会社を寄せ集めて設立されたときには，当時の他の企業と同様に，集権的な職能部門別組織を採用してい

図表1－2　持株会社としてのデュポン社とデュポン火薬会社との関係

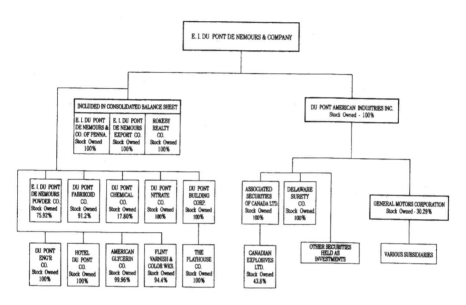

（出所）Du Pont [1919], pp.10-11.

た。図表1－3では，1911年当時のデュポン火薬会社における職能部門別組織が示される。図表1－3によれば，経営執行委員会（executive committee）の下に社長（president）と財務委員会（finance committee）が設置され，社長は，全般管理者（general manager），販売部門（sales department），軍需用火薬販売部門（military department），購買部門（purchases department），法律部門（legal department），開発部門（development department），および不動産部門（real estate department）を管理した。そして，全般管理者は高性能爆薬部門（high explosives operating department），黒色火薬部門（black powder operating department），無煙火薬部門（smokeless operating department），エンジニアリング部門（engineering department），および化学調査実験部門（chemical research experimental department）を管理した。一方，財務委員会は財務部長（treasurer）と文書部長（secretary）を管理し，財務部長は監査役（auditor）とコントローラー（comptroller）を管理した[8]。

図表1−3 デュポン火薬会社の職能部門別組織 (1911年)

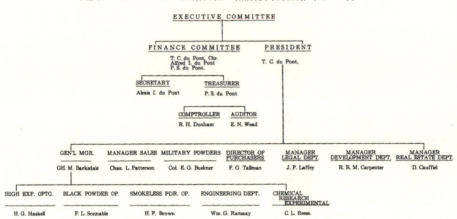

(出所) Records of du Pont, Series Ⅱ, Part 2, Box 1002.

　ところが，デュポン火薬会社は1906年に，反トラスト法 (the antitrust laws) 違反で告発を受けており，1912年に会社分割を余儀なくされたため，1915年には組織変更を行った。そして，それまで持株会社であったデュポン社の組織は事業会社に変更され，この新しく事業会社となったデュポン社が分割されたデュポン火薬会社を買収する形で設立されたが[9]，会社分割の影響が軽微だったこともあって，1914年の第一次世界大戦の勃発を起因として，デュポン社は未曾有の利益を獲得することになる。そして，デュポン社は持株会社としての社名を1902年以降，the E. I. du Pont de Nemours company としていたが，1915年以降の新しい事業会社としての新デュポン社の社名については，これを，1902年以前の the E. I. du Pont de Nemours and Company に変更した[10]。そして，図表1−4では，事業部制組織構築前の1920年4月15日当時のデュポン社が，どのような会社から構成されていたかが示されているが，事業会社となったデュポン社と買収されたデュポン火薬会社を含む他の会社との関係を確認することができる[11]。

第 1 章　職能部門別組織の構築と管理会計の生成　33

図表 1 − 4　デュポン社の構成会社（1920 年 4 月 15 日）

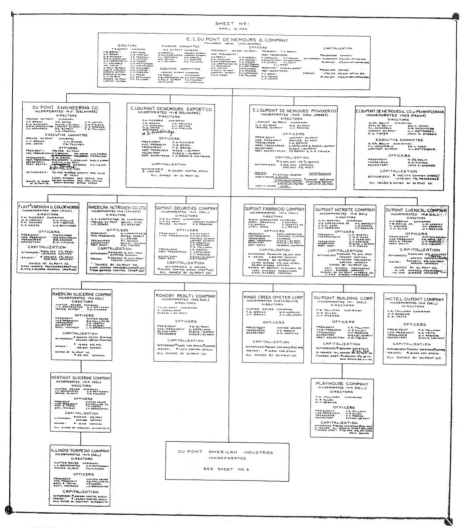

（出所）Du Pont, *Du Pont Company Subsidiaries*, Box 2.

　そこで，事業会社となったデュポン社は，多くの会社を従来どおりの集権的な職能部門別組織によって管理運営しようとしたが，結局，それには無理があるということを当初から認識していたため，同社では，事業部制組織に

関する研究が開始された。そして，GM 社と同時期の 1921 年に，世界で最初に事業部制組織を構築・導入した[12]。このことは，組織形態を現実の経営状況に合わせたといってもいいかもしれない。というのは，この当時，デュポン社では，すでに割当予算システムの構築・展開によって，各部門等から工場設備建設等に要する割当予算の申請が行われ，それに対する Top Management による，投資利益率を用いた割当予算の判定・資金の配分が実施されていたからである[13]。

なお，職能部門別組織から事業部制組織への転換期である 1920 年と 1921 年におけるデュポン社の要約された連結貸借対照表と連結損益勘定がそれぞれ，図表 1 - 5 と図表 1 - 6 によって示される。

図表 1 - 5　デュポン社の連結貸借対照表

E. I. DU PONT DE NEMOURS & COMPANY IN WHICH IS CONSOLIDATED E. I. DU PONT DE NEMOURS & COMPANY OF PENNA., E. I. DU PONT DE NEMOURS EXPORT COMPANY, ROKEBY REALTY COMPANY

COMPARATIVE BALANCE SHEET, DECEMBER 31st

ASSETS	1920	1921
Cash	$13,479,364.14	$16,988,206.41
Notes and Accounts Receivable	21,058,355.13	12,831,759.11
Materials and Finished Products	52,096,947.95	24,707,323.83
	$86,634,667.22	$54,527,289.35
Advances to Controlled Companies	$10,629,801.79	$8,774,143.63
Marketable Securities (Including Treasury Bonds)	1,507,509.27	1,269,588.58
Securities Held for Permanent Investment	62,811,801.68	98,099,235.97*
Realty not including Plant Real Estate	1,049,174.83	2,425,964.03
Permanent Investment in Manufacturing Property, Patents, Goodwill, etc.	90,527,629.33	84,783,974.93
Deferred Debit Items (including Bond Discount)	199,286.91	2,328,221.42
Total Assets	$253,359,871.03	$252,208,417.91

LIABILITIES	1920	1921
Accounts and Notes Payable, including Accrued Dividends on Debenture Stock and Accrued Interest on Bonds	$18,913,260.13	$3,359,009.42
Deferred Liabilities and Credit Items	4,477,863.35	941,518.19
	$23,391,123.48	$4,300,527.61
Advances from Controlled Companies	$7,286,296.97	$4,894,340.28
7½% Bonds due 1931		35,000,000.00
CAPITALIZATION		
Debenture Stock Issued	$70,629,050.00	$71,243,250.00
Common Stock Issued	63,378,335.00	63,378,300.00
	$134,007,385.00	$134,621,550.00
Reserves for Depreciation, Accidents, Pensions, etc.	$8,540,233.46	$6,870,222.06
Reserves for Contingencies	10,475,083.85	441,118.25
Surplus	69,659,748.27	66,080,659.71
Total Liabilities	$253,359,871.03	$252,208,417.91

Contingent Liabilities: The Company has guaranteed the performance of certain contracts of wholly owned subsidiaries; it is not anticipated that any liability will arise under such guarantees.
*Reference is made to the report of the President regarding the values represented by these investments.

（出所）Records of E. I. du Pont, Accession 1662, Box 6.

第1章　職能部門別組織の構築と管理会計の生成　35

図表1－6　デュポン社の連結損益勘定

E. I. DU PONT DE NEMOURS & COMPANY, IN WHICH IS CONSOLIDATED E. I. DU PONT
DE NEMOURS & COMPANY OF PENNA., E. I. DU PONT DE NEMOURS EXPORT
COMPANY, ROKEBY REALTY COMPANY

PROFIT AND LOSS ACCOUNT FOR THE YEAR ENDED DECEMBER 31st

	1920	1921
Net Sales	$93,983,291.67	$55,285,181.38
Net Income from Operations and Investments	$15,058,022.21	$7,253,072.11(b)
Profit and Loss on Sale of Real Estate, Securities, etc.	494,789.85(a)	200,883.25
	$14,563,232.36	$7,458,955.36
Deduct: Bond Interest, including proportion of discount		$1,696,537.92
Balance of Income for the year	$14,563,232.36	$5,762,417.44
Surplus at beginning of year	71,741,304.41	69,659,748.27
	$86,304,536.77	$75,422,165.71
Deduct:		
Debenture Stock Dividend paid in Cash	$3,813,424.50	$4,273,602.00
Common Stock Dividend paid in Cash	6,267,747.00	5,067,904.00
Surplus Capitalized:		
Common Stock Dividends paid in Common Stock	$4,524,135.00	....
Discount on Debenture Stock issued in payment for Property Purchased	2,039,482.00	....
Total	$16,644,788.50	$9,341,506.00
Surplus at end of year	$69,659,748.27	$66,080,659.71

(a) Indicates loss.

(b) Inventories were revalued on December 31, 1921, resulting in an adjustment of $8,681,451, which together with $2,161,355, covering extraordinary items not properly chargeable against earnings for the year 1921 were applied against Reserves previously created for contingencies. Net Income includes interest and dividends amounting to $11,880,312.34 received from securities held for permanent investment.

Note: Reference is made in the report of the President to accrued earnings in other companies whose securities are held for permanent investment.

（出所）Records of E. I. du Pont, Accession 1662, Box 6.

3　投資利益率に基づく管理会計の生成

　以上のように，デュポン社は，20世紀初頭には持株会社として機能し，その事業会社として設立されたデュポン火薬会社では，職能部門別組織に基づいて管理・運営が展開された。その際，同火薬会社において，19世紀のアメリカ鉄道会社で考案された投資利益率概念に工夫を加えて，製造業の経営管理にうまく適合できるような投資利益率（return on investment）が考案・利用された[14]。そして，20世紀初頭のデュポン火薬会社で利用された投資利益率の構造は，図表1－7で示される。

　図表1－7によれば，ダイナマイトのコストと工場への投資額との関係を分析するために，投資利益率が利用されているが，Gが投資額に対する総売上高の割合である総資本（投資）回転率（ratio of gross receipts to net investment）であり，gは総売上高に対する利益の割合である売上高利益率（percent of net income to gross receipts）を示しており，投資利益率はこのGとgの積として表

される。そして，1909年と1913年に，総売上高に対する総コストの割合（総売上高対総コスト率）を算出・比較し，その差を，工場コスト，輸送費，販売費，および管理費ごとに1909年の総資本回転率0.7868に掛けて，投資額に対する総コストの割合（投資額対総コスト率）を示すことによって，これらの数値が投資利益率に与える影響を分析・検討している。また，1909年と1913年における総資本回転率と売上高利益率の積として算出される投資利益率の差が示されるが，両者を比較した場合に，売上高利益率は1913年の方が0.06だけ大きいものの，総資本回転率は逆に1909年の方が0.1251大きいことが示され，両者の積としての投資利益率の値は1909年の方が2.211だけ大きいことが表示されている。さらに，図表1－7では，同様の比較・分析が1912年と1913年に

図表1－7　20世紀初頭における投資利益率の構成要因

(G=Ratio of Gross Receipts to Net Investment
(g=Percent of Net Income to Gross Receipts
(Return on Investment=G×g

		1909	1913	DIFFER-ENCE	MULTIPLYING FACTOR				EFFECT ON RETURN ON NET INVESTMENT
Mill Cost (Percent of Gross Receipts)		66.25	65.86	.36	1909 Value of G =	.7868			.306
Frt. & Del.	″ ″ ″ ″	7.12	7.38	.26	″ ″	″	″	″	.204
Selling Exp.	″ ″ ″ ″	4.79	5.23	.44	″ ″	″	″	″	.346
Administrative	″ ″ ″ ″	3.85	3.48	.37	″ ″	″	″	″	.291
Total Cost		82.01	81.95	.06	″ ″	″	″	″	.047
Ratio of Gross Receipts to Net Invst.(G)		.7868	.6617	.1251	1913 Value of g =	18.05			2.258
									2.211

TOTAL DIFFERENCE OF IN RETURN UPON NET INVESTMENT

	G	g		Return on Net Invst.
1909 -	.7868 ×	17.99 =		14.154
1913 -	.6617 ×	18.05 =		11.943
	.1251	.06		2.211

		1912	1913	DIFFER-ENCE	MULTIPLYING FACTOR				EFFECT ON RETURN ON NET INVESTMENT
Mill Cost (Percent of Gross Receipts)		64.94	65.86	.92	1912 Value of G =	.7384			.826
Frt. & Del.	″ ″ ″ ″	7.18	7.38	.20	″ ″	″	″	″	.147
Selling Exp.	″ ″ ″ ″	5.45	5.23	.22	″ ″	″	″	″	.162
Administrative	″ ″ ″ ″	4.50	3.48	1.02	″ ″	″	″	″	.753
Total Cost		82.07	81.95	.12	″ ″	″	″	″	.089
Ratio of Gross Receipts to Net Invst.(G)		.7384	.6617	.0767	1913 Value of g =	18.05			1.384
									1.295

TOTAL DIFFERENCE OF IN RETURN UPON NET INVESTMENT

	G	g		Return on Net Invst.
1912 -	.7384 ×	17.93 =		13.238
1913 -	.6617 ×	18.05 =		11.943
	.0767	.12		1.295

（出所）Records of E. I. du Pont, Series II, Part 2, Box 1010.

おいてもなされている[15]。

　また，1914 年当時に，デュポン社の財務次長（assistant treasurer）であった Donaldson F. Brown によれば，投資利益率概念は様々な要因から構成されるものとして認識された。Brown によれば，経営管理者が最も責任を負うべき数値である投資利益率（the rate of return on capital invested）は非常に重要な効率の尺度を示す指標であり，総資本回転率（the rate of turnover of invested capital）と売上高利益率（the percentage of profit on sales）の積として認識される点は，それ以前と同じであった。ただ，その際，総資本回転率における総資本（投資）は，原材料，仕掛品，製品，売掛金，そして営業資金のような様々なものから構成される運転資本，および工場や固定的投資等から構成される固定資本から成るが，この総資本回転率は総投資に対する売上高の割合として示される。また，売上高利益率は売上高に対する売上総利益の割合を表すが，これによって，コスト削減の程度を知ることができると説明された[16]。

　このように，20 世紀初頭のデュポン社の事業会社であったデュポン火薬会社は，多くの会社を吸収・合併あるいは買収し，これらを同社の経営執行委員会によってコントロールする目的で設立されたために，組織の再編を伴う経営管理システム全体を見直す必要性にせまられた。そこで，当時の経営管理に適合する投資利益率は，職能部門別組織の下では，各部門や各事業体（工場等）から申請・要求のあった割当予算を評価・判定するといった意思決定に関係する戦略計画，および割当予算の編成過程で連動して作成される営業予算に基づく予算管理に代表されるマネジメント・コントロールに利用されたが，オペレーショナル・コントロールにおいては，標準原価計算が原価管理のために利用された[17]。

　そして，前述したように，職能部門別組織を前提にして設立されたデュポン火薬会社は，事業会社としてのデュポン社に吸収・合併されるといった組織再編の後，デュポン社において，1921 年に経営管理組織が事業部制組織という階層的組織に変更された。そこで，同社における職能部門別組織から階層的性格を強めた事業部制組織への繋がりを意識して，管理会計の生成から発展への考察を連続して行うため，序章で示した，本書での発展史研究の場合と同様に，管理会計を，戦略計画，マネジメント・コントロール，そしてオペレーショナル・コントロールという経営管理に役立つ機能として認識し[18]，その生成に

ついて考察することにする。

3-1　戦略計画のための管理会計の生成

　1903年にデュポン火薬会社は設立したわけであるが，同社に吸収・合併あるいは買収された多くの会社は，それ以前には，当然のこととして各自で経営活動を行っていた。しかし，これらの会社がデュポン火薬会社の組織に組み入れられた以上は，同社の経営執行委員会の下でそれらの活動を行うことになった。そのことは，経営活動の基盤となる資金の獲得に関しても同様であった。つまり，デュポン火薬会社の各事業体や各部門等が資金を獲得するためには，経営執行委員会に対して，資金割当のための申請を行う必要があった。

　デュポン火薬会社では，高性能爆薬（ダイナマイト）部門の工場長会議が1910年4月12日から16日までNew Yorkで開催された。そして，William G. Ramsayは，この会議において，同社の各部門等に資金を体系的・統一的に割り当てることのできる割当予算システムについての説明を行ったが，その内容がこの会議の議事録に掲載されている。この議事録によれば，経営執行委員会および当委員会がその権限を委任した人々の意思決定に影響を与えるのは，次の3つの視点であると指摘されている[19]。

　(1) 追加あるいは改善は望ましい内容であるか。
　(2) 提案された追加あるいは改善の目的を達成するのに最も良い方法が選択されているか。
　(3) 資金割り当ての要求に対して，会社の財政的条件は整っているか。

　そして，この3つの視点に対応するためには，割当予算システムのような体系的で統一的な方法を整備する必要があるが，この議事録によれば，そのシステムの目的は次の3つに要約されている[20]。

　(a) 建設の承認：会社経営に責任のある人々によって承認されていない建設作業をかってに実施させないようにする。
　(b) 資産の記録：会社の所有する資産を正確かつ体系的に記録する。
　(c) 財政支出の準備：必要な資金が供給されうるように，前もって，どの建設が有望で，それにどのくらいのコストが必要であるか等の情報提供を財務部長に対して行う。

第1章　職能部門別組織の構築と管理会計の生成　39

　そして，割当予算が承認されるためには，割当予算を申請する側である各部門等にとって，その活動の必要性やその活動が実施された場合の経費の節約可能性に関して記述をすることは不可欠であった。デュポン火薬会社の爆薬製造部門（explosive manufacturing department）は，Project No.9019（1916年12月8日〜1917年3月8日）を申請する際に，(1) 現在の設備能力とその限界，(2) 現在の状況下での年間損失，(3) 提案される作業の種類，(4) この割当予算によって得られる追加的な設備および製品，(5) この割当予算の実行によって達成される見積節約額，(6) この割当予算の申請に際しての意見・注意，といった各項目に関して記述している[21]。

　この爆薬製造部門による申請書の記述によれば，割当予算要求の必要性に関しては，現在，爆薬製造部門で使用されている全ての設備は，従来のカプセルを製造するように設計されているが，そこで使用されているカプセル製造用の型は，新型のカプセルを製造するためにも利用することができると示されている。そして，新型カプセルについては，その作業が安全であり，不発を招かないといった利点が指摘されている。しかし，これまでの設備だけでは新型カプセルを製造することは不可能であるので，これに新しい設備を追加することが必要であり，そのための割当予算が要求されている[22]。それは図表1−8に

図表1−8　追加投資における割当予算の要求

"Equipment"		
400 Exploder Size Hard Rubber Capsule Blocks		$ 975.00
400 European Std. Size Hard 〃 〃 〃		975.00
175 Setting up Blocks-Hard Rubber		560.00
Fitting up 8 Arbor Presses, including Pins & Strippers		1500.00
Steel Shields for 8 Presses		500.00
1 Large Arbor Press for Pressing Nitrovene in Exploder Caps		100.00
Fitting same with pins, stripper plates, bed plates, etc.		175.00
Steel Shield for same		75.00
		4860.00
Changes to Unit 4, Bldg. 54.		
Coment lumber, roofing, sash, door frames, etc.,	$ 2000	
Steel Shields	1200	
Labor	2000	5200.00
		10060.00
Contingencies 20%		2013.00
		12072.00
E. & S. 5%		604.00
TOTAL EST. COST		$ 12676.00

（出所）Records of E. I. du Pont, Series Ⅱ, Part 2, Box 1003-A.

40

よって示される。

　図表1－8によれば，新しい設備に対する投資要求額に関しては，雷管サイズの硬質ゴム製のカプセル型 400 単位に 975 ドル，ヨーロッパ標準サイズの硬質ゴム製のカプセル型 400 単位に 975 ドル，硬質ゴム製の据え付けブロック型 175 単位に 560 ドル，付属器具類を含むプレス機 8 台の備え付けに 1,500 ドル，プレス機 8 台用の鋼鉄製遮蔽物に 500 ドル，雷管付きカプセルにニトロヴェンをプレスする大型プレス機 1 台に 100 ドル，大型プレス機 1 台への付属部品類の備え付けに 175 ドル，そして大型プレス機 1 台用の鋼鉄製遮蔽物に 75 ドル，の合計額 4,860 ドルが要求される。また，この新しい設備を追加し設置するために必要となる建造物の改装に要する投資要求額については，セメント，木材，屋根吹き材料，サッシ，そしてドア枠等に 2,000 ドル，鋼鉄製遮蔽物に 1,000 ドル，そして賃金に 2,000 ドル，の合計額 5,200 ドルが要求されている。そして，この 5,200 ドルに新しい設備に対する投資要求額 4,860 ドルを加えた総合計額 10,060 ドルを算出し，これに偶発費 2,013 ドル（総合計額 10,060 ドルの 20％）と試験研究費・管理費 604 ドル（総合計額 10,060 ドルに偶発費 2,013 ドルを加えた合計額の 5％）を加算した 12,676 ドル，が追加投資のための要求額として申請書に記載されている。そして，この申請書の記述において重要な要素となる経費の節約可能性に関しては，もしこのプロジェクトに要求どおりの資金が配分されるならば，カプセルと起爆装置の製造作業について，年間およそ 50,000 ドルが節約できると見積もられており，この節約額 50,000 ドルの算出の根拠が，さらに詳細な見積計算によって示されている[23]。

　そして，1911 年 6 月 23 日に，当時，コントローラーであった R. H. Dunham は，A. Felix du Pont から提供された情報を参考にして報告書を作成し，これを総括経営管理者補佐であった Irenee du Pont に提出したが，その報告書には，Carney's Point 工場への投資額とそこで製造される火薬綿のコストと価格に関する見積もりがなされ，それらの情報を基にして，同工場への追加投資が必要であるかどうかを検討した内容が記されている。その際，Dunham は，Carney's Point 工場への追加投資が妥当なものであるかどうかを投資利益率に基づいて判断した。そして，投資利益率に基づいて，火薬綿を製造するのに必要なポンド当たりの投資額と総製造コスト，および販売価格が見積もられ，その販売価格

が市場で十分に通用する値であるかどうかが検討された。つまり，もし目標投資利益率を基にして算出された販売価格が市場に受け入れられるものであると判断されるならば，その投資計画は承認されるが，逆であれば，その投資計画は却下されることになる。そこで，この事例の場合，現存する設備を最大限利用することによって，さらに増産が可能であり，価格を引き下げることができると分析・判断されたので，現時点での追加投資は必要でないとの意思決定がなされた[24]。

　このように，デュポン火薬会社は，多くの会社を吸収・合併あるいは買収し，これらを同社の経営執行委員会によってコントロールする目的で設立されたために，組織の再編を伴う経営管理システム全体を見直す必要性にせまられていたが，そのような状況のなかで，職能部門別組織を前提として，割当予算システムが構築され，これに基づいた，各部門等への資金の割り当てを実施することによって，体系的・統一的な意思決定活動を展開した。その際，割当予算を要求・申請する側である各部門等はコストの見積節約額等を提示しており，割当予算を申請する度ごとに，投資利益率を利用して申請書を作成・提出していたわけではなかったが，割当予算を評価・判定する側である経営執行委員会等の Top Management は投資利益率に基づいて，割当予算を承認するかどうかを判断していた[25]。

3－2　マネジメント・コントロールのための管理会計の生成
3－2－1　予算編成の実施
　20世紀初頭におけるデュポン火薬会社の巨大化・複雑化した事業体を統一的・体系的に管理運営していくためには，どうしても予算を用いた管理が必要であった[26]。そして，同社の場合には，予算を編成する際に見積もられる数値は，単に前年度の実績を参考にして算出されるのではなく，投資利益率を考慮して予定されるものであったが，当時，デュポン火薬会社の会計課長であったR. H. Dunham は，利益が大きいか小さいかを判断する基準は事業への投資額に対する利益の割合であって，原価に対する利益の割合ではないと指摘している[27]。その際，デュポン火薬会社ではまず，投資利益率を軸として，各工場や各事業体等への投資額を調整・配分する割当予算が編成されたが[28]，こ

の割当予算は企業全体の活動を調整すると共に，各部門の業績評価を行う際の基準となるので，この割当予算の承認と共に，その枠内で営業予算も導出された。ゆえに，この営業予算も，各工場や各事業体および各部門等の業績評価を行う際の基準を提供するものであった。

　そこで，本章では，高性能爆薬（ダイナマイト）部門に関する製品の種類別・等級別の営業予算の編成について考察することにする。そして，その予算は，図表1−9で示される。図表1−9によれば，当時のデュポン火薬会社では，製品として，5種類の高性能爆薬− Nitroglycerin Dynamite, L. F. N. G. Dynamite, Ammonia Dynamite, L. F. Ammonia Dynamite, Gelatin Dynamite −が製造されている。

　最初の Nitroglycerin Dynamite についてみると，図表1−9の最上部の27％，35％，40％，60％という数値はこの製品の等級を示しており，この数値が大きいほど品質が良くなるため，製造コストも増加している。ここで，例えば，等級35％の製品に関しては，工場コストがポンド当たり7.593セント（等級40％の場合は8.18セント），Main Office のポンド当たり販売費が0.150セント，Duluth Office のポンド当たり販売費が0.160セント，そしてポンド当たり管理費が0.45セントと見積もられ，これらの合計額であるポンド当たり総コスト（工場出荷コスト）は8.353セントと予定される。

　そして，図表1−9の Nitroglycerin Dynamite の欄では，このポンド当たり総コスト8.353セントに，投資利益率10％に相当するポンド当たり利益1.0385セントが合計されて，工場出荷価格がポンド当たり9.3915セントと見積もられ，さらに，このポンド当たり工場出荷価格9.3915セントに，倉庫までのポンド当たり輸送費0.4157セントおよびポンド当たり保管費0.1858セントが加算されて，販売価格がポンド当たり9.993セントと予定されている。また，図表1−9では，ポンド当たり総コスト8.353セントに，投資利益率15％を想定したポンド当たり利益1.5577セントが合計されて，工場出荷価格がポンド当たり9.9107セントと見積もられ，これに倉庫までのポンド当たり輸送費0.4157セントおよびポンド当たり保管費0.1858セントが加算されて，販売価格が10.5122セントと予定されている。

　このように，図表1−9で示される予算では，まず投資利益率が目標値とし

第1章　職能部門別組織の構築と管理会計の生成　43

て設定され，それを達成できるようなコスト，費用，および販売価格が見積もられることになる。つまり，図表1-9で見積もられるコストや費用および販売価格は，投資利益率に基づいて予定されるので，現状無視の大幅な利益獲得を目的とした価格設定，あるいは逆に異常に利幅の少ない価格設定を行ったりすることを防止することができるが，重要なことは，この図表1-9に見積もられる数値は，企業活動が予定どおりに実施されたかどうかを評価するための基準として利用されるということである[29]。

図表 1 － 9　デュポン火薬会社における予算編成

	Nitroglycerin Dynamite				L. F. N. G. Dyn.	
	27%	35%	40%	60%	20%	60%
Mill Cost		7593	818	10511		
Selling Expense M. O.	150 0	150 0	150 0	150 0	150 0	150 0
Selling Expense Dulutn Office	160 0	160 0	160 0	160 0	160 0	160 0
Administrative	450 0	450 0	450 0	450 0	450 0	450 0
Total Cost F. O. B. Mill		8353	894	11271		
Profit to make 10% on Investment	1038 5	1038 5	1038 5	1038 5	1038 5	1038 5
Selling Price F. O. B. Mill		9391 5	9978 5	12309 5		
Freight to Magazines	415 7	415 7	415 7	415 7	415 7	415 7
Magazine Expense	185 8	185 8	185 8	185 8	185 8	185 8
Selling Price. Delivered		9993 0	10580 0	12911 0		
Total Cost F. O. B. Mill as above		8353	894	11274		
Profit to make 15% on Investment	1557 7	1557 7	1557 7	1557 7	1557 7	1557 7
Selling Price F. O. B. Mill		9910 7	10497 7	12828 7		
Freight to Magazines	415 7	415 7	415 7	415 7	415 7	415 7
Magazine Expense	185 8	185 8	185 8	185 8	185 8	185 8
Selling Price Delivered		10512 2	11099 2	13430 2		

Ammonia Dynamite.				L. F. Ammonia Dynamite					Gel. Dyn.
30%	35%	40%	50%	30%	35%	40%	50%	60%	40%
607		675		5790 0	6098 0	6440 0	7136 0	8044 0	7560 0
150 0	150 0	150 0	150 0	150 0	150 0	150 0	150 0	150 0	150 0
160 0	160 0	160 0	160 0	160 0	160 0	160 0	160 0	160 0	160 0
450 0	450 0	450 0	450 0	450 0	450 0	450 0	450 0	450 0	450 0
683		7510 0		6550 0	6858 0	7200 0	78960	8804 0	8320 0
1038 5	1038 5	1038 5	1038 5	1038 5	1038 5	1038 5	1038 5	1038 5	1038 5
7868 5		8548 5		7588 8	7896 5	6238 5	8934 5	9842 5	9358 5
415 7	415 7	415 7	415 7	415 7	415 7	415 7	415 7	415 7	415 7
186 8	185 8	185 8	185 8	185 8	185 8	185 8	185 8	185 8	185 8
8470 0		9150 0		8190 0	8498 0	8840 0	9536 0	10444 0	9960 0
683		751		6550 0	6858 0	7200 0	7896 0	8804 0	8320 0
1557 7	1557 7	1557 7	1557 7	1557 7	1557 7	1557 7	1557 7	1557 7	1557 7
8387 7		9067 7		8107 7	8415 7	8757 7	9453 7	10361 7	9877 7
415 7	415 7	415 7	415 7	415 7	415 7	415 7	415 7	415 7	415 7
185 8	185 8	185 8	185 8	185 8	185 8	185 8	185 8	185 8	185 8
8989 2		9669 2		8709 2	9017 2	9359 2	10055 2	10963 2	10479 2

（出所）Records of E. I. du Pont, Series Ⅱ, Part 2, Box 1011.（等級 40%の Nitroglycerin Dynamite のポンド当たり Mill Cost 0.818 セントは 8.18 セントの誤りであると考えられるが，原図表のまま表示した。）

第1章　職能部門別組織の構築と管理会計の生成　45

３－２－２　予算統制の実施

　1912 年 4 月 10 日に，当時，デュポン火薬会社の副社長であった Chas. L.
Patterson が総括経営管理者であった Hamilton M. Barksdale に提出した報告
書には，Duluth Office において展開された製品種類別の予算統制の実施状況
が掲載されている。その様子は図表 1 - 10 で示される。図表 1 - 10 によれ
ば，Duluth Office では，1912 年 2 月に，4 種類の高性能爆薬 - Nitroglycerin
Dynamite，Ammonia Dynamite，L. F. Ammonia Dynamite，Gelatin
Dynamite -についての予算統制が実施されている[30]。

　例えば，Nitroglycerin Dynamite については，製品の等級は明らかでない
が，図表 1 - 10 から推測すると，およそ 35％強の品質であることがわかる。
そして，Nitroglycerin Dynamite における予定（予算）数値として，ポンド
当たり総価格 10 セントの内訳が，ポンド当たり輸送費 0.62 セント，Duluth
Office のポンド当たり販売費 0.16 セント，Main Office のポンド当たり販売費
0.15 セント，ポンド当たり管理費 0.45 セント，ポンド当たり工場コスト 7.72
セント，そしてポンド当たり純利益 0.9 セントとして見積もられる。これに対
し，Nitroglycerin Dynamite に関する実際の数値として，ポンド当たり総価
格が 10.08 セントと設定され，その内訳が，ポンド当たり輸送費 0.75 セント，
Duluth Office のポンド当たり販売費 0.32 セント，Main Office のポンド当たり
販売費 0.15 セント，ポンド当たり管理費 0.58 セント，ポンド当たり工場コス
ト 7.95 セント，そしてポンド当たり純利益 0.33 セントと計算されている。

　そして，この 1912 年の報告書では，この見積値と実際値を比較してその差
異が分析されるが，ポンド当たり輸送費の不利差異 0.13（0.75 - 0.62）セント
については，より高額の輸送費でより多くの販売を行ったこと，Duluth Office
のポンド当たり販売費の不利差異 0.16（0.32 - 0.16）セントについては，販売費
が増加した一方で販売高が減少したこと，ポンド当たり管理費の不利差異 0.13
（0.58 - 0.45）セントについては，管理活動が増加したこと，ポンド当たり工場
コストの不利差異 0.23（7.95 - 7.72）セントについては，Barksdale 工場におけ
る生産量が減少したこと，そしてポンド当たり純利益の不利差異 0.57（0.9 -
0.33）セントについても，Barksdale 工場における生産量が減少したこと，が
指摘され，このような結果から，ポンド当たり総価格の不利差異 0.08（10.08 -

46

図表 1 - 10　デュポン火薬会社における予算統制

	Actual	Estimated	Difference
NITROGLYCERIN DYNAMITE			
Gross Price	10.08	10.00	.08
Freight & Delivery	.75	.62	.13
Br. Office Sell. Exp.	.32	.16	.16
Main Office Sell. Exp.	.15	.15	—
Administrative Expense	.58	.45	.13
Mill Cost	7.95	7.72	.23
Net Profit	.33	.90	.57
AMMONIA DYNAMITE.			
Gross Price	9.30	9.25	.05
Freight & Delivery	.77	.62	.15
B. O. Selling Expense	.30	.16	.14
M. O. Selling Expense	.15	.15	—
Administrative Exp.	.53	.45	.08
Mill Cost	6.63	6.60	.03
Net Profit	.92	1.27	.35
L. F. AMMONIA DYNAMITE.			
Gross Price	9.11	9.00	.11
Freight & Delivery	.72	.62	.10
B. O. Selling Expense	.29	.16	.13
M. O. Selling Expense	.30	.15	.15
Administrative Exp.	.52	.45	.07
Mill Cost	6.55	6.34	.21
Net Profit	.73	1.28	.55
GELATIN DYNAMITE.			
Gross Price	9.62	9.50	.12
Freight & Delivery	.76	.62	.14
B. O. Selling Expense	.31	.16	.15
M. O. Selling Expense	.16	.15	.01
Administrative Exp.	.59	.45	.14
Mill Cost	7.26	7.17	.09
Net Profit	.54	.95	.41

（出所）Records of E. I. du Pont, Series II, Part 2, Box 1011.

10) セントがもたらされたと判断されている[31]。

3 - 3　オペレーショナル・コントロールのための管理会計の生成

　デュポン火薬会社では，直接材料費や加工費等に関する標準原価管理が展開されているが，1913年に，同社の高性能爆薬部門によって作成された，第35回目の工場長会議の議事録（以下，1913年の議事録と略記）には，加工費を管理

第1章　職能部門別組織の構築と管理会計の生成　47

する原価部門によって作成された報告書が収録されている。この議事録によれ
ば，1912年の原価部門では，加工費を費目別・工場別に管理するために，標
準（standard）を用いた原価差異分析が展開されている。その際，管理の対象
とされる加工費は，燃料費，工場消耗品費，修理作業賃金，および営業賃金か
ら構成されているが，加工費の管理はこれらの費目別および各工場別に実施さ
れている。具体的には，図表1 - 11に示されるように，高性能爆薬部門には
12の工場があるが，例えば，Louviers工場では生産設備の82％を使用し，ニ
トログリセリンの含有割合が平均26.5％（実際には26.2％）の火薬100ポンドを
製造するのに要する加工費が，費目別に，燃料費13.91セント，工場消耗品費
18.13セント，修理作業賃金14.19セント，営業賃金42.18セント，および発電
所で発生される間接費（部門共通費）配賦額10.66セントと算出される[32]。

図表1 - 11　火薬100ポンド当たりの加工費の比較

| B | Prod'n % Cap'y | NITROGLYCERIN | | Fuel | Supplies Repairs Material | LABOR | | Total 4 items | Power Over- head |
		Actual	Figured on			Repairs	Operating		
Louviers	82.0	26.2%	26.5%	13.91	18.13	14.19	42.18	88.41	10.66
Barksdale	69.2	23.0	26.5	20.58	16.02	15.80	37.96	90.36	6.53
du Pont	93.7	26.7	26.5	20.87	15.78	13.93	41.79	92.37	6.65
Repauno	92.6	28.2	26.5	16.55	19.73	14.56	47.41	98.25	4.19
Hercules	78.6	23.8	26.5	14.03	18.38	21.37	51.06	104.84	11.52
Mean of 5	83.2	25.6%	26.5%	17.19	17.61	15.97	44.08	97.85	7.91
Forcite	85.3	38.9%	26.5%	14.29	15.31	8.16	40.78	78.54	3.57
Senter	62.0	23.6	26.5	13.33	15.59	13.55	37.50	79.97	10.16
Emporium	38.0	24.4	26.5	12.11	18.18	8.99	48.12	87.40	5.74
Ashburn	94.7	25.3	26.5	14.98	18.82	11.72	47.31	92.83	5.65
Atlas		23.6	26.5	29.68	28.57	23.48	53.09	134.82	9.64
Mean of 4*	70.0	28.1%	26.5%	13.68	16.97	10.61	43.43	84.69	6.28
Kenvil	81.1	23.2%	26.5%	10.05	12.29	8.95	41.63	72.92	5.28
Sterling		23.1	26.5	15.75	40.84	16.21	82.76	155.56	17.68
	77.7	26.3%	26.5%						

*Atlas omitted

（出所）Du Pont [1913], p.99.

そして，1913年の議事録では，12の工場を，硫酸の製造能力を備えた
同レベルの工場とみなされるLouviers, Barksdale, Du Pont, Repauno,
Herculesの5つの工場とその他の工場に分類し，さらに他の7つの工場につ
いても，これを各工場の状況・能力に応じて2つのグループ（Forcite, Senter,

48

Emporium, Ashburn, Atlas のグループ, および Kenvil, Sterl のグループ) に分けて, 各工場における燃料費, 工場消耗品費, 修理作業賃金, および営業賃金の 4 つの費目について, 事前に設定された標準消費額と実際消費額との比較・分析がなされている。そこで, 本章では, 紙面の関係上, 硫酸の製造能力を備えた 5 つの工場について検討することにするが, その原価差異分析は, 図表 1 - 12 においてなされている [33]。

1913 年の議事録では, 図表 1 - 12 に示されるように, Louviers 工場における燃料費 4.9 セントの有利差異の原因について, そのうちの 3% が発電所における節約分であり, 1911 年に比べて生産量が 6% 増加したにも係わらず, 発電所における石炭の消費量が 18% 減少 (1,400 トン) したことによるものと分析され, 工場消耗品費 1.4 セントの不利差異については, 硝酸製造の際に生じた原料の浪費が原因とされる。また, 修理作業に要する賃金 1.1 セントの有利差異の原因については, ダイナマイト・ラインや清掃作業等における能率の改善が挙げられ, 営業賃金 1.2 セントの不利差異については, 発電所の活動量そのものの増加がその原因であると分析される [34]。

また, 1913 年の議事録によれば, Barksdale 工場における燃料費 1.8 セントの不利差異の原因について, そのうち 1.2 セントが発電所の活動における無駄によるものであり, 営業賃金の有利差異については, 薬莢・硝酸・硫酸の製造作業や輸送活動, および発電所における活動の能率の改善に原因があるとしている。Du Pont 工場においては, 硫酸等の回収作業のために燃料費に 2.1 セントの不利差異が生じているが, 他の 3 つの費目については, 図表 1 - 12 に示されるように, 他の 4 つの工場と比べて不利差異が少ないことが指摘される。そして, Repauno 工場においては, 営業賃金に関して 6.4 セントの不利差異が生じているが, その原因は, 炭酸ナトリウムの処理作業の 0.7 セント, ダイナマイトの混合作業の 1.0 セント, ダイナマイトの輸送活動の 1.2 セント, ダイナマイト・ボックスの包装作業の 1.7 セント, そしてダイナマイト・ボックスの輸送活動の 1.7 セントの能率の悪さによってもたらされたものであると分析されている。また, 同工場における工場消耗品費の不利差異 3.0 セントのうち, 1 セントは硫酸の製造作業と輸送活動に, 残りの 2 セントはダイナマイトの薬包・包装作業に原因があると分析されている [35]。

第1章　職能部門別組織の構築と管理会計の生成　49

図表 1 − 12　硫酸の製造能力をもつ 5 つの工場における原価差異分析

	Standard	Louv.	B'dale	du P.	Rep'o	Herc.
Fuel	18.8	13.9	20.6	20.9	16.6	14.0
Sup. and Reps. Mat'l	16.7	18.1	16.0	15.8	19.7	18.4
Repairs Labor	15.3	14.2	15.8	13.9	14.6	21.4
Operating Labor	41.0	42.2	38.0	41.8	47.4	51.1
Total	91.8	88.4	90.4	92.4	98.3	104.9

The following plus and minus differences are shown from the first ("Standard") column:

	Louv.	B'dale	du P.	Rep'o	Herc.
Fuel	−4.9	+1.8	+2.1	−2.2	− 4.8
Sup. and Reps. Mat'l	+1.4	−0.7	−0.9	+3.0	+ 1.7
Repairs Labor	−1.1	+0.5	−1.4	−0.7	+ 6.1
Operating Labor	+1.2	−3.0	+0.8	+6.4	+10.1
Total	−3.4	−1.4	+0.6	+6.5	+13.1

（出所）Du Pont [1913], p.131.

そして，5 つの工場の中で最も加工費を消費する Hercules 工場においては，図表 1 − 13 で示されるように，特に営業賃金の 10.1 セントの不利差異についての原因が分析されている。図表 1 − 13 によれば，ダイナマイトの混合作業の 0.7 セント，ダイナマイトの薬包作業の 3.2 セント，ダイナマイト・ボックスの包装作業の 4.0 セント，および硫酸の製造作業の 2.2 セントがこの不利差異をもたらした原因であると分析される。また，修理作業に要する賃金の不利差異 6.1 セントについては，主として，硫酸の製造作業の 2.6 セント，ダイナマイト・ラインでの作業の 1.7 セント，輸送活動の 0.3 セント，そして薬莢の製造作業の 0.4 セントの能率の悪さがその原因であると指摘されている[36]。

図表 1 − 13　賃金の不利差異 10.1 セントの分析

Dynamite Mixing	0.7 ¢	Dynamite Box Pack.,	4.0 ¢
〃　　Cartridge	3.2 ¢	Sulphuric Acid,	2.2 ¢
	3.9 ¢		6.2 ¢

（出所）Du Pont [1913], p.133.

4 小 括

　本章では，管理会計の本格的な発展を考察する前に，20世紀初頭のデュポン火薬会社において，職能部門別組織を基盤として，管理会計がいかにして生成したかを，できる限り一次資料に基づいて検証した。その際，当時，持株会社であったデュポン社，および同社の事業会社であったデュポン火薬会社がいかなる状況の下で設立され，両社の関係はどのようなものであったか，およびデュポン火薬会社で構築された職能部門別組織とはいかなるものであったかを考察した。そして，管理会計の生成史から発展史への繋がりを意識して，管理会計を，戦略計画，マネジメント・コントロール，そしてオペレーショナル・コントロールという経営管理に役立つ機能として認識し，職能部門別組織に基づいて，管理会計がどのように生成したかを検証した[37]。

【注】

1) James［1941］, pp.15-16.

2) 図表1－1に示される上總［1989］（p.250）を参考にして，高浦［1992］（p.38）では詳細な加筆がなされている。

3) Chandler［1980］, pp.438-439.

4) Chandler［1980］, p.439.

5) Chandler and Salsbury［1971］, pp.56-70.

6) Du Pont［1903b］.

7) Chandler［1980］, p.439.

8) Records of E. I. du Pont, Series Ⅱ, Part 2, Box 1002.

9) 田中［1982］, pp.146-150.

10) 田中［1982］, p.92, pp.146-160；高浦［1992］, pp.105-107.

11) Du Pont, Du Pont Company Subsidiaries, Box 2.

12) Chandler［1980］, pp.456-463；田中［1982］, pp.146-170；井上［1987］, pp.113-116；高浦［1992］, p.110.

13) 高梠［2004］, pp.170-214.

14) 製造業における投資利益率概念の変遷については，高浦［1992］を参照。鉄道業における投資利益率の利用については，高梠［1999］を参照。

第1章　職能部門別組織の構築と管理会計の生成　51

15）Records of E. I. du Pont, Series II, Part 2, Box 1010.

16）Brown［1957］, pp.26-27.

17）Anthony［1965］.

18）序章を参照。Anthony［1965］；高寺・醍醐［1979］, pp.181-182.

19）Du Pont［1910b］, p.208.

20）Du Pont［1910b］, pp.208-209.

21）Records of E. I. du Pont, Series II, Part 2, Box 1003-A.

22）Records of E. I. du Pont, Series II, Part 2, Box 1003-A.

23）Records of E. I. du Pont, Series II, Part 2, Box 1003-A.

24）Records of E. I. du Pont, Series II, Part 2, Box 1018.

25）高梠［2004］, pp.170-214.

26）高梠［2004］, p.216；高梠［2011］, p.125.

27）Du Pont［1911］, p.17.

28）田中［1982］, pp.172-189；上總［1989］, pp.265-269；高梠［2004］, p.217；高梠［2011］, p.125.

29）高梠［2004］, pp.216-221；高梠［2011］, pp.125-128；図表1－9（予算編成）の作成時期に関しては，資料に年代が明示されていないが，図表1－9は，1912年4月10日に作成された図表1－10（予算統制）と同じBox 1011に収録された同じファイルに保管されていること，およびポンド当たりの販売費，管理費等の予算額の見積値が同じであることからすれば，その作成時期は1912年に予算統制が実施される以前であると考えられる（高梠［2004］, p.216；高梠［2011］, p.125）。また，図表1－9には，工場コストが記入されていない箇所があり，この表は当時まだ作成途中であったとも考えられる（高梠［2004］, p.217）。

30）Records of E. I. du Pont, Series II, Part 2, Box 1011；高梠［2004］, p.221；高梠［2011］, p.128.

31）Records of E. I. du Pont, Series II, Part 2, Box 1011；高梠［2004］, pp.221-222；高梠［2011］, pp.128-130.

32）Du Pont［1913］, p.99；高梠［2004］, p.260；原価部門によって作成された報告書には，ニトログリセリンの含有割合が平均26.5％と示されるが，実際には26.2％であると考えられる。

33）Du Pont［1913］, pp.131-135；高梠［2004］, p.261.

34）Du Pont［1913］, pp.131-132；高梠［2004］, pp.261-262.

35）Du Pont［1913］, p.132；高梠［2004］, pp.262-263.

36）Du Pont［1913］, pp.132-133；高梠［2004］, p.263.

37）Anthony［1965］；高寺・醍醐［1979］, pp.181-182；デュポン火薬会社における管理会計の生成については，Johnson［1975］，高寺・醍醐［1979］（第10章，第11章），上總［1989］（第7章）を参照。

第2章

管理会計発展の基盤
―事業部制組織の構築―

1 序

　本章では，事業部制組織が管理会計発展の基盤として，いかなる役割を果たしたかを，世界で最初に事業部制組織を構築・導入したデュポン社と GM 社において，両社の関係を検討・分析しながら，できる限り一次資料に基づいて考察する。なぜなら，管理会計の技法・概念の発展に大きな影響を与えたと考えられる，職能部門別組織から事業部制組織への変更およびその構築，について検証・考察することは重要であり，そのことが管理会計発展の基盤として，従来の管理会計史研究に一石を投じることになると考えられるからである。

　具体的には，最初に，第1章で考察したデュポン社と GM 社の関係を検討し，デュポン火薬会社において生成した管理会計の技法・概念がなぜ GM 社に移転したかについての背景を検討する。そして，1921 年にデュポン社と GM 社において，世界で最初に構築された事業部制組織がどのようなものであったかを分析し，両社の事業部制組織が管理会計の発展の基盤として，いかなる構造および特徴をもっていたかを検証・考察する。

2 デュポン社と GM 社との関係

2-1 GM 社の設立と職能部門別組織の構築

　Michigan 州 Flint の馬車製造業者であった William C. Durant は，1904 年にビュイック・モーター社（the Buick Motor Company）を買収した後，1908 年 9 月 16 日に New Jersey 州法に基づいて，持株会社としての GM 社（the General

Motors Company）を資本金 2,000 ドルで設立したが，同年 9 月 28 日には資本金が 12,500,000 ドル（優先株 7,000,000 ドル，普通株 5,500,000 ドル）に増資された。さらに，GM 社はその後，20 社以上もの自動車会社および自動車用部品・付属品製造会社等を吸収合併・買収し，これらの会社を実質的にコントロールした。そして，1916 年 10 月 13 日に，Delaware 州法に基づいて，事業会社としての新 GM 社（the General Motors Corporation）が，持株会社としての旧 GM 社の全株式を取得することによって設立されたが，その際，優先株については，新 GM 社の 1.1 ／ 3 株と旧 GM 社の 1 株，普通株に関しては，新 GM 社の 5 株と旧 GM 社の 1 株の比率で交換された。その後，事業会社としての新 GM 社は，1917 年 10 月 31 日には，6％利回り累加優先株 19,674,800 ドル（1 株 100 ドル：発行限度額 20,000,000 ドル），普通株 82,558,800 ドル（1 株 100 ドル：発行限度額 82,600,000 ドル）を保有していた [1]。

　このように，GM 社もデュポン社と同様に組織変更を行い，それまで持株会社であった GM 社の組織は事業会社に変更されたが，事業会社となった GM 社は，多くの子会社や関連会社を同社の中に事業単位として組み入れ，各事業単位間に有機的関連性をもたせようとして，寄せ集めた会社ごとに業務活動別の組織を構築した。それは図表 2 − 1 によって示される。

　図表 2 − 1 によれば，会社の業務活動は製造領域と販売領域に大別されるが，かつての子会社や関連会社の各グループに基づいた業務活動別組織が構築された。具体的には，GM 社全体の組織は，ジェネラル・モーターズ・グループ（General Motors Group），ユナイテッド・モーターズ・グループ（United Motors Group），シボレー・グループ（Chevrolet Group），カナディアン・グループ（Canadian Group）の 4 つのグループを大枠として編成されている。そして，事業会社となった GM 社と買収された各会社との関係を，この図表 2 − 1 で確認することができるが，当時，GM 社に買収された各会社は，ただ寄せ集められたにすぎず，実質的には，GM 社が持株会社として機能していた時期と同様に，各グループを構成する会社は独立した状態のままで，形式的にも，職能部門別組織に基づいて管理・運営がなされた [2]。

図表 2 − 1　GM 社の構成会社（1920 年 12 月 3 日）

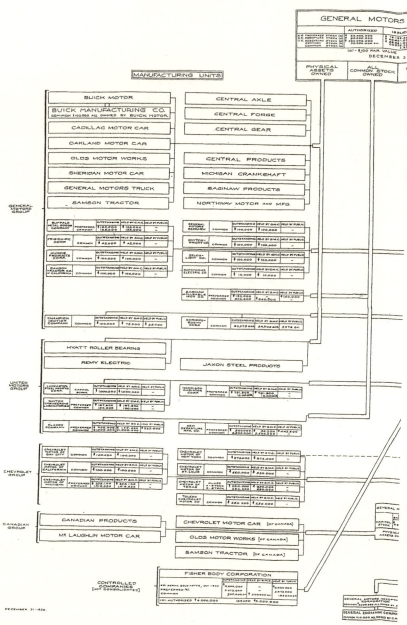

（出所）General Motors Corporation [1921].

第2章　管理会計発展の基盤　55

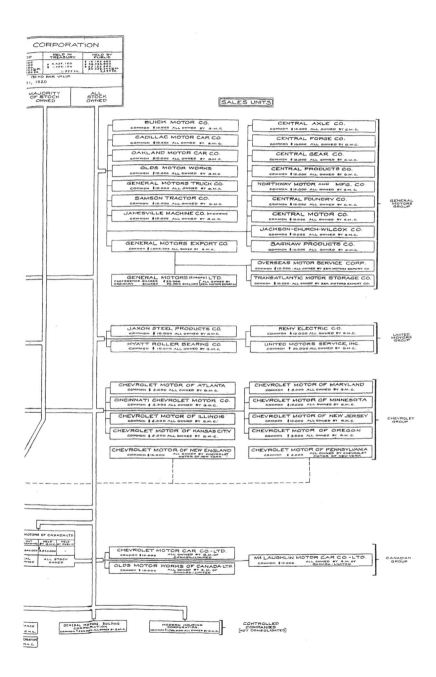

2 - 2 デュポン社による GM 社への投資

このように，事業会社としての GM 社は，図表 2 - 1 に示されるような組織に基づいて会社を運営しようとしたが，ただ単に多くの会社が寄せ集められただけに過ぎない状態にあったため，当然，会社全体のコントロールがうまくいかず，しかも，同社の設立者であった William C. Durant をはじめとする当時の GM 社の経営陣は，このような状態を脱する経営手腕をもたなかった。そこで，このような状況から連動して生じる株価下落をくい止めるために，当時，GM 社の 2 大投資家であったデュポン社と J. P. モルガン商会（the J. P. Morgan and Company）は，Durant の個人的な負債と株式の大部分を取得する代わりに，Pierre S. du Pont が 1920 年に GM 社の社長に就任した[3]。

一方，デュポン社は，第 1 章で記述したように，1902 年の設立当時には，持株会社として，デュポン火薬会社という事業会社の下に，多くの関連会社や子会社あるいは競争会社までも吸収合併あるいは買収したが，デュポン火薬会社においては，経営執行委員会がこれらの会社を，投資利益率を軸としてコントロールした[4]。つまり，同社では，単に多くの火薬会社が寄せ集められたのではなく，第 1 章の図表 1 - 3 に示されるように，当初から主に製品別に組織が整備され，投資利益率に基づいて管理・運営がなされたのである。

しかも，デュポン社は，反トラスト法違反によって会社を分割しなければならないという判決を受けたにもかかわらず，会社分割の影響が軽微だったこともあって，第 1 次世界大戦の勃発によるデュポン社への追い風が，同社の経営状況を好転させていった[5]。そして，Pierre du Pont をはじめとするデュポン社の経営陣は，第 1 次世界大戦期に蓄積した巨額の資金を，次の時代の有望株として判断された GM 社に投資していったが，当時のデュポン社が GM 社を含め，どのような会社に投資していたかは，第 1 章の図表 1 - 2 によって確認される[6]。図表 1 - 2 によれば，前述したように，デュポン社は当時，デュポン火薬会社の株式の 75.92％を保有していたが，GM 社の株式の 30.29％も取得していたことが確認できる。

そして，図表 2 - 2 では，1917 年 12 月 21 日から 1935 年 3 月 31 日までのデュポン社による GM 社への投資の状況が記されている。図表 2 - 2 によれば，GM 証券会社（the General Motors Securities Company）は，デュポン社によって

設立され，同社が所有する GM 社の株式売買を取り扱う持株会社であったが，この期間において，デュポン社が所有した GM 社の株式総額は，同社が直接保有する普通株総額（4,800,000 ドル）も含めて，166,800,000 ドル（10,200,000 株）であった[7]。

また，1923 年 11 月に GM 社によって，経営者証券会社（the Managers Securities Company）が授権資本金 33,800,000 ドルで設立された。その設立の目的は，GM 社の Top Management の中から選抜された経営者に GM 社の株式を買い取らせ，GM 社の所有者としての意識を高め，仕事に打ち込んでもらうことであったが，この経営者証券会社は，その際の株式売買を処理する役割を負っていた。そして，同証券会社はその設立時に，デュポン社が設立した GM 証券会社から GM 社の株式 2,250,000 株（時価総額 33,750,000 ドル）を取得している[8]。

図表２－２ デュポン社による GM 社への投資の状況 (1917 年～ 1935 年)

SUMMARY OF INVESTMENT IN |

Date		GENERAL MOTORS SECURITIES COMPANY				DU PONT COMPANY (Per: in General Motors Co:	
		Shares	Amount	Per Share	Total per share on books	Shares	Amount
12-21-17 to 11-19-25	Cost	9 843 750	$45 663 020.42	$4.639	$4.639	137 470	$1 715 269.44
11-27-23	Value adjustment - Resulting from sale of 30% interest in G.M.Securities Co. to Managers Securities Co.		9 926 086.31	1.008	5.647		--
	Total - Before Revaluations to Net Asset Value	9 843 750	$55 589 106.73	$5.647		137 470	$1 715 269.44
6-15-25	Value adjustment		36 285 893.27	3.686	9.333		--
3-15-27	" "		26 250 000.00	2.667	12.00		65 629.44
3-15-28	" "		19 687 500.00 - 2.00 - 14.00				274 940.00
3-15-29	" "		24 609 375.00	2.50	16.50		343 675.00
3-15-30	" "		22 148 437.50	2.25	18.75		309 307.50
10-29-31	Cash Purchase						
12-31-31	Value adjustment		8 367 187.50	0.85	17.90		116 849.50
3-31-32	Value adjustment		9 843 750.00	1.00	16.90		137 470.00
12-21-32	Transfer from temporary to permanent investment in General Motors Corp, common stock					18 780	317 382.00
3-31-33	Value adjustment		14 273 437.50	1.45	15.45		226 562.50
6-30-33) 7-31-33) 8-31-33)	Sale for Cash						
3-31-34	Value adjustment		2 460 937.50	0.25	15.70		39 062.50
12-31-34	Value adjustment						
3-31-35	Value adjustment		4 921 875.00	0.50	16.20		78 125.00
	TOTAL (FORWARDED)	9 843 750	$159 468 750.00		$16.20	156 250	$2 531 250.00

(出所) The Longwood Manuscripts-Group 10, Series A, File 624, Box 982.

KNERAL MOTORS CORPORATION

anent Investment p. common stock)		DU PONT COMPANY (Temporary Investment in General Motors Corp. common stock)				COMBINED GENERAL MOTORS SECURITIES COMPANY AND DU PONT COMPANY			
Per Share	Total per share on books	Shares	Amount	Per Share	Total per share on books	Shares	Amount	Per Share	Total per share on books
$12.477	$12.477					9 981 220	$47 378 289.86	$4.747	$4.747
--						9 926 086.31		0.994	5.741
$12.477						9 981 220	$57 304 376.17	$5.741	
--	12.477						36 285 893.27	3.636	9.377
.477	12.00						26 184 370.56	2.623	12.00
2.00	14.00						19 962 440.00	2.00	14.00
2.50	16.50						24 953 050.00	2.50	16.50
2.25	18.75						22 457 745.00	2.25	18.75
		300 000	$7 200 000.00	$24.00	$24.00	300 000	7 200 000.00	24.00	18.90
0.85	17.90						8 484 037.00	0.85	18.08
1.00	16.90						9 981 220.00	1.00	17.11
16.90	16.90	13 780	317 382.00	16.90	24.47				17.11
1.45	15.45						14 500 000.00	1.45	15.70
		81 220	1 987 789.76	24.47	24.47	81 220	1 987 789.76	24.47	15.63
0.25	15.70						2 500 000.00	0.25	15.87
			94 828.24	.47	24.00		94 828.24	0.01	15.86
0.50	16.20						5 000 000.00	0.50	16.35
	$16.20	200 000	$4 800 000.00		$24.00	10 200 000	$166 800 000.00		$16.35

さらに，第1次世界大戦終了後の1920年から1921年にかけての景気後退期において，GM社では経営管理組織の改革が実施されたが，その改革は，かつてデュポン社の社長であったPierre du PontがGM社の社長に就任していた時期（1920年〜1923年）に行われたものであった。GM社は，多くの自動車会社および部品・付属品製造会社等を吸収合併・買収してその規模を拡大したために，かつての事業会社としてのデュポン火薬会社と同様の問題を抱えることになったが，Alfred D. Chandler, Jr. によれば，Pierre du Pont は，以前にデュポン火薬会社で培った経営管理方法や管理会計システムをGM社で利用した。ただ，その際に，化学会社と自動車会社では業種が異なるので，それらのノウハウは慎重に修正・応用される必要があったと考えられる[9]。

3　管理会計発展の基盤としての事業部制組織の構築

以上のように，今日でも大企業が採用している事業部制組織は，デュポン社とGM社において，同時期の1921年に世界で最初に構築された。そして，20世紀初頭に，職能部門別組織を前提として，デュポン火薬会社で管理会計が生成したとされているが[10]，この事業部制組織は，管理会計のその後の発展基盤として重要な存在であったと考えられる。そこで，次に，デュポン社とGM社における経営管理組織がなぜ職能部門別組織から事業部制組織へ変更される必要があったのかを検討し，両社の事業部制組織の具体的な構造およびその特徴について考察する。

3－1　デュポン社における事業部制組織の構造と特徴

前述したように，持株会社としてのデュポン社の事業会社であったデュポン火薬会社が1906年の反トラスト法違反により，1912年に会社分割を余儀なくされたために，1915年に，それまで持株会社であったデュポン社は事業会社に変更され，この新しく生まれ変わったデュポン社が分割されたデュポン火薬会社を買収する形で設立された[11]。つまり，巨大化・複雑化したデュポン火薬会社は反トラスト法違反によって強制的に分割させられたのであるが，それが逆に，大企業にとって効率性の良い分権管理の道を切り開くことになったの

である。

　この分権管理という考え方は，職能部門別組織という集権的な組織からの離脱を意味していたが，デュポン社は持株会社であった時代とは違って，事業会社として，分割された各会社をコントロールするための新しい管理組織・方法を生み出さなければならないほど，当時の他の大企業と比較して複雑で巨大な組織を擁していた。そして，事業会社としてのデュポン社は，かつてのデュポン火薬会社が実施した集権的な管理から，大企業にとっては効率性の良い分権的な管理へと舵を切ることになったのである。つまり，デュポン社は火薬事業のみに特化していた時代には，集権的な職能部門別組織でも，同社の経営管理活動に十分に適合できていたと考えられるが，第1次世界大戦後の多角化戦略により，火薬以外のさまざまな製品を製造・販売するようになり，企業規模も巨大化してくると，集権的な経営管理組織では，これらの企業環境に適合できなくなってきたのである[12]。

　デュポン社は分権管理の1つの形態として，1921年に事業部制組織を導入したが，正確には，その導入時期は同年10月でありGM社よりも9カ月も遅かった[13]。しかし，デュポン社の組織再編の研究はGM社よりも2年早く開始されている。つまり，デュポン社は1915年に持株会社から事業会社に変更されたが，実態は相変わらず，持株会社の時期と同様の方法で管理・運営がなされていたと考えられる。そこに，GM社も同様であるが，事業部制組織を構築せざるを得ない状況があったのであり，デュポン社では，1915年から1921年にかけて，事業部制組織に関する研究が行われたのである[14]。

　そして，デュポン社では，1921年10月に事業部制組織が導入されたが，A. D. Chandler, Jr. は，同社で同年8月に提案された事業部制組織を取り上げ，これを考察している。その考察によれば，事業活動に関しては，爆薬（explosive），染料（dyestuffs），ピラリン（pyralin），ペイント・化学薬品（paints and chemicals），人造皮革・フィルム（fabrikoid and film）の5つの製品別の事業部が編成され[15]，それ以外の活動では，本社と各事業部に対して支援・サービスを提供する法律，購買等の8つの補助部門，および財務委員会によってコントロールされる財務部が設置されていたことが指摘された[16]。

　しかし，1921年8月に構築されたデュポン社の事業部制組織の提案以前

に，同年2月に提案された組織に関する解説書（以下，2月の解説書と略記）が存在する。そこで，デュポン社の事業部制組織に関しては，8月提案のものはChandler等によってすでに分析されているので，ここでは，最終提案に到達する前の過渡期における2月の解説書を考察することにする[17]。

この2月の解説書に基づけば，1921年2月に構築されたデュポン社全体の組織が図表2-3で示される。図表2-3では，株主総会の下に取締役会が設置され，取締役会で社長が選出されるが，財務委員会，経営執行委員会，および広報委員会がこの社長を支援するようになっていることが確認できる。そして，社長によってコントロールされる経営執行委員会の委員長が，人事（personnel），法律（legal），不動産（real est.）の各部署の支援を受けて，販売（sales），製造（production），開発（devel.），購買（purch.），化学（chem.），エンジニアリング（eng.）の各部署をコントロールし，財務部（treas. dept.）は，財務委員会によってコントロールされるようになっている[18]。

図表2-3　1921年2月におけるデュポン社全体の組織

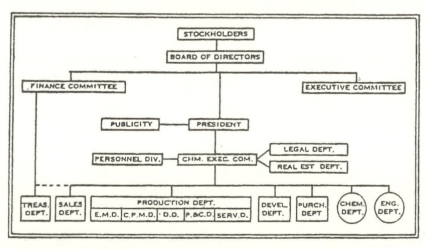

（出所）Du Pont de Nemours (E.I.) & Co., *Organization Charts., Binder No. 9*, Accession 2101, Box 1.

次に，図表2－4では，デュポン社の製造活動領域（製造部門）の組織図が示される。図表2－4によれば，当時のデュポン社の製造部門は，爆薬製造部（explosive manufacturing department），セルロース関連製品製造部（cellulose manufacturing department），染料部（dyestuffs department），ペイント・化学製品製造部（paints & chemicals manufacturing department）という4つの製品別の製造部，および1つの総務部（service department）の5つから構成されている。爆薬製造部では，会社が取り扱う全ての高性能爆薬（high explosives），黒色火薬（black powder），発破補助材料（blasting supplies）が製造される。セルロース関連製品製造部では，無煙火薬（smokeless powder），ピラリン（pyralin），人造皮革（fabrikoid），溶剤（solvents），化学混合物（chemical mixtures），そして青銅色火薬（bronze powder）が製造される。染料部は，会社が取り扱うすべての染料の製造と販売を行う。ペイント・化学薬品製造部では，塗料（paints），ニス（varnishes），顔料（pigments），および硫酸・苛性ソーダ等の重工業薬品（heavy chemicals）が製造され，会社所有の鉱山での採掘が行われる。そして，総務部は，他の4つの製造部および会社全体の製造関連活動に対して支援・サービスを提供し，Wilmington にある本部と連携を保ちながら，販売（sales），購買（purchasing），化学（chemical），エンジニアリング（engineering），会計（accounting）の各部署，およびその他のあらゆる部署と協力する役割をもっている[19]。

　このように，デュポン社の2月の解説書によれば，製造部門では，爆薬製造部，セルロース関連製品製造部，ペイント・化学薬品製造部はただ製造を行うだけの部門であり，販売活動は販売部に委ねるという，従来の職能部門別組織の形態をとっているが，染料部は染料の製造だけでなく販売も行うという事業部制組織の形態になっていることが確認できる[20]。つまり，製造部門の全てではないが，その一部がすでに事業部の機能を有しており，この2月の解説書は，まさに事業部制組織構築の過渡期の状態を示すものであるといえる。

図表2-4　1921年2月におけるデュポン社の製造部門の組織

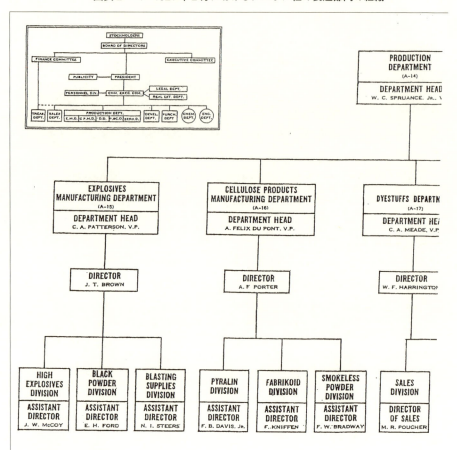

(出所) Du Pont de Nemours (E.I.) & Co., *Organization Charts., Binder No. 9*, Accession 2101, Box 1.

第2章 管理会計発展の基盤 65

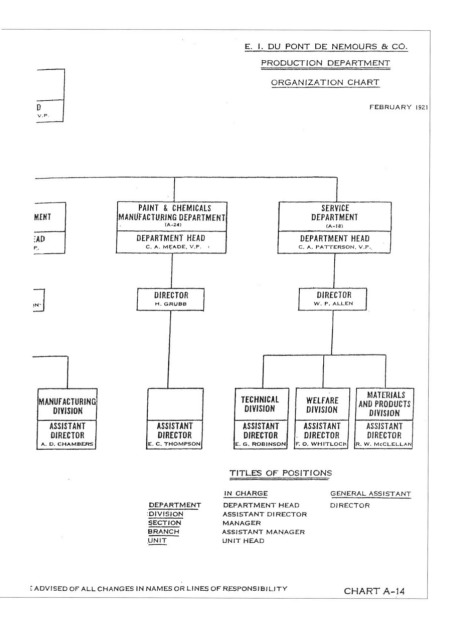

66

　また，1921年の事業部制組織構築からおよそ50年後の1970年10月におけ
るデュポン社全体の組織図が，図表2－5で示される。図表2－5によれば，
株主総会の下に取締役会が設置され，取締役会の下に，ボーナス・給与委員会，
経営執行委員会，財務委員会，監査委員会が置かれ，取締役会で社長が選出
されるが，これを経営執行委員会と財務委員会が支援するようになっている。
さらに，経営執行委員会は12の事業部門（industrial departments）と11のス
タッフ部門（staff departments）をコントロールし，財務委員会は1つの財務部
（treasurer's department）と1つの文書部（secretary's department）をコントロー
ルしている。なお，図表2－5では，12の事業部門は製造と販売を行う事業
部であるが，事業部を構成する組織の名称はdivisionではなく，department
という表現になっている。しかし，実質的には，このdepartmentの部分が事
業部を表していると考えられる。

　そこで，図表2－5によれば，事業部門は，エラストマー製品事業
部（elastomer chemicals department），電子化学製品事業部（electrochemicals
department），爆薬事業部（explosives department），ファブリック・仕上事業部
（fabrics & finishes department），フィルム事業部（film department），工業用生
化学薬品事業部（industrial and biochemicals department），国際向け製品事業部
（international department），有機化学薬品事業部（organic chemicals department），
写真事業部（photo products department），顔料事業部（pigments department），
プラスティック事業部（plastics department），繊維製品事業部（textile fibers
department）という12の事業部から構成されている。また，スタッフ部門は，
事業部の形態をとっている部署と単に部門の形態で設置されている部署がある
と考えられるが，この組織図だけでは判別できない。なお，財務部では財務部
長，文書部では文書部長がそれぞれの部署の責任者となっている。

　このように，デュポン社は，反トラスト法違反によって，デュポン火薬会社
を強制的に分割させられたとはいえ，同火薬会社による職能部門別組織に基づ
く集中的な管理・運営のやり方ではなく，事業部制組織という分権化した組織
に基づく管理・運営の方法に舵を切ることによって，集権化した管理体制を分
権化したものにし，会社全体の管理効率を高めようとした。つまり，デュポン

社の事業部制組織構築の動機は，過度の集中管理を分権管理に変更することであった[21]。その際，デュポン社では，デュポン火薬会社の時代から，職能部門別組織に基づいて製品別に組織が構築されてきたこともあるが，化学会社の時代になると，まったく種類の異なった製品が圧倒的に多くなり，図表2－5に示されるように，製品別に事業部制組織を構築することは合理的であったと考えられる。

図表2－5　1970年10月におけるデュポン社全体の組織

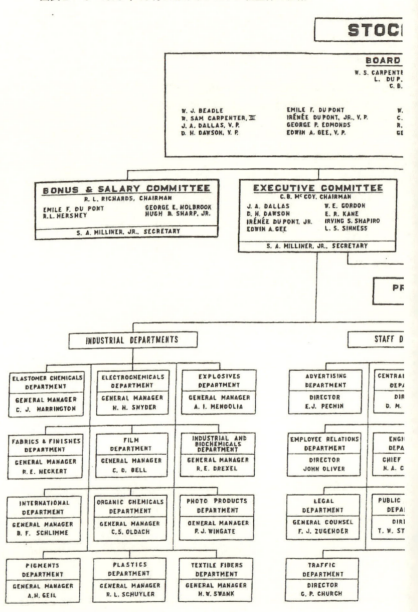

（出所）Du Pont de Nemours (E.I.) & Company, *Organization Chart, 1970*, Accessin 1410.

第2章 管理会計発展の基盤 69

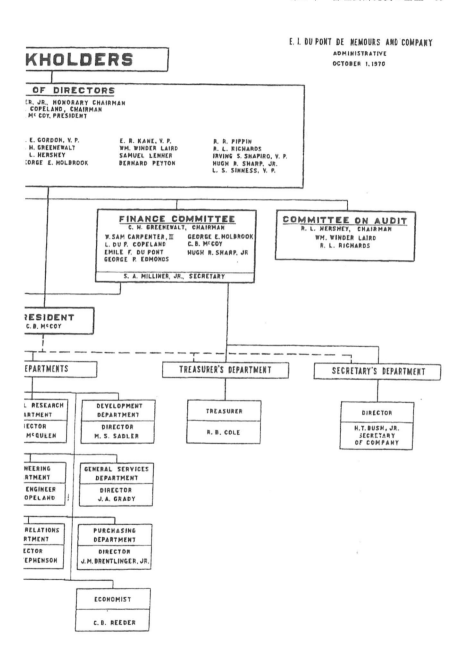

3 - 2　GM 社における事業部制組織の構造と特徴

　前述したように，1908 年に持株会社として設立された GM 社の組織は，1917年に事業会社に変更され，多くの子会社や関連会社を事業単位として同社の中に組み入れ，各事業単位間に有機的関連性をもたせようとしたが，それらはただ寄せ集められたにすぎず，持株会社の時代と同じように，管理効率を高めることがうまくいかない状態が続いた。そこで，1916 年に事業会社に組織を変更した GM 社は，分権管理の利点を残しながら，企業全体の観点から，バラバラであった子会社や関連会社をコントロールするための組織を模索した[22]。

　そして，その模索の中で，デュポン社の社長としての経歴をもつ Pierre S. du Pont は，1920 年から 1923 年にかけて GM 社の社長を務めたが，かつてGM 社の部品・付属品部門の有能なエンジニア・管理者であり，後に GM 社の社長となる Alfred P. Sloan, Jr. と共に，当時，バラバラであった GM 社の子会社や関連会社をコントロールできるようにするためには，事業部制組織を整備・導入し，これを実質的に機能させることが必要であると判断した。それはデュポン社よりも 9 ヶ月早く，1921 年の 1 月に導入されたが，図表 2 - 6 は，Pierre du Pont が GM 社の社長であった時期の 1921 年 1 月 3 日付けで構築された GM 社の事業部制組織である[23]。

　図表 2 - 6 によれば，株主総会の下に，取締役会，財務委員会，そして経営執行委員会が配置され，取締役会において社長が選出されるようになっている。そして，財務委員会および経営執行委員会の責任者として，それぞれ副社長が置かれ，前者の財務担当副社長は財務担当スタッフを管理し，後者の業務担当副社長は事業担当スタッフおよび一般助言スタッフを管理した。また，図表 2 - 6 では，事業部としてコントロールされる部署には，division という用語が用いられ，department, company, corporation, section 等としてコントロールされる部署とは区別して表示がなされている。

また，1921 年 3 月 26 日に株主向けとして作成された GM 社の報告書によれば，取締役会のメンバーには，社長として Pierre du Pont，副社長として Sloan，その他役員として 28 名，財務委員会のメンバーには，委員長として John J. Raskob，および委員として Pierre du Pont 他 7 名，そして経営執行委員会のメンバーには，委員長として Pierre du Pont，委員として Sloan 他 2 名が選出されたが[24]，1923 年 3 月 19 日に株主向けとして作成された GM 社の報告書によれば，取締役会のメンバーには，社長として Pierre du Pont，副社長として Sloan，その他役員として 28 名が選出され，財務委員会のメンバーには，委員長として John J. Raskob，および委員として Pierre du Pont，Sloan 他 8 名，そして経営執行委員会のメンバーには，委員長として Pierre du Pont，委員として Sloan 他 4 名が選出されている[25]。

このように，1921 年と 1923 年の報告書を比較すれば，取締役会の構成人数は 30 名で同じであるが，財務委員会の構成人数は 9 名から 11 名へ増加した。その際，その新メンバーとして Sloan が選出され，経営執行委員会の構成人数は 4 名から 6 名に増加している。また，業務活動を製造領域と販売領域に区分して，株式等による所有状況を加味した組織が，図表 2 - 7 で示される。図表 2 - 7 によれば，製造活動は，乗用車とトラックを製造する事業部のグループ，自動車用部品・付属品を製造する事業部のグループ，および自動車用車体やプラグを製造する子会社によって行われ，販売活動は，輸出も含めて，これらの製品を販売するいくつかの事業部のグループによって担当されている。

図表2－6　GM社の1921年1月における事業部制組織

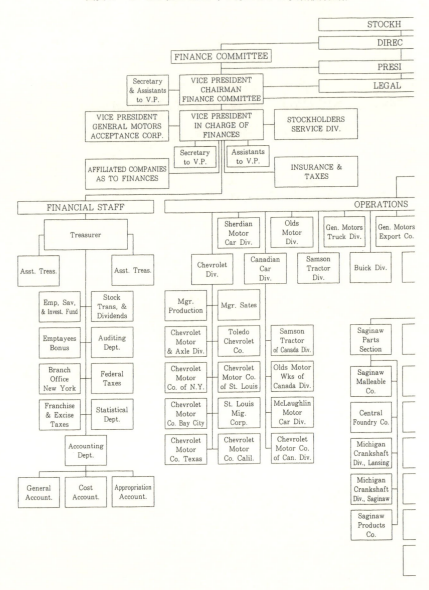

(出所) Sloan [1964], p.57.

第 2 章　管理会計発展の基盤　73

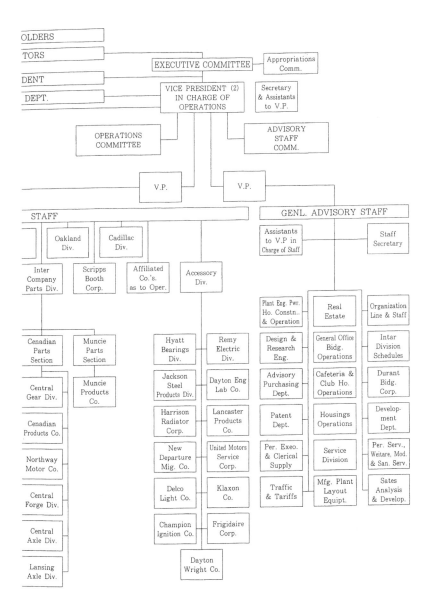

図表2－7　GM社における業務活動別組織

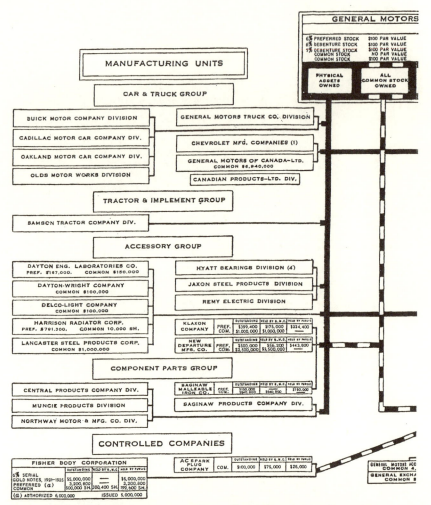

（出所）General Motors Corporation [1923], pp.6-7.

第2章　管理会計発展の基盤　75

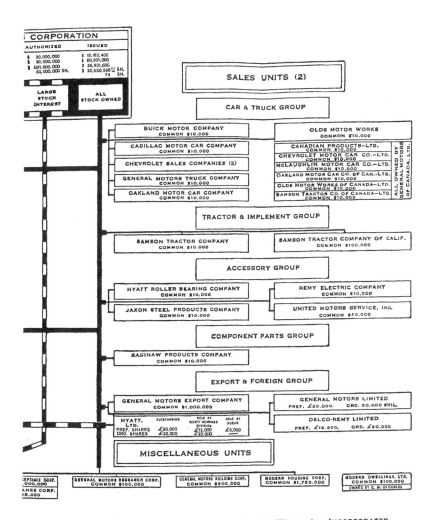

2. THE SALES UNITS OWN A NUMBER OF BRANCHES, SOME OF WHICH ARE INCORPORATED.
3. THE CHEVROLET SALES ORGANIZATIONS INCLUDE THE CHEVROLET MOTOR COMPANY (NEW JERSEY), COMPRISING A NUMBER OF FORMER SALES COMPANIES, AND THE CHEVROLET MOTOR COMPANY OF TEXAS.
4. HYATT BEARINGS DIVISION HOLDS THE GENERAL MOTORS INTEREST IN HYATT, LTD.

なお，GM社における当時の従業員数と株主数の推移は，それぞれ，図表2－8と図表2－9によって示される。図表2－8によれば，関係会社および系列会社を除いたGM社の従業員数は，1909年の14,250人から1922年の75,214人と5倍を超える増加となっている。特に，同社が経営管理組織を事業部制組織に変更した1921年から1922年にかけての増加率は，2倍強となっている。これは，同社において，経営管理組織が事業部制組織に変更された結果，多くの従業員をコントロールすることが可能になったからではないかと考えられる[26]。

また，図表2－9には，GM社における1917年から1922年にかけての株主数が四半期ごとに示されているが，例えば，1917年の第1四半期の株主数1,927人と1922年の第4四半期の株主数65,665人を比較すれば，その数はおよそ34倍に増加している。つまり，図表2－9によれば，この間に，企業規模が増大したことを確認できる。また，この1922年末の65,666人の株主のうち，普通株式を保有する株主数は44,000人であったが，この44,000人の株主のうち，100株も保有していない株主数が37,000人，さらに保有株式数が10株以下の株主数は13,000人であり，普通株式を保有する株主44,000人のおよそ4分の1にあたる11,244人は女性であった。このことから，当時のGM社の株主は主に，少数の株式を保有する人々から構成されていたことが確認できる[27]。

図表2－8　GM社の従業員数の推移（1909年～1922年）

The number of employes of the Corporation for 1922 and prior years has been as follows :

1909	14,250	1913	20,042	1918	49,118
1910	10,000	1914	14,141	1919	85,980
1911	11,474	1915	21,599	1920	25,333
1912	16,584	1916	25,666	1921	35,931
		1917	25,427	1922	75,214

These figures do not include the employes of the affiliated companies.

（出所）General Motors Corporation [1923], p.19.

第2章 管理会計発展の基盤　77

図表 2 − 9　GM 社の株主数の推移（1917 年〜 1922 年）

At the end of 1922 there were 65,665 stockholders.　Of the 44,000 common stockholders, 37,000 owned less than 100 shares and 13,000 owned 10 shares or less.　One-fourth or 11,244 of the stockholders are women.

A comparison of the total number of stockholders of all classes by quarters follows :

Year Ended Dec. 31	First Quarter	Second Quarter	Third Quarter	Fourth Quarter
1917 ············	1,927	2,525	2,669	2,920
1918 ············	3,918	3,737	3,615	4,739
1919 ············	8,012	12,523	12,358	18,214
1920 ············	24,148	*26,136	31,029	36,894
1921 ············	49,035	59,059	65,324	66,837
1922 ············	70,504	72,665	71,331	65,665

*In January, 1920, stockholders authorized the exchange of one share of Common stock, par value $100, for 10 shares of Common stock without par value, the first exchange having been made March 1, 1920.

（出所）General Motors Corporation［1923］, p.20.

4　小　括

　本章の目的は，事業部制組織が管理会計発展の基盤として，いかなる役割を果たしたかを検証・考察することであった。その際，管理会計の生成に大きな貢献をしたデュポン火薬会社，および世界で最初に事業部制組織を構築・導入したデュポン社と GM 社を対象として，両社の経営管理組織が職能部門別組織から事業部制組織に変更した経緯，およびデュポン社と GM 社の事業部制組織の構造および特徴を，できる限り一次資料に基づいて考察した。

　そして，その検証・考察の結果，デュポン社は，過度の集中管理から脱し管理効率を高めるために，職能部門別組織を分権管理の 1 形態である事業部制組織に転換したが，GM 社は逆に，バラバラに寄せ集められた各事業体を会社全体の観点から適切にコントロールするために，事業部制組織を構築・導入したことが判明した。つまり，デュポン社と GM 社は，異なった企業環境において，違った目的を達成するために，事業部制組織の構築・導入という，同じ分権管

理の組織形態に辿りつくことになったのである。

　ゆえに，同じ事業部制組織とはいっても，デュポン社では，化学会社という性格から，まったく種類の異なった製品を製造・販売するので，製品別の事業部制組織が構築されたが，GM 社においては，その主力製品が自動車およびその部品・付属品であるため，自動車という製品の車種ごとの販売価格別に事業部制組織が構築されたと考えられる。

　さらに，デュポン社と GM 社の割当予算システムにおいて，割当予算を申請する側である各事業部，およびその割当予算を評価・判定する側である経営執行委員会等の Top Management は共に，投資利益率を利用していたこと[28]，そしてデュポン社で開発されたコントロール・チャート・システムにおいて，各事業部や各プロジェクト等の業績を投資利益率に基づいて評価していたこと[29]，を考慮すれば，当時の各事業部は，単にプロフィット・センター（profit center）というよりも，インベストメント・センター（investment center）としての性格を有していたと考えることができる。

　以上のように，職能部門別組織に基づいて経営管理が展開された 20 世紀初頭のデュポン火薬会社において，予算と標準原価計算を中心的な技法として，管理会計が生成したと考えられるが，その後に登場した事業部制組織は管理会計を発展させる基盤として，さまざまな素地を擁していた。例えば，経営管理組織が職能部門別組織から事業部制組織に変更されたことによって，各事業部間で取り引きを行うためには，内部振替価格が必要になり，その取り引きを処理する役割を担う内部振替価格制度が構築された[30]。また，Top Management がインベストメント・センターとしての各事業部の業績を評価するために，コントロール・チャート・システムが構築された[31]。そして，各事業部が提案するベンチャー事業への投資案を長期的観点から評価する方法として，割引キャッシュ・フロー法等が考案・導入されている[32]。つまり，事業部制組織は，管理会計の技法，概念，方法等を発展させる重要な基盤の 1 つであったと考えることができる。

【注】

1) Pound [1934], pp.111-120, pp.163-164.

2) Sloan [1964], p.46; 井上 [1987], p.85, pp.112-116.

3) Chandler [1980], pp.459-460; 当時, デュポン社は第 1 次世界大戦で獲得した利益 25,000,000 ドルを GM 社に投資していた。

4) Johnson [1975]; 高梠 [2004], pp.170-271.

5) 田中 [1982], pp.146-160.

6) Du Pont [1919], pp.10-11; 田中 [1982], pp.160-165.

7) Sloan [1964], pp.410-411.

8) Sloan [1964], pp.410-411.

9) 高梠 [2004], pp.170-332.

10) Johnson [1975]; 田中 [1982]; 高梠 [2004]。

11) 田中 [1982], pp.146-150.

12) Sloan [1964], p.46; 田中 [1982], pp.160-170; 井上 [1987], p.116.

13) 分権管理に関する諸見解については, 井上 [1987] (pp.117-119) を参照。

14) Sloan [1964], p.46; Chandler [1980], p.458; 田中 [1982], pp.169-170.

15) デュポン社では, 第 1 章の図表 1 - 3 に示されるように, デュポン火薬会社の時代から, 製品別に組織が構築されることが多かった。

16) Chandler [1986], pp.104-113; 井上 [1987], pp.113-115.

17) Du Pont, *Organization Charts*, Accession 2101, Box 1, Binder No.9; Chandler [1986], pp.104-113; 井上 [1987], pp.113-115.

18) Du Pont, *Organization Charts*, Accession 2101, Box 1, Binder No.9.

19) Du Pont, *Organization Charts*, Accession 2101, Box 1, Binder No.9.

20) Du Pont, *Organization Charts*, Accession 2101, Box 1, Binder No.9.

21) Sloan [1964], p.46; 田中 [1982], p.170; 井上 [1987], p.116.

22) Sloan [1964], p.46; 井上 [1987], pp.85-86.

23) Sloan [1964], p.57; Chandler [1980], pp.456-460; 井上 [1987], p.85, pp.108-112.

24) General Motors Corporation [1921], p.3.

25) General Motors Corporation [1923], p.3.

26) General Motors Corporation [1923], p.19.

27) General Motors Corporation [1923], p.20.

28) 高梠 [2015]。

29) 高梠 [2011]。

30) 高梠 [2009]。

31) 高梠 [2011]。

32) 高梠 [2012]。

第3章

内部振替価格制度の構築

1 　序

　本章では，管理会計の発展期において十分な検討がなされてこなかった領域
の１つである，20 世紀初頭の GM 社における事業部制組織に不可欠な内部振
替価格制度の構築に関して，これがいかなる基本方針や原則に基づいて行われ
たか，そして同制度において用いられる利益，コスト，および資本といった概
念がいかに認識されていたか，をできる限り当時の一次資料に基づいて検証す
ることにする。

　最初に，当時の GM 社の事業部間取引において発生する諸問題について吟
味する。次に，事業部間取引および内部振替価格概念の認識に関する基本原則
について検討する。そして，その検討を踏まえた上で，当時の GM 社が，内
部振替価格制度を構築する際に，同制度で用いられる適正利益概念をどのよう
にとらえていたか，またコストと投資の概念をいかに認識していたか，につい
て考察する。なぜなら，内部振替価格制度を構築する場合，その基本的な方針
や基本原則が，利益，コスト，そして投資等の諸概念の認識に影響を与え，さ
らに，これらの認識が当時の GM 社の管理会計概念や会計システムの構築を
規定することになる，と考えられるからである。

2 　事業部間取引の問題点

　1908 年に，持株会社としてスタートした GM 社は，その後，デュポン火薬
会社と同様に，多くの関連会社や子会社を吸収合併・買収して大規模化・複雑

化したが，1916 年に事業会社としての GM 社が設立された[1]。現代的な視点からいえば，この時点で，事業部制組織が採用されてもよい状況にあったが，当時はまだ，そのような発想には至っていなかった。したがって，当然，GM社の創始者である William C. Durant は，本格的な事業部制組織とそれに係わる内部振替価格制度を構築していなかったために，経営活動に関する様々な諸問題を引き起こしていた[2]。事業部制組織は，第 2 章で検証したように，単一の集権的職能部門別組織からいきなり移行・成立したのではなく，単一の集権的職能部門別組織→不完全な事業部制組織→完全な（本格的な）事業部制組織というプロセスを経て成立したと考えられる[3]。つまり，これらの諸問題は，不完全な事業部制組織の存在がもたらした産物であったが，当時，事業部制組織を不完全な状態にしていた重要な原因の 1 つが，統一的な内部振替価格制度の不在であった。

その後，1920 年に，デュポン社の社長であった Pierre S. du Pont が Durant に代わって，GM 社の社長になったときに，Alfred P. Sloan, Jr. は副社長に就任した。そして，1921 年 6 月 8 日に，運営委員会（operations committee）のメンバーでもあった Sloan は，経営執行委員会に対し，「事業部間取引に関する研究」（A Study on Inter-Divisional Business Relations）と題する報告書（以下，Sloan の報告書と略記）を提出した。この Sloan による報告書の作成・提出の背景として，GM 社には，1921 年 1 月の本格的な事業部制組織への移行に際して，同組織内で展開される事業部間取引において用いられる体系的な会計システムは存在しておらず，それを支える内部振替価格制度の構築に関する基本的な方針や原則が不明確のままである，という現実があったと考えられる[4]。

Sloan の報告書によれば，当時の GM 社では，事業部間取引を行う際に，当事者間で，自らの目標利益のみを獲得しようとする場当たり的で個別的な取引方法が用いられており，事業部全体に通用するような一般的な方法－特に価格，品質，デザインを決める統一的方法－が確立していなかったことが確認されていた。つまり，本格的な事業部制組織の導入に際して，特に，売上高の減少と営業費の増加をもたらす全ての不必要な事業部間の交渉活動を排除し，不完全な事業部制組織を本格的な事業部制組織にするための 1 つの前提として，内部振替価格制度を構築する必要があったのである[5]。

例えば，Sloan の報告書によれば，部品・付属品グループを構成する各事業部間の場合には，価格，品質，デザインに関する限り，外部の取引業者と売買をするときのように取引が行われてきた。つまり，部品・付属品グループを構成する各事業部は，外部から提供される生産物との競争の中で売買関係を成立させてきた。また，シボレー・グループを構成する各事業部間の場合には，従来，原材料を原価で引き渡してきたが，その原価にいくらかの割合を上乗せしたケースもあった。しかし，その際の上乗せ割合は一定の原則に従ったものではなく，単に妥当な補償・埋め合わせ (compensation) として，取引の状況に応じて決められてきたものであった。さらに，他のケースにおいては，明らかに，原価を無視した恣意的な価格が設定されることもあったが，場合によっては，その値は実際製造コストを下回ることもあった[6]。

したがって，本格的な事業部制組織の導入に際して，これらのことは，過去において曖昧であった事業部間取引の価格設定の方法を，統一的・一般的な方法に変更しなければならないことを意味していた。そして，Sloan の報告書によれば，事業部間取引の価格設定の方法を検討する前に，事業部制会計という観点から，この問題をとらえることが必要であると指摘されている[7]。

Sloan の報告書によれば，事業部制組織の下では，各事業部は，最も高い投資利益率の値と最も低い営業費を実現すると共に，会社全体の目標投資利益率を確実に達成することが必要であった。そのためには，売上高の減少と営業費の増加をもたらす全ての不必要な事業部間の交渉活動を排除して，事業部間取引を統一的に行うことが不可欠であった。さらに，各営業事業部の純利益と投資の関係を正確に示すような統計手法の開発を促進させ，各事業部を自らの活動に専念させるように仕向けると共に，会社全体の最終業績に対する責任と貢献を意識させることによって，組織のモラルを増大させなければならなかった。つまり，各事業部は，販売事業部と会社全体の両者の利害を適切に守りながら，必然的かつ最大限に，あらゆる他の事業部を支援できるような方法・手段を駆使する必要があったのである[8]。

このように，GM 社は，事業部制組織を構築・導入する際に，内部振替価格制度をいかに構築すればよいかを検討していたが，前述したように，企業環境の急激な変化に適合した内部振替価格制度を構築するための基本的な原則が不

明確であり，体系的な会計システムが存在していないことを認識していた。

　Sloan の報告書は，1921 年 6 月 8 日に経営執行委員会に提出された後，6 月 10 日に，運営委員会および当時の副社長であった Donaldson Brown に送られたが，運営委員会と Brown によって分析・検討が加えられ，さらに運営委員会と Brown の分析・検討の結果に対する吟味を行うために，再び経営執行委員会に戻された。そして，Sloan は自らの報告書について，その後に開催される運営委員会の主要議題として，さらに詳細な検討を加えることを予定していた[9]。つまり，当時の GM 社においては，本格的な事業部制組織を構築・導入するに当たって，内部振替価格制度の構築に関する，十分かつ詳細な分析・検討が行われていたということを確認できる。

3　内部振替価格概念および事業部間取引に関する　基本原則の検討

　以上のように，GM 社が本格的な事業部制組織に移行することによって，職能部門別組織の場合には生じなかった，様々な経営管理上の諸問題の発生が予測された。具体的には，当時の GM 社の経営管理における重要な問題の 1 つとして，事業部間取引における販売価格をどのように取り扱うか，という問題が存在した。ここでは，当時の GM 社が事業部制組織内における販売価格，つまり内部振替価格をどのように認識し，それを組織内においていかに適用しようとしたかについて，Sloan の報告書で指摘される基本原則に基づいて，これを考察することにする。

　事業部制組織内において，内部振替価格を認識・適用する場合，最初に考慮する必要があるのは，以下に示される 2 つの方法のうち，どちらかの立場が選択されなければならない，ということである。そして，これら 2 つの方法にはそれぞれ利点と欠点があるが，当時の GM 社が内部振替価格制度を適切に運用するためには，各事業部は適正な利益を獲得する必要があった。このような状況を考慮した上で，GM 社は，内部振替価格制度の最重要課題を事業部等の業績評価であるととらえ，以下に示される（1）の立場で内部振替価格を認識・適用することを選択した[10]。

84

(1) 原材料の原価に一定の割合を加算した額で事業部間取引を行う。

(2) 原材料の原価で事業部間取引を行う。

20世紀初頭のGM社においては，事業部間取引で用いられる内部振替価格を，コストに一定割合の利益を加算したものとしてとらえるか，それともコストそれ自体として把握するか，は重要な問題であった。この場合，内部振替価格をコストに一定割合の利益を加算したものとしてとらえる視点は，各事業部や製造・販売等の営業部門の業績を評価することに重点を置く事業部長や部門長等からの認識の仕方である。一方，内部振替価格をコストそれ自体として把握する観点は，会社全体の業績に関心があるTop Managementや財務部長等の立場からのとらえ方である，と考えられる。

つまり，内部振替価格に対する2つのとらえ方については，どちらが優れているかといった視点ではなく，いかなる課題を重視して内部振替価格制度を構築しようとするのか，が重要な問題となる。したがって，20世紀初頭のGM社においては，内部振替価格制度を構築する際の最重要課題が，事業部や営業部門等の業績評価であったと考えられることから，上述の（1）の立場が選択されたものと判断される。

また，20世紀初頭のGM社では，各事業部における経営管理指標として，投資利益率が利用された。経営管理活動のために投資利益率を利用するという方法は，序章で考察したように，鉄道管区を擁する19世紀中期のアメリカ巨大鉄道会社においても確認されている。これらの巨大企業は初期投資が巨額であるために，その経営者は，莫大な投下資本を回収できるかどうかに強い関心があり，投資効率を特に重視したものと考えられる。そして，その後，この投資利益率に基づく経営管理の方法は，19世紀中期のアメリカ巨大鉄道会社と同様の事情をもつ20世紀初頭のデュポン火薬会社やGM社に影響を与えていった[11]。

この点に関して，Sloanの報告書では，次のように説明される。例えば，年間に100,000ドルの利益を獲得する営業活動が，事業規模の拡大と効率的な追加投資を伴うものであったとする。これに対し，別の営業活動は年間に10,000,000ドルの利益を得ることができるものの，これ以上の追加投資どころか，さらなる利益の獲得が達成できなければ，倒産に至ってしまう危険性をは

らんでいるとする。この場合，利益額だけで両者を評価すれば，後者の営業活動の方が業績は良いことになる。しかし，両者を営業活動に対する真の投資額と利益額との関係，つまり投資利益率によって評価すれば，前者の営業活動の方が良い業績を示すことになる。ゆえに，事業部業績の評価は，単なる利益額ではなく，投資利益率によって行われるべきものである[12]。

　さらに，ここで重要なことは，事業部業績の評価方法として，利益額あるいは投資利益率のいづれが選択されようとも，会社全体としての利益額には何ら影響を及ぼさないということであり，当時の状況から判断すれば，Sloan によって指摘される事業部業績の評価方法は，最も論理的かつ実際的なものであったと考えることができる。そして，Sloan の報告書では，ここまでの検討結果が，次のような基本原則として抽出・提示されている[13]。

(1) 企業全体の抽象的な営業活動から得られる利益額は，その営業活動の真の業績を表さない。

(2) 事業部間取引において，ある事業部から別の他の事業部に請求される内部振替価格は，会社全体における製品の製造コストだけでなく，販売活動から獲得される利益にも影響を及ぼさない。

(3) 営業活動の真の業績は，その営業活動への投資額と利益額との比率，つまり，投資利益率によって測定される。

　その際，Sloan の報告書では，この基本原則が成り立つ前提として，通常の活動を行っている工場の存在が想定されている。その想定される工場において，原材料や部品が外部の供給業者から購入される場合には，これらの原材料や部品は工場の製造活動に投入され，直接労務費と間接費が加えられた後に，製造コストが算出される。しかし，外部の供給業者から購入される原材料や部品を自ら製造すると仮定した場合には，その製造活動に必要な投資額が内部振替価格に反映されなければならない。そこで，外部の供給業者によって設定される原材料や部品の価格は，追加的な投資を伴うような状況においては，適正な投資利益率を反映する利益額が原材料や部品の購入原価に加えられて算出されるべきである，と Sloan は指摘する[14]。

　さらに，GM 社が外部の供給業者の工場を買取すると仮定した場合には，営業活動における適正な内部振替価格と利益を決定する手続きについて，Sloan

の報告書では，次の2つのケースを想定して説明がなされている[15]。

(1) 従来から存在する自社工場と供給業者から買収した工場は，それぞれ独立して営業活動を行うものとする。

(2) 買収された供給業者の工場は，従来から存在する自社工場の営業活動の中に，1つの部門として含められるものとする。

まず，(1) のケースでは，供給業者の営業活動が合理的な状況で行われていると仮定した場合には，原材料の内部振替価格は，購入原価に，適正な投資利益率を反映した利益額を加えることによって算出される。具体的には，この原材料の内部振替価格は，購入原価に，供給業者の営業活動への投資額に対する適正な利益額を加えたものとして考えることができる。そこで，供給業者の営業活動を自社の営業活動に取り込むと考えれば，このことは，自社の営業活動への投資額に対する適正な利益額を認識するという基本的な原理にかなっていることになる。その理由は，連動した活動への全ての投資が適切に認識・処理されることになるからである。この場合，前述したように，従来の自社の営業活動の利益も，連動した営業活動の利益も共に増加しないし，投資利益率も変化しない[16]。

次に，(2) のケースでは，買収された供給業者の工場が従来の自社工場の1つの部門として考えられている。つまり，この場合には，内部振替価格が利益を加算することなしに，つまり原価に基づいて，1つの部門から別の他の部門に引き継がれることになるので，自社工場での製造コストは，供給業者が内部振替価格に加算しなかった利益額の分だけ少なく算出される。そして，従来の職能部門別組織の場合と同じ状況で生産物が製造・販売され，会社は利益を得ることになる。しかし，(2) のケースでは，自社工場は供給業者の工場を買収したと考えているわけであるから，その分，投資額を増加させなければならないが，供給業者の工場を買収することによる投資の増加分を認識できていない[17]。

そこで，Sloan の報告書では，この点に関して，(1) のケースのように，供給業者の工場は独立した別個の組織として営業活動を行い，自社の工場が供給業者の算出した原価に適正な利益を加えて原材料を買い取ると考えた方が，供給業者がもたらす投資の増加分を十分に補償することになる，と指摘されている。そして，Sloan は，会社全体の利益額について考えた場合には，(1) のケー

スと（2）のケースでは同額であり，投資利益率も変化しないということを付け加えた上で，これまでの検討内容を前提として，内部振替価格の認識・適用に関する基本原則を，以下のように取りまとめている[18]。

(1) 通常の工場での営業活動において，外部の供給業者から購入される原材料の内部振替価格は，供給業者にとっての原価に，供給業者による独立した営業活動への投資額に対する適正な利益額を加えた額として考えられるべきである。

(2) 従来，外部から購入してきた原材料に関して，自社のある部門から，この供給を受けることができるようになったと仮定した場合には，自社によって設定される生産物の販売価格を一定とすれば，生産物の製造コストは減少し，営業活動による利益は増加する。

(3) 投資額は部門が追加されれば，その分だけ増加し，部門が減らされれば，その分だけ減少する。

(4) 利益額は部門が追加されれば，その分だけ増加し，部門が減らされれば，その分だけ減少するので，投資利益率は部門の増減に関係なく一定である。

そして，Sloan の報告書によれば，投資利益率を利用するという考え方は，事業部業績の評価のために用いられる基本原則であるが，これは，広範囲にわたる営業活動をコントロールするための統一的・論理的な方法でもある。よって，前述したように，1つの事業部から別の他の事業部に引き継がれる原材料の内部振替価格には，供給事業部における目標投資利益率を反映した利益額が加えられるべきである，という基本原則が，実際の GM 社の営業活動に適用される場合には，「会社全体にとって，事前に予定された目標投資利益率に基づく内部振替価格とは何か」，を全ての事業部に提示することが必要である，と Sloan は主張し，自らの基本原則の利点を，次のように記している[19]。

(1) 会社の外部に生産物を販売する事業部は，その生産物のコストがどれくらいであるかを正確に知ることができると共に，事業部の数あるいは最終生産物の製造に役立った投資額の配分に関係なく，生産物の価格がどれくらいであれば，会社全体の目標投資利益率を達成することができるかを確認することができる。

(2) 最終生産物の製造コストに影響を与えることなしに，独立して個別に，あるいはグループ内で，またはグループ間で，営業活動を行わせることができる。

(3) 事業部間の日々の取引関係において，事業部間の全ての非生産的で不必要な交渉を日常的に排除することによって，販売活動の無駄と費用を減少させることができる。

(4) 自らの事業部の営業活動については，他の事業部の営業活動から支援を受けていること，会社全体の1部を構成しているということ，最終成果に対して責任を負っていること，等を自覚させることによって，組織のモラルを高めることができる。

(5) 営業活動の状況の変化を考慮して，投資利益率を基にした価格設定ができるような柔軟性を獲得できる。

(6) 営業事業部の数や投資額には関係なく，営業事業部における利益額と投資額との関係を正確に反映した統計数値を用いることができる。

(7) 会社全体の利益を最大限にするような追加的投資を会社に行わせることができる。

(8) 会社の営業活動のコストを増加させないようにすることができる。

4　適正利益概念の考察

以上，検討してきたように，20世紀初頭のGM社においては，各事業部がその取引において，その状況を反映した適正な投資利益率に基づく利益を獲得するために，企業全体に通用する内部振替価格制度構築に関する一般的な基本原則を確立することが必要であった。そして，内部振替価格制度を構築する際に必要不可欠であるのが，その制度内で用いられる適正利益，コスト，そして投資の諸概念についての考察・認識である。そこで，まず，各事業部によって獲得される適正利益について，Sloanの報告書によれば，次の2つの観点が提示されている[20]。

(1) 適正利益とは何であるべきか。

(2) 適正利益はあらゆるケースにおいて，不変であるべきか。

その際，各事業部によって獲得される適正利益は，適正な市場価値に基づいて，各事業部の存続にとって必要な，最小の投資利益率を達成するような値として設定されることになる。また，適正利益が不変で一定の値であるべきかどうかということに関しては，会社が，多くの利益の獲得を期待できないような諸活動に資本を投資させられてきたという見解，および全ての活動に適用されるような唯一の最小の利益額を設定することは適切ではないという見解，について検討しなければならない，とSloanの報告書で指摘されている。例えば，会社は，高い競争力をもたらす活動に多くの投資を行うが，その活動によって得られる目標利益は，全体として，高い競争力に見合う程度の利益を超える値に設定される。そして，会社は，生産量を増加させることによって，会社全体の投資利益率を増大あるいは維持させるような利益を獲得することを期待できないとすれば，前述した最小の利益よりもさらに少ない利益しか獲得できない諸活動には投資を行うべきでない，という分析結果が得られることになる。よって，もし市場が原材料を簡単に入手できないような状況であるとすれば，会社は，競争的状況において支払われる原材料の価格ではなく，生産スケジュールに提示された原材料の獲得価格によってコストを認識するべきであり，投資を強いられるような環境で設定される価格は，その際のコストに，会社によって決定された最小利益を加えた値として測定される，と結論付けられるので，全ての活動において，唯一の利益を適用するという考え方は論理的である，と報告書では主張されている[21]。

　さらに，Sloanの報告書によれば，このような適正利益は，ある付属品事業部が会社外部にも多くの生産物を販売しているようなケースにおいても検討されている。この場合，会社内部の購買事業部へ付属品を販売することによって獲得される利益は，これを会社外部へ販売することによって獲得される利益と等しくなる，ということを仮定することが論理的であると主張される。そして，このような結論を正当化するような活動結果が各事業部によってもたらされる場合を除いて，各事業部は，競争者によって提示される価格を自らの活動に要するコストとして認識するとすれば，外部との競争的な状況を維持できる，ということが指摘される[22]。

　そこで，Sloanは，以上のような分析・検討を行った後に，適正利益という

概念を，次のように要約・定義している[23]。

(1) 購買事業部が，適正な市場価値および考慮しうる全ての要素に基づいて投資利益率を決定する場合に，適正利益は設定される。

(2) 適正利益は，会社の全ての資本投資が係わりをもっている限り，唯一であるべきである。

(3) 販売事業部は，会社にとって適正な利益を獲得できる価格を競争市場の中で設定する場合に，他の全ての状況・条件を考慮して，事業部間取引において獲得される適正利益を設定する。

5　コスト概念に対する認識と検討

　各事業部が，適正な投資利益率および適正利益を獲得するための基本原則を確立するためには，その前提として，コスト概念に関する認識と検討が必要である。その際に，適正利益に関係するコストとは何か，という観点から考察することが必要になる。Sloan の報告書によれば，当時，GM 社の工場コストは概算で算出されることもあり，しばしば不正確に計算されていることが確認されている。ゆえに，ここでは，GM 社の各営業事業部で適用される正確な原価計算を支えるコストの概念・要素をしっかりと定義しておくことが，各事業部における適正利益獲得のための基本原則の確立に必要である[24]。

　そこで，Sloan は，事業部間取引における基本原則を確立するために必要となるコストという概念の分析には，これまでとは異なる，まったく新しい特徴を提示しなければならないことを主張している。Sloan の報告書によれば，コスト概念は，通常，直接材料費（productive material），直接労務費（productive labor），そして間接費（burden or overhead）の３つに分類される。まず，直接労務費は，通常の解釈どおりに，特定の生産物や営業（製造）活動ごとに集計される実際労務費であると定義される。次に，直接材料費は，倉庫に貯蔵された原材料が特定の生産物や営業（製造）活動のために消費されるコストであると定義される。よって，Sloan は，この両者の定義は明確かつ具体的であり，各事業部における適正利益獲得のための基本原則の確立を考える場合には，このままの理解でよいと指摘している[25]。

これに対し，間接費については，適正利益獲得のための基本原則の確立という観点からすれば，直接材料費や直接労務費とは異なる別の角度からの認識が必要である，と Sloan の報告書では指摘される。そして，以下のように，3つの観点から，間接費に関する基本原則が説明されている[26]。

(1) コストの真実の価値は，競争的な状況の下で，組織的活動が適切に実施される場合に判定されるが，間接費はその真実の価値とはまったく一致しない。

(2) 生産性の低い時期においては，単位当たり間接費は上昇するので，間接費の配賦を調整する必要が生じるが，競争状態における単位当たりの間接費はその値よりも大きくなることはない。

(3) 固定的な工場設備価値の存在は，論理的には，間接費である減価償却費，保険料，および過度の資本の存在によって生じる様々な項目を増加させるので，コストを増大させることになる。

さらに，Sloan の報告書によれば，これら3つの原則のうち，(3) に示される固定的な工場設備価値に関しては，次のような3つの事例が想定されている[27]。

(a) 最適の操業度を超えて稼動する過大な工場設備

(b) 再生産価値（再調達価値）の観点から過度に評価された工場設備

(c) 使用されなくなった工場設備

そこで，以下，Sloan の報告書に従って，上述の3つの原則について，さらに詳しい検討を加えることにする。まず，上述の (1) と (2) の原則については，生産性が異常に低い時期に，間接費が全ての活動に配賦されるとすれば，競争状態の中で算出される適正なコストとはまったく釣り合わない単位当たりコストがもたらされるだけでなく，在庫が増加しているとすれば，高い価値をもつ多くの棚卸資産を生み出すことになる。つまり，間接費とは何であるべきかを考察し，間接費が実際にはいかに発生するかを検討する際に，明確なルールを設定することは不可能であると考えられる。しかし，通常の環境の中で合理的に算出される間接費を維持し，売上原価または棚卸資産あるいはその両方に間接費を配賦する方法を考案することが必要である。そのことは，適正利益を算出する場合に重要となるが，そのような間接費の配賦方法は，適正利益を生み出す特定の事業部における投資利益率に関係するだけでなく，損失を出す特定

の活動にも係わりをもつことになる。ただ，とにかく，全ての事業部は，生産性が低い時期には，独立した企業と同様に，不利な状況から逃れることはできないことになる[28]。

　一方，上述の（3）の原則については，事例（a）で示される「最適の操業度を超えて稼動する過大な工場設備」の問題に取り組む必要がある。この問題は，事業部の活動に役に立たない工場設備を切り離し，廃棄物あるいは別の目的の使用物として，本社に引き渡すことで解決できると考えられるが，その際，この過大な工場設備に関する輸送費は，事業部の勘定から排除され，会社全体の間接費として，本社にチャージされるべきである，と Sloan の報告書では指摘される[29]。

　次に，（3）の原則の事例（b）で示される「再生産価値の観点から過度に評価された工場設備」は適正に再評価されなければならないので，合理的な再生産価値の基準に戻す必要がある。Sloan の報告書によれば，このような事例は，ほとんどありえないような異常な状況においてのみ生じる傾向があり，会社の全ての資本勘定に記帳されている価値が再評価されなければならないときにだけ発生する問題である。この場合，帳簿に記載されるコストの価値と現在の再生産価値を比較して検討するのではなく，様々な項目の使用価値という観点から再生産価値を分析・決定することが必要である。また，事例（c）で示される「使用されなくなった工場設備」については，工場設備の価値から減価償却費を差し引いた評価額が，会社の記録から排除されるべきである，と報告書では指摘される[30]。

　そこで，Sloan は，企業全体に通用する内部振替価格制度構築に関する一般的な基本原則を確立するという目的を達成するために，コストという概念を，以下のように認識・理解している[31]。

（1）労務費と材料費は，通常の方法によって，単位当たり均一の値で決定される。

（2）間接費の決定には，次のような特別の考慮・方法が必要となる。

　（a）活動が不活発な時期においては，管理的方法を用いて調整がなされなければならない。

　（b）投資額を決定する際には，効果的で競争的な価値を適切に使用すると

いうことが理解されなければならない。

6 投資概念に対する認識と検討

　以上のように，各事業部が適正な投資利益率および適正利益を獲得するための基本原則を確立するためには，その前提として，コスト概念に関する認識と検討が必要であったが，さらに，投資概念に対しても認識を深め，これを検討することが不可欠である。前述したように，Sloan の報告書によれば，投資の存在は，事業部間で用いられる販売価格を設定するために，すでに決定されたコストに加算しなければならない利益額に影響を与えるだけでなく，間接費に算入される減価償却費，保険料，およびその他の要素をとおして，当初のコスト自体の値に影響するので，投資額が適正に決定されることが重要である，と指摘される[32]。

　また，Sloan の報告書によれば，投資概念は当時，2つの主要なグループ，および2つの項目から構成される雑費（miscellaneous）と呼ばれるグループに分類される。2つの主要なグループには，運転資本（working capital）のグループと固定資本（fixed capital）のグループがある。運転資本のグループは，現金および現金同等物（cash & cash items），棚卸資産（inventories），前払費用（prepaid expense），そして有価証券類（miscellaneous securities）等から構成される。一方，固定資本（fixed capital）のグループは，土地・建物（land and buildings），機械類（machinery of all kinds），そして子会社発行の有価証券（securities of subsidiaries）等から構成される。これに対し，雑費のグループは，特許権（patents）と暖簾（good-will）等から構成される[33]。

　そして，投資概念を適正に認識するためには，その認識をする際に影響を与える諸要因，およびルールが定式化される前に適切に定義しなければならない諸項目を抽出し，これらをまず分析する必要がある，と Sloan の報告書では指摘され，この場合に分析されなければならない諸要因・諸項目の内容が，次のように記される[34]。

（1）あらゆる会計期間において，会計年度の当初の投資額を適切に決定できるか。また，その際，当該年度内に実施される活動によって生み出され

る繰越利益（accrued profits）を含む新しい資本をどのように考えたらよいか。

(2) 投資額を決定する際に最適であるのは，上述の特定された項目の総額であるか，それとも純額であるか，また，どのような観点から，負債が考慮されるべきであるか。

(3) 活動のために，資金はどの程度調達されるべきか。すなわち，継続的および周期的な借入金を抱え込まないために，十分な運転資本は供給されるべきか。

(4) 固定資本は純額で算定されるべきか，それとも，減価償却を行う前の総額で考えられるべきか。固定資本の使用価値に係わりをもつ要素は，コストの定義に基づいて，どの程度まで認識・議論されるべきか。

当時の一般に認められた投資概念は通常，特許権，暖簾，あるいはその他の無形資産等の項目を控除した純資産（net assets）としてとらえられている。その際，Sloan の報告書によれば，もし，会社全体あるいは事業部の活動が当初 1,000,000 ドルの投資額をもって開始され，これが 1 年間で 300,000 ドルの利益を生み出すとしたら，このケースにおける投資利益率は 30％であると確認される。この場合，獲得された利益が全て蓄積・投資されるとすれば，外部からの新たな投資は不必要となるばかりでなく，蓄積された利益は投資に振り向けられる。よって，この追加的な投資を加えた総投資額を分母として算出される投資利益率を基準とすれば，新たに 200,000 ドルを外部から借り入れることのできる信用という能力をもつことになる，と同報告書では説明される[35]。

つまり，Sloan の報告書によれば，真の利益は投資利益率に基づいて決定されると指摘されるので，投資における外部資本の割合を増加させている活動は，自ら獲得した利益を投資に振り向けている活動と比較した場合に，不利な状況をつくり出すことになる。また，自ら獲得した利益を投資に振り向けることができれば，常時使用できる実際の資本をより十分に維持することが可能になるので，あらゆる営業部門の効率性を高めることができれば，より少ない資本の使用で済むようになる[36]。

前述したように，投資概念は当時，運転資本と固定資本という 2 つの主要なグループ，および雑費と呼ばれるグループに分類されるが[37]，投資概念に対

する認識を深めるために，Sloan の報告書に従って，これらのグループのうち，特に議論を要する運転資本グループの構成要素について，具体的に検討を加えることにする。

運転資本のグループを構成する項目の1つである現金および現金同等物には，銀行からの借入金返済のために振り出される支払手形 (bills payable)，本社からの前受金 (advances) 等が含まれる。その際，会社の事業部は，現在の利子率での資金の借り入れを許されないという不利な立場に置かれる上に，現金および現金同等物によって，資金を安全に調達できるわけでもない。ゆえに，事業部が継続的な資金の借り入れをしなければならないとすれば，周期的な借入金が明確に存在するケースを除いて，現金および現金同等物については，これに利子を含めた総額でとらえることが望ましい，と報告書では指摘される。このように，銀行からの借入金返済のために振り出される支払手形，あるいは現金前貸 (cash advances) のための支払勘定 (accounts payable)，等も投資の一部として認識される[38]。

また，運転資本のグループには，棚卸資産，および商品購入のために振り出される支払手形，等が含まれる。通常の状態では，この支払手形は，これによって資金を確実に調達できるとは限らないものの，投資の一部として利用されるべきであるが，その認識については，まだ議論・検討する余地が残されている，と Sloan の報告書では述べられる。ただ，この支払勘定自体は，会社に属する資本ではなく，会社外部の利害関係者に属する資本であるが，この支払勘定自体によって調達された資本は，会社の活動を活発にすると共に，商品の購入が増加する場合に活用される。しかし，当時の通常の実務では，この支払勘定は投資概念から除外されることも認められている。このように，投資概念から支払勘定を除外するという認識は，様々な事業部と子会社において，未払債務 (outstanding obligations) の返済がさらに遅れることによって投資を増加させるようなケースが存在することに起因していると考えられる。しかし，会社内部の活動を会社外部の活動に対応させるという原則を根付かせるという観点からすれば，支払勘定は投資概念から除外されるべきである，と同報告書では指摘される。ただ，実務的には，投資概念から支払勘定を除外したとしても，支払勘定に計上される資本額は，最も購買活動が活発な時期においてさえ，全

96

体の総投資額と比較して相対的に小さいこともあり，コスト面では，ほとんど
影響を与えないので，除外しなくても問題ないとされている[39]。

そして，Sloan の報告書では，固定資本のグループには，土地・建物，機械類，
そして子会社発行の有価証券等が含まれるが，これらの項目は固定資本として
問題がないと考えられる。また，雑費には特許権と暖簾が含まれるが，本来は，
これらの項目は投資概念として認識されるべきではない，と指摘される[40]。ゆ
えに，Sloan の考える投資概念は，議論を要する点を残してはいるが，基本的・
実務的には，特許権と暖簾を控除した活動のために使用される純資産としてと
らえられており，これに，現金前貸あるいは商品勘定決済のために振り出され
る支払手形および支払勘定の分だけを追加して認識されている。

7　内部振替価格制度構築の留意点

以上，検討してきたように，内部振替価格制度を構築するためには，それ以
前に，基本的な方針あるいは原則が存在しなければならないが，その際には，
その方針・原則を支える前提条件を確認しておく必要がある。そして，その前
提条件に変化が生じた場合，事業部間取引にどのような影響が生じるかを考察
し，その影響を考慮に入れた内部振替価格制度を構築するための一般原則の確
立と実施について，より具体的に検討・留意する必要がある。

Sloan の報告書によれば，各事業部がお互いに他の事業部をサポートし合う
ための原則を確立し，販売事業部が適切な利益を獲得するためには，非効率的
な経営管理活動，不適切な計画の採用，等に起因する過度のコストの発生から
会社を守る必要があり，そのための方法が考案されなければならない。そして，
会社の事業部と似通った生産物を取り扱う外部の製造業者が，例えば，新しい
アイディア，特許権，質の高い製造技術，豊富な労働力，等を保有することに
よって，会社自身における販売事業部よりも，時折，より良い生産物を購買事
業部に供給することができるとすれば，その供給の機会が外部の製造業者に与
えられるということを，会社の各事業部は認識する必要がある，と指摘される。
ただ，購買事業部は，外部の製造業者の生産物の提供を受け入れる場合には，
その後のサービス，生産物の安定供給，計画の安全性，各事業部への適切な投

第3章 内部振替価格制度の構築 97

資，等を確保できるかどうかが不確定になる，というペナルティを抱え込むことを覚悟しなければならない[41]。

この点について，Sloan の報告書によれば，購買事業部が外部の製造業者によって設定された生産物の価格を受け入れることによって，当該事業部と会社全体の双方の利益を害すると判断される場合には，上述のペナルティを含む多くのマイナス要因を適切にコントロールする必要性が生じる。その際にまず，そのマイナス要因発生の事実をはっきりと確認するために，マイナス要因の内容を詳細に調査する方法・手段の存在が不可欠となる。そして，その方法・手段を考案する前提として，次の3つの観点が重要である，と報告書では指摘される[42]。

(1) 事業部は効率的な管理が実施できるように構築されているか。

(2) 事業部は競争的な状況に基づいて構築されているか。つまり，競争者が参入できるような状況を想定して構築されているか。

(3) 競争者は会社の事業部と比べて，どのような強みをもっているか。

そして，上述のような3つの観点に対する認識は，現実的には，販売事業部と購買事業部の双方からの聞き取り，あるいは双方が参加した会議等で確認することしかできないが，これらの観点を確認した上で，販売事業部のみの利益を考えるのではなく，会社全体に利益をもたらすことを考慮することが重要であるので，Sloan の報告書では，会社全体の利益を守るために，次のような視点が提示されている[43]。

(1) 経営管理において生じている非効率をなくすか，あるいは望ましい程度に改善する。

(2) 外部の競争者が会社の事業部よりも優れた計画や方法をもっていた場合，外部の競争者は有利な立場を獲得することになるが，その計画や方法が特許権に係わることであれば，それは，事業部の営業活動のためにではなく，会社全体の利益に資することになる。ゆえに，この場合，外部の競争者から生産物を購入することが事業部にとっても，会社全体にとっても有利となる。

(3) 販売事業部による生産物と外部の競争者による生産物とを適正に比較する場合には，両者を取り巻く前提条件における差異を考慮・調整する必

98

要がある。

(4) 外部の競争者のサービスが満足のいくものであり，それが取引関係と直接的に係わりがあるとすれば，そのことは，会社の事業部の投資をより有効に活用させることを促進し，外部のサービスの供給源を存続させることになる。

しかし，Sloan の報告書によれば，会社がますます自らの事業部に生産活動を集中させるようになれば，外部の製造業者によって供給されてきた生産物は徐々に，それまでと同じような条件では提供されなくなり，競争的な関係を維持することが困難になる，と指摘されるように，適切な競争状態が常に維持され続けるわけではない，ということも十分に認識・留意するべきである[44]。

そして，前述したように，内部振替価格は，従来，一定の原則に基づいて設定されてこなかったが，Sloan は，様々なデータを分析することによって，内部振替価格制度を構築するためには，次のような原則が設定される必要性を指摘している[45]。

(1) 生産事業部と購買事業部が通常と同じような取引を行う場合，特に付属部品事業部においては，通常の取引関係は，強制的なコントロールと調整をすることなしには，その取引が成立することは困難である。

(2) 生産事業部と購買事業部との取引が強制的にコントロールされる場合，両者における取引数値の調整は，一般的なルールとして，請求活動に要する価格が増加することを考慮して行われなければならない。

このように，Sloan の報告書の最も重要な目的は，内部振替価格制度を構築するための一般原則を示すことであるが，さらに，その一般原則を実施するための，より具体的な原則が提示されている。例えば，前述したように，1つの事業部から別の他の事業部へ原材料を送る際に，生産事業部によって決定されるコストに，当該生産事業部が適切な投資利益率を達成するのに必要な利益額等が加算されて内部振替価格は決定されるが，投資額と同様にコストを適切に算定する場合の留意点が，次のような原則として示される[46]。

(1) 間接費は，生産事業部の通常の活動状況に関連して決定されるべきであり，低い生産性の時期，あるいは通常の生産量が最大能力における生産量を大きく下回っている工場を前提にして算定されてはならない。

第3章　内部振替価格制度の構築　99

(2) 投資額が，減価償却費や保険料等の間接費を介在させて，利益とコスト
の値に影響を与えるとき，投資額は過度の工場能力や固定資本の利用価
値を特に考慮して分析されるべきであり，役に立たない未使用の工場を
保有する事業部は，間接費を負担しなくて済むように，その工場を会社
に引き渡してもよい。

以上のように，Sloan によって提案された一般原則に従って，様々な営業事
業部間における取引が適切に管理されることになるが，各事業部がその原則を
遵守しようとすれば，事業部間取引に関する管理活動は不必要となる。しかし，
各事業部が原則を遵守せず，管理活動が必要とされる場合には，次のような管
理手続きが不可欠となる，と Sloan の報告書では指摘される。例えば，購買事
業部と生産事業部との間に外部の競争者が存在することによって発生する全て
の問題の調整，および事業部間取引において必要となる全ての調整は，助言ス
タッフ等の支援を受けて必要な調査を行う購買セクションの管理者，および助
言スタッフの管理者に委ねられる。そして，その調整に関する報告書は，購買
事業部と生産事業部が同じグループに所属する場合には，この２つの事業部を
管理するグループ経営者に提出されるが，購買事業部と生産事業部が異なるグ
ループに所属する場合には，２つの事業部の活動に対して責任を負う副社長に
提出される。その際，前者のケースにおける意思決定は，会社を管理する立場
にある副社長が再検討を行うということを条件として，グループ経営者によっ
てなされる。一方，後者のケースでの意思決定は，最終の意思決定の権限をも
つ副社長によって実施される[47]。

8　小　括

本章では，管理会計の発展期において十分な検討がなされてこなかった問題
の１つである，内部振替価格制度の構築について，これがいかなる基本方針や
原則に基づいてなされたか，をできる限り当時の一次資料に基づいて検証しよ
うとした。そして，その基本方針や原則が内部振替価格制度の構築に当たって，
いかに重要な役割を果たしたかを確認しようとした。なぜなら，内部振替価格
制度構築の基本的な方針や原則が，当時の GM 社の管理会計概念や会計シス

テムを規定することになるからである。

　具体的には，まず，20世紀初頭におけるGM社の事業部間取引において発生する諸問題，内部振替価格概念に対する認識，について検討した。次に，当時のGM社が会社全体の利益のために，内部振替価格制度をどのようにして構築しようとしたかについて，これを1921年にSloanによって作成された報告書に基づいて考察した。また，当時，内部振替価格制度を構築する際に，同制度内で用いられる利益，コスト，および投資といった諸概念がいかに認識されていたかを検証した。

　そして，本章での検証の結果，20世紀初頭のGM社においては，本格的な事業部制組織が導入される場合に，事業部間取引のあり方や内部振替価格等に関する十分かつ詳細な分析・検討が行われていたことが確認されたが，その分析・検討によって抽出された基本方針や原則が，事業部制組織に適合した内部振替価格制度を構築する際に，重要な役割を果たしたこと，および利益，コスト，および投資といった諸概念を適切に認識・定義していなければ，内部振替価格制度を構築することは不可能であったこと，を確認することができると考えられる。

【注】

1）Pound［1934］, pp.111-120.

2）Box 123（87-11.7-206），（"Re: Matter of Inter-Divisional Prices," June 10, 1921）.

3）本書第2章を参照。

4）Box 123（87-11.7-206），（"Re: Matter of Inter-Divisional Prices," June 10, 1921）.

5）Box 123（87-11.7-206），（"A Study on Inter-Divisional Business Relations," June 10, 1921）, p.1.

6）Box 123（87-11.7-206），（"A Study on Inter-Divisional Business Relations," June 10, 1921）, pp.1-2.

7）Box 123（87-11.7-206），（"A Study on Inter-Divisional Business Relations," June 10, 1921）, p.1; Sloanの報告書では，事業部制会計という用語は用いられていないが，内容的には，今日の事業部制会計の考え方が認識されていたと考えられる。

8）Box 123（87-11.7-206），（"A Study on Inter-Divisional Business Relations," June

10, 1921）, p.1.

9) Box 123（87-11.7-206）,（"Re: Matter of Inter-Divisional Business," June 8, 1921）;
Box 123（87-11.7-206）,（"Advice of Action: Interdivisional Business," June 10,
1921）.

10) Box 123（87-11.7-206）,（"A Study on Inter-Divisional Business Relations," June
10, 1921）, p.3；この2つの立場に関しては，20世紀初頭のデュポン社において，
Hamilton M. Barksdale 対 Pierre S. du Pont および R. H. Dunham の間で見解の相
違があった。当時のデュポン社では，後者の Pierre du Pont と Dunham が主張す
るように，営業事業部が事業部間で取引を行う際には，原材料の原価を内部振替価
格として取引がなされていた。これに対し，前者の Barksdale は，販売事業部が原
材料を市価で販売することを提唱した（Chandler and Salsbury［1971］, pp.152-153;
田中［1982］, pp.142-143 を参照）。

11) 高梠［1999］；高梠［2004］。

12) Box 123（87-11.7-206）,（"A Study on Inter-Divisional Business Relations," June
10, 1921）, p.3.

13) Box 123（87-11.7-206）,（"A Study on Inter-Divisional BusinessRelations," June
10, 1921）, pp.3-4.

14) Box 123（87-11.7-206）,（"A Study on Inter-Divisional BusinessRelations," June
10, 1921）, pp.4-5.

15) Box 123（87-11.7-206）,（"A Study on Inter-Divisional BusinessRelations," June
10, 1921）, p.5.

16) Box 123（87-11.7-206）,（"A Study on Inter-Divisional BusinessRelations," June
10, 1921）, p.5.

17) Box 123（87-11.7-206）,（"A Study on Inter-Divisional BusinessRelations," June
10, 1921）, p.6.

18) Box 123（87-11.7-206）,（"A Study on Inter-Divisional BusinessRelations," June
10, 1921）, p.6.

19) Box 123（87-11.7-206）,（"A Study on Inter-Divisional BusinessRelations," June
10, 1921）, pp.7-8.

20) Box 123（87-11.7-206）,（"A Study on Inter-Divisional Business Relations,"
June 10, 1921）, p.9.

21) Box 123（87-11.7-206）,（"A Study on Inter-Divisional Business Relations," June
10, 1921）, p.9.

22) Box 123（87-11.7-206）,（"A Study on Inter-Divisional Business Relations," June
10, 1921）, pp.9-10.

23) Box 123 (87-11.7-206), ("A Study on Inter-Divisional Business Relations," June 10, 1921), p.10.

24) Box 123 (87-11.7-206), ("A Study on Inter-Divisional Business Relations," June 10, 1921), p.11; Sloan の報告書では，内部振替価格制度の構築が主題であるので，事業部で適用される原価計算方法については，これが十分に説明されていない。

25) Box 123 (87-11.7-206), ("A Study on Inter-Divisional Business Relations," June 10, 1921), p.11.

26) Box 123 (87-11.7-206), ("A Study on Inter-Divisional Business Relations," June 10, 1921), pp.11-12.

27) Box 123 (87-11.7-206), ("A Study on Inter-Divisional Business Relations," June 10, 1921), p.12.

28) Box 123 (87-11.7-206), ("A Study on Inter-Divisional Business Relations," June 10, 1921), pp.12-13.

29) Box 123 (87-11.7-206), ("A Study on Inter-Divisional Business Relations," June 10, 1921), p.13.

30) Box 123 (87-11.7-206), ("A Study on Inter-Divisional Business Relations," June 10, 1921), p.13.

31) Box 123 (87-11.7-206), ("A Study on Inter-Divisional Business Relations," June 10, 1921), p.13.

32) Box 123 (87-11.7-206), ("A Study on Inter-Divisional Business Relations," June 10, 1921), p.14.

33) Box 123 (87-11.7-206), ("A Study on Inter-Divisional Business Relations," June 10, 1921), p.14.

34) Box 123 (87-11.7-206), ("A Study on Inter-Divisional Business Relations," June 10, 1921), pp.14-15.

35) Box 123 (87-11.7-206), ("A Study on Inter-Divisional Business Relations," June 10, 1921), p.15; Sloan の報告書では，このケースにおいて，新たな投資利益率は，分母の投資額が当初の純資産 1,000,000 ドルに，獲得された年間利益 300,000 ドルを加えた 1,300,000 ドルと計算され，この値で分子の年間利益額 300,000 ドルを除すことになるので，およそ 23％（300,000 ドル ÷ 1,300,000 ドル ≒ 0.23）と算出される。よって，当初の純資産額 1,000,000 ドルに投資利益率 0.23 を掛ければ，利益額は 230,000 ドルと計算されるので，およそ 200,000 ドルの借り入れが十分可能になると考えられる。

36) Box 123 (87-11.7-206), ("A Study on Inter-Divisional Business Relations," June 10, 1921), p.15.

37) Box 123 (87-11.7-206),("A Study on Inter-Divisional Business Relations," June
　　10, 1921), p.14.
38) Box 123 (87-11.7-206),("A Study on Inter-Divisional Business Relations," June
　　10, 1921), pp.15-16.
39) Box 123 (87-11.7-206),("A Study on Inter-Divisional Business Relations," June
　　10, 1921), p.16.
40) Box 123 (87-11.7-206),("A Study on Inter-Divisional Business Relations," June
　　10, 1921), p.16.
41) Box 123 (87-11.7-206),("A Study on Inter-Divisional BusinessRelations," June
　　10, 1921), p.18.
42) Box 123 (87-11.7-206),("A Study on Inter-Divisional BusinessRelations," June
　　10, 1921), p.18.
43) Box 123 (87-11.7-206),("A Study on Inter-Divisional BusinessRelations," June
　　10, 1921), p.19.
44) Box 123 (87-11.7-206),("A Study on Inter-Divisional Business　Relations,"
　　June 10, 1921), p.19.
45) Box 123 (87-11.7-206),("A Study on Inter-Divisional BusinessRelations," June
　　10, 1921), p.20.
46) Box 123 (87-11.7-206),("A Study on Inter-Divisional Business Relations," June
　　10, 1921), p.22.
47) Box 123 (87-11.7-206),("A Study on Inter-Divisional BusinessRelations," June
　　10, 1921), pp.23-24.

第4章

価格設定政策の展開

1　序

　企業の経営管理において，価格設定を行うことは重要な意思決定活動であり，管理会計は，この価格設定にとって重要な会計情報を提供する機能としての役割をもっている。もちろん，価格は競争状態に応じた需要と供給の関係によって決定されることもあるが，非競争状態においては，価格設定の仕方は，企業の自由裁量に委ねられることになるので，それは企業の置かれている状況等によって異なってくる。

　そして，会計情報に基づく価格設定の方法には様々なものがあるが，どのような方法を用いるかは，企業の置かれている状況等に従って選択されることになる。しかし，基本的には，全部原価法で価格設定を行う際には，利益額を基準とする方法よりも，利益率に基づく方法の方がより合理的であると考えられる。そして，初期投資額が小さく，市場競争が激しい業種においては，売上高利益率を価格設定に用いることが多いようであるが，市場においてある程度独占状態を保てるような業種の場合，あるいは初期投資額が大きい業種の場合には，投資利益率を利用した価格設定が行われる傾向にある。特に，投資利益率を用いた価格設定は，投資効率を考慮に入れた方法であり，その点で，売上高利益率を用いる方法よりも理論的に優れたものといえる[1]。

　従来，19世紀中期の鉄道会社による運賃設定，19世紀末のカーネギー・スティール社および20世紀初頭のデュポン火薬会社のような製造会社による価格設定においては，職能部門別組織を前提として，これが投資利益率を軸として展開された。そして，20世紀初頭のGM社においては，このような価格設

定方法の影響を受けつつも，それだけではなく，事業部制組織に基づいて，長期的視点をもつ価格設定政策が展開された。この場合，競争状態においては，短期的な現実の製品価格は変化するとしても，企業の長期的な計画や意思決定活動の中で定められる基準となる製品価格の存在は，現実の価格と比較される基準となる点において重要となる。なぜなら，価格設定政策とは，短期的な現実の価格設定に指針や方向性を与える長期的な方針であり，もし，価格設定政策がなかったならば，現実の価格設定は無計画で当初の考えとは異なる，一貫性のないものとなってしまう恐れがあるからである。

　そこで，本章では，事業部制組織を前提として，20世紀初頭におけるGM社の価格設定政策のために，投資利益率を軸とした管理会計システムがいかに機能したかを検証する。その際，デュポン社の財務責任者からその後GM社の副社長となり，同社の財務委員会のメンバーでもあったDonaldson Brownが，1924年に当時の価格設定政策の実態を著した論文に基づいて，GM社で展開された価格設定政策を検討することにする。なぜなら，現時点において，当時，GM社が展開したような価格設定政策の存在を他の企業では確認できないからであり，Brownの論文を利用する理由は，価格設定政策に係わる一次資料を収集するのが困難であったためである。ただ，Brownは当時，GM社の財務委員会の一員として，同社の価格設定政策に携っており，彼の論文はGM社で価格設定政策が実施された，まさにその時期に著されていたからである。ゆえに，その意味では，彼の論文は当時の実態を反映しているといえる。しかし，あくまで同論文は，Brownの認識・思考等を経由した二次資料であるので，その考察には限界があることを認識しておかなければならない[2]。

　本章では，まず，GM社が価格設定政策を実施する際に必要となる前提について考察する。そして，その前提に基づいて，GM社における価格設定政策の具体的方法とその実施の状況を検討することによって，同社の価格設定政策の特徴を抽出することにする。

2　価格設定政策の意義と前提

　前述したように，複数事業部制組織を擁するGM社の価格設定に関しては，

実際に価格を設定するという問題と共に，実際に設定された価格と比較される，長期的な価格設定方針の問題が存在する。GM 社では，1921 年における職能部門別組織に代わる事業部制組織の導入，統一会計手続・統一原価計算手続の整備[3]，および 1922 年における割当予算マニュアルの改訂・修正を受けて[4]，全社的・統一的な経営管理制度の確立が急務であった。その場合に，経営管理活動には 2 つの側面が存在した。一つは，経営方針上の問題を取り扱う側面であり，もう一つは，日常的な業務上の問題を処理する側面であるが[5]，本章で取り上げる価格設定政策は前者の長期的な経営方針に関係するものである。

　そして，経営方針上の問題は，通常，取締役会（日常的経営方針に関しては事業部長を含む）が取り扱うことになっているが，経営方針上の問題と日常的な業務上の問題は密接に関連しているので，特に経営者が業務上の問題に精通していることは，経営方針上の問題を処理する際にも，よい結果をもたらすものと考えられる[6]。そのために，GM 社の経営管理組織では，委員会制度が採用されており，経営方針に従って業務を執行する部門管理者の声を反映したものとなっている。

　GM 社は，乗用車や商用車を製造・販売する事業部，社内外に半製品や付属部品等の製造・販売を行う事業部等の多くの事業部から構成されており，各事業部は，本社のコントロールの下に，製造，販売，財務等の諸活動を展開する独立した機能を有している。そして，これらの事業部や部門に対する経営方針の表明は，取締役会の下に，経営執行委員会と財務委員会によって行われる。ただ，生産スケジュール，在庫管理，生産デザイン，そして販売方法等の各事業部において日常的に発生する経営方針の問題は，通常，本社の監視の下で各事業部に委ねられている。一方，本社は，自動車に関するエンジニアリングおよび研究の専門家，製造・販売方法の改善に精通する人材を擁するが，もっぱら企業全体に関する経営方針の問題を取り扱うことになっている。その際，社長は，経営者として，原則の制定，経営方針の表明等を行う一方で，全般管理者でもあるので，もちろん管理活動にも携わるが，それは，経営と管理という 2 つの活動が密接不可分である場合にのみ実施される。そして，経営方針に関係する最も重要な問題の一つが，本社による価格設定政策のための財務コントロールである。GM 社では，財務コントロールに必要な基礎資料を獲得するために，期待利益や資本の状況等を予測する方法が用いられる[7]。

具体的には，GM 社では，毎年 12 月に各事業部は，翌年の売上高，利益，必要総資本等に係わる活動見込みのアウトラインを提示することになっている。これらのアウトラインは，悲観的 (pessimistic)，現状維持的 (conservative)，楽観的 (optimistic) の 3 つのケースに従って示される。自動車製造・販売業のような業種においては，1 年先までの活動を正確に予測することは不可能であるが，これらのアウトラインは，予測の誤差に対する許容額を考慮して，経営方針・経営計画作成のための有益な指針となる。一方，毎月 25 日に各事業部によって，当月と来るべき 3 ヶ月における月ごとの売上高，生産量，設備投資額（運転資本を含む），そして棚卸資産の予測値が算出される。そして，これらの予測値が本社によって承認された場合には，その承認の枠内で，事業部長の判断によって生産計画が進められ，原材料が調達された[8]。

さらに，本社によって承認された全ての予測値は，事業部ごとに，現在および過去の業績と比較されるが，その際，これらの業績が現状維持的なケースに基づく予測売上高から大幅に逸脱している場合には，当該管理者に注意が促された。また，操業度に基づいて，必要運転資本の標準値が設定され，受取勘定や棚卸資産の見積投資額が季節的変動を考慮して，この標準値と比較・検査された。そして，各事業部の活動を管理するための価格設定政策に基づいて，製造コスト，販売費，管理費の発生傾向が調査され，利益も分析された[9]。

つまり，価格設定がなされていなければ，売上高を予測することは不可能であるが，各事業部が行う売上高を含む全ての予測は，本社によって提示される価格設定政策に基づいて実施されることになるので，特に，各事業部長は当該事業部において予測を行う際に，この価格設定政策を十分に理解しておく必要があった[10]。ただ，前述したように，本社によって提示される価格設定政策は各事業部で行われる，製品ごとの具体的な価格設定とは異なるので，この点の識別が重要である。なぜなら，製品ごとの具体的な価格設定はその時々の状況に応じてなされるが，価格設定政策は企業全体を視野に入れた長期的な指針であるからである。

本社が各事業部に対して提示する価格設定政策には，その方針を支えるための理論が必要であり，それは，変化する操業度に応じてもたらされる経済的結果に留意して，資本回転率に対して，適切で最高の達成可能利益の獲得，および企業

規模拡大の実現を達成できるものでなければならず,その軸となる理論的尺度が投資利益率 (rate of return on capital employed) である,と Brown は述べている。つまり,投資利益率は,実際に設定された価格を評価・判断するための価格設定政策における理論的な基準ということになる。ここで,投資利益率は,図表4－1によって示されるように,資本回転率と売上高利益率の積として表されるが,フォーミュラ・チャート (formula chart) と呼ばれる[11]。

図表4－1によれば,このフォーミュラ・チャートは,資本回転率 (turnover) と売上高利益率 (earnings as % of sales) を媒介として,投資利益率の変化の原因を直接的に解明することができる利点をもっている。さらに,回転率は売上高 (sales) を総投資 (total investment) で割ったものとして,売上高利益率は利益 (earnings) を売上高 (sales) で割ったものとして説明される。そして,総投資は,運転資本 (working capital) と固定的投資 (permanent investment) の合計として示され,運転資本は,棚卸資産 (inventories),売掛金 (accounts receivable),現金 (cash) から構成される。一方,利益は,売上高から売上原価 (cost of sales：現在の売上総原価に当たる) を差し引いたものとして表され,さら

図表4－1 投資利益率の構成要因

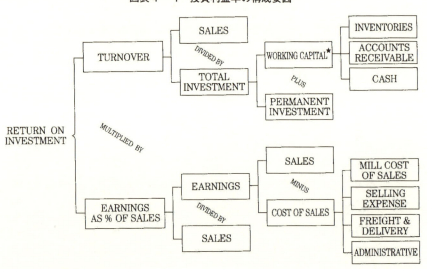

(出所) Davis [1950], p.7.

第4章　価格設定政策の展開　109

に売上原価は，売上工場原価（mill cost of sales：現在の売上原価に当たる），販売費（selling expense），輸送費（freight & delivery），管理費（administrative）の合計として示される。

　その際，資本回転率は生産量の変動の程度に応じて変化するので，操業度の大小と大きく関係する。ゆえに，投資利益率も操業度の状況に直接影響を受けることになるので，利益が投資活動によって生じる経済コスト（利子コスト等）を超過し，需要が価格の減少によって増大するという状況が保たれる限り，たとえ競争がない状態でも，あるいは資本回転率の値が競争的状況下において正常であったとしても，投資利益率は製品の価格設定活動を管理するのに適しているといえる。そして，達成可能な投資利益率を確定するためには，これが資本回転率の問題と連動しているので，正常な状態における平均的資本回転率の値を見積もることは，達成可能な経済的利益という概念を形成する際に重要となる[12]。

　つまり，価格設定政策は現実の製品ごとの価格設定に対して，その基準として存在するものであるから，価格設定政策の軸である投資利益率は，その分母である投資額が短期的には安定的であるとすれば，正常な状態における現実に達成可能な経済的利益を基にして算出されることになる。ゆえに，達成可能な経済的利益は，これを長期にわたって観察・調査することによって算出され，追加投資等の根本的な前提が変化する場合には，それに応じて修正されるが，操業度の変化によっては変動しないものである[13]。

　そこで，まず，達成可能な経済的利益を算出するには，正常な状態について検討する必要がある。つまり，正常な状態とは通常，価格が下落し，製品の有用性が認識されることによって，社会全体の購買力が増加すれば，企業は安定的な持続的成長を達成するという状況を想定できる。しかし，そのような持続的成長は，経済における好不況の存在により妨害されることになる。そこで，もし，この好不況の傾向を突き止めることができれば，正常な平均的状態を導き出すことができるので，これを長期にわたる正常な状態として認識する，とBrown は指摘する[14]。

　20世紀初頭の GM 社では，この正常な平均的状態における操業度を年間の実際能力の80％とみなし，これを標準操業度として認識している。そして，GM 社では，この標準操業度80％を基準として，コストが見積もられ，投資

利益率が設定される。標準操業度80％という値は，生産活動を不可能にする不可避的な市場価格変動等の要因も含んでおり，GM社の長期にわたる実行可能な状態を表している。ゆえに，もし，ある工場が80％以下の操業度で活動を行っていたとしたら，その工場に対して不必要な投資がなされたと判断されると共に，80％の操業度で活動している工場と比較した場合に，これと同一の投資利益率（投資額は不変とした場合）を達成しようとすれば，相対的により高いコストと利益を算出しなければならないことになる[15]。

そして，Brown によれば，GM社における価格設定政策では，正常な平均的状態における操業度である標準操業度を80％と仮定して，投資利益率20％を達成するように価格設定が実施され，この前提条件に基づいて設定された価格が基準価格（base price）と呼ばれた。そこで，次に，GM社における基準価格が具体的にどのようにして設定されたかを検討することにする。なお，GM社の価格設定政策を実施する際の前提は，前述したように，過去の傾向を十分に調査・分析したものであり，現実的な操業度の変化等を加味した合理的な余裕を考慮した上で，達成可能な経済的利益を獲得できるように設定されたものであると考えられる。

3　基準価格の設定方法

20世紀初頭のGM社における価格設定政策について検討するには，その価格を構成する製造コストや営業費（販売費＋一般管理費）を分析することが重要となる。ゆえに，正常な平均的状態における操業度である標準操業度に基づいて設定される基準価格を構成する諸コストについて検討し，基準価格の設定方法について具体的に考察することにする。そこで，まず，現有設備を前提とした場合に，操業度の変化が単位コストにどのような影響を与えるかを検討する。

Brown によれば，20世紀初頭のGM社において用いられる総コストは，原材料費・直接労務費（製造直接費），製造間接費，営業費に大別される。その際，操業度の変動による単位コストへの影響という観点からみれば，製品単位当たり原材料費・直接労務費は操業度の変化の影響を全く受けないコストであるが，製品

コスト総額という視点からすれば，操業度の変動に応じて変化する，いわゆる変動費と考えられる。これに対し，製造間接費と営業費は，製品単位当たりでは，操業度の変化の程度によって影響を受けるコストであり，さらに，管理不能費としての固定費，部分的管理可能費，管理可能費の3つに分類される[16]。

製造間接費のうち，管理不能費としての固定費には減価償却費，税金等があり，その単位当たり固定費は操業度に影響を受けるが，部分的管理可能費は光熱費，動力費，工場従業員の給料等から構成され，その単位当たり部分的管理可能費は，操業度の変化の程度によって影響を受けたり受けなかったりするものである。そして，管理可能費には材料検査費や材料取扱費等が含まれ，その単位当たり管理可能費は操業度の影響を受けないものである。一方，営業費のうち，管理不能費としての固定費には管理者の給料，賃借料等があり，その単位当たり固定費は操業度に間接的に比例するが，部分的管理可能費は販売員の給料，旅費等から構成され，その単位当たり部分的管理可能費は，操業度の変動の程度によって影響を受けたり受けなかったりするものである。そして，管理可能費には荷役費，発送費，委託手数料等が含まれ，その単位当たり管理可能費は操業度の影響を受けないものである[17]。

その際，基準価格の構成要素となる単位当たりコストのうち，製造直接費である原材料費・直接労務費は操業度の影響を受けないので，正常な平均的状態に基づいて比較的簡単にこれを見積もることができる。しかし，単位当たりの製造間接費と営業費は操業度と大きな関係があるので，これらを見積もるには，この2つのコストに関する分析が必要となる。つまり，基準価格を設定するには，その構成要素となる単位当たりコストを見積もる必要があるので，ここで，製造間接費と営業費に焦点を絞って分析を行うことにする。

製造間接費に関しては，これを標準製造間接費配賦率によって製造コストに配賦する方法があるが，Brown は，この方法の基礎となる標準操業度は価格分析を行う際の前提となる標準操業度と同一であると考えている。その際，部分的管理可能費の見積もりは簡単ではないが，従来の経験を参考にして，修正点があれば即座に修正できるような方法で実施される。そして特に，Brown は，管理不能費をどのように見積もるかが重要であることを指摘し，仮説事例を用いて説明するが，それは図表4－2によって示される[18]。

図表4－2　標準製造間接費の設定

	ACTUAL CURRENT CONDITION	PER CENT OF STANDARD VOLUME	ESTIMATED CONDITION AT STANDARD VOLUME
Production, Units	55,000	137.5	40,000
Productive Labor	$ 8,250,000	137.5	$ 6,000,000
Manufacturing Expenses :			
(a) Fixed Expenses	$ 2,000,000	100	$ 2,000,000
(b) Partially Controllable Expenses	9,325,000	122.7	7,600,000
(c) Controllable Expenses	550,000	137.5	400,000
Total Manufacturing Expense	$ 11,875,000	118.75	$ 10,000,000

（出所）Brown [1924], p.8.

　図表4－2によれば，実際操業度のケース，実際と標準の割合，そして標準操業度のケースごとに，生産量，直接労務費，そして製造間接費が，固定費，部分的管理可能費，管理可能費の3つに区分されて，各項目に数値が記入されている。その際，製造間接費は直接労務費を基準として配賦されるが，標準操業度においては，製造間接費が10,000,000ドル，直接労務費が6,000,000ドルであるので，その割合は166 2／3％となる。そこで，実際操業度のケースにおける製造間接費11,875,000ドルは，標準操業度のケースで考えれば，13,750,000（8,250,000ドル×166 2／3 ％）ドルとなるので，標準配賦額が実際配賦額を1,875,000（13,750,000ドル－11,875,000ドル）ドルだけ超過することになるが，この超過額は製造間接費配賦差異勘定で処理されるので，価格設定政策における製造コストを構成する製造間接費10,000,000ドルは，操業度の影響を受けないで済むことになる[19]。

　また，営業費は製造間接費のように，操業度の変動によって影響を受けずに，月々発生するコストである。それゆえ，製造間接費配賦差異勘定等を用いた会計処理は必要ないが，基準価格を設定する際には，正常で平均的状態に基づいて管理不能費を分析することが重要となる。通常，営業費は標準操業度においては売上高の7 ％と見積もられるが，営業費の見積もりは仮説事例として図表4－3で示される。図表4－3によれば，営業費は実際操業度のケースでは，

第4章　価格設定政策の展開　113

売上高の5.75％となっているが，標準操業度においては，3,500,000（50,000,000
ドル×7％）ドルと見積もられるので，この値が，基準価格を設定するための
製造コストを構成する[20]。

図表4－3　標準営業費の設定

	ACTUAL CURRENT CONDITION	PER CENT OF STANDARD VOLUME	ESTIMATED CONDITION AT STANDARD VOLUME
Volume of Sales－Units	55,000	137.5	40,000
Volume of Sales－Amount	$ 68,750,000	137.5	$ 50,000,000
Commercial Expenses :			
(*a*) Fixed Expenses	$ 1,600,000	100	$ 1,600,000
(*b*) Partially Controllable Expenses	1,525,000	117.3	1,300,000
(*c*) controllable Expenses	825,000	137.5	600,000
Total Commercial Expenses	$ 3,950,000	112.9	$ 3,500,000
Per Cent of Sales	5.75		7.0

（出所）Brown [1924], p.9.

そして，基準価格を設定するには，以上のようなコストの分析・見積もりだ
けでなく，運転資本と固定的投資（固定資本）を構成する必要総資本（総投資）の
標準化についての分析が必要となる。その際，資本回転率は，利益と投資との
関係から投資利益率が決定されることから，価格設定政策を実施する際に最も
重要な要素である。そして，各操業度に対応する適正な必要総資本の指標を提
供し，また，様々な投資項目ごとのコントロールの効率性を測定する基準を確
立するために，投資に対する統計的分析を継続的に行うことが要求される[21]。
　通常，季節的変動を無視すれば，例えば，手持ちの原材料，仕掛品，製品，
売掛金のような運転資本は操業度に直接的に比例し，工場設備やその他の固定
資産への投資である固定的投資は製造コストと係わりをもっている。そこで，
標準資本額は，正常な平均的状態を基にして，年間販売額（量）あるいは年間
製造コストに対する様々な比率（割合）を参考にして決定されることになる[22]。
　その際，図表4－4は，年間製造コストに対する固定的投資の比率の算出プ

ロセスを示している。図表4－4によれば，正常な平均的状態を基にした固定的投資は15,000,000ドル，年間生産能力は50,000単位であるが，標準操業度はその80％と仮定されるので，40,000単位となる。そして，標準操業度における単位あたり製造コストが1,000ドルであるので，標準操業度における年間製造コストは40,000,000（40,000単位×1,000ドル）ドルと計算される。ゆえに，年間製造コストに対する固定的投資の比率は0.375となるが，この数値は，年間製造コストを1としたときに，これを構成するために必要となる固定的投資額を表している[23]。

図表4－4　年間製造コストに対する固定的投資の比率

Investment in Plant and other Fixed Assets.	$ 15,000,000
Practical Annual Capacity	50,000 units
Standard Volume, Per Cent of Practical Annual Capacity	80 per cent
Standard Volume Equivalent	40,000 units
Factory Cost per Unit as Standard Volume···	$ 1,000
Annual Factory Cost of Production at Standard Volume	$ 40,000,000
Ratio of Investment to Annual Factory Cost of Production	0.375

（出所）Brown［1924］, p.9.

　また，図表4－5は，正常な平均的状態での標準操業度において必要な総資本（運転資本＋固定的投資）に関係する比率の状況を示している。図表4－5によれば，左側に，正常な平均的状態における現金，受取手形と売掛金，原材料と仕掛品，そして製品等の運転資本に対する年間売上高の比率，つまり年間回転率（数）が示され，右側では逆に，年間売上高に対する現金，受取手形，売掛金等の当座資産（運転資本）の比率，年間製造コストに対する原材料，仕掛品，製品等の棚卸資産（運転資本）の比率，そして図表4－4で求められた年間製造コストに対する固定的投資の比率0.375が提示される[24]。

　ゆえに，図表4－5によれば，例えば，現金の場合には，年間売上高を獲得

するための現金の貢献度（回転率：年間売上高÷現金）が20回転と示されるが，年間売上高に対する現金の比率0.050は，年間売上高を1としたときに，これを獲得するために必要な現金の値（必要運転資本額）を表している。また，原材料・仕掛品の場合には，年間製造コストの構成要素としての貢献度（年間製造コスト÷原材料・仕掛品）が6回転と示されるが，年間製造コストに対する原材料・仕掛品の比率0.16 2／3は，年間製造コストを1としたときに，これを構成するために必要な原材料・仕掛品の値（必要運転資本額）を表示している[25]。

図表4－5　正常な平均的状態における各比率

	NORMAL AVERAGE REQUIREMENTS		STANDARDS OF CAPITAL REQUIREMENT	
	In Relation To	Turnover per Year	Ratio to Sales *Annual Basis*	Ratio to Factory Cost *Annual Basis*
Cash⋯⋯⋯⋯⋯	Sales ⋯⋯⋯	20 times	0.050	⋯⋯⋯⋯⋯⋯
Drafts and Accounts Receivable ⋯⋯⋯	Sales ⋯⋯⋯	10 times	0.100	⋯⋯⋯⋯⋯⋯
Raw Material, and Work in Process ⋯	Factory Cost⋯	6 times	⋯⋯⋯⋯⋯	0.16⅔
Finished Product ⋯⋯	Factory Cost⋯	12 times	⋯⋯⋯⋯⋯	0.08⅓
Gross Working Capital⋯⋯⋯⋯⋯⋯	⋯⋯⋯⋯⋯	⋯⋯⋯⋯⋯	0.150	0.250
Fixed Investment⋯⋯	Factory Cost⋯	⋯⋯⋯⋯⋯	⋯⋯⋯⋯⋯	0.375
Total Investment⋯⋯		⋯⋯⋯⋯⋯	0.150	0.625

（出所）Brown [1924], p.9.

そして，基準価格の設定方針は達成可能な経済的利益によって表示されるが，前述したように，その価格は正常な平均的状態に基づいて設定される。ゆえに，製造コストの見積もりにおいては，その構成要素として，原材料費（直接材料費）と直接労務費は実際平均値を用いて設定されるが，管理不能費と部分的管理可能費は正常な平均的状態を前提として算出される。そこで，Brownは，実際値で算出される原材料費と直接労務費の変動を考慮するために，基準価格を製品単位当たり金額によって直接示すよりも，正常な平均的

116

状態で算出された製造コストの比率として設定する方が好ましいと考える。そして，彼は，図表4－6によって，投資利益率20％を目標値とした基準価格設定のプロセスを説明している[26]。

図表4－6によれば，売上高に対する総投資の比率0.150，および製造コストに対する総投資の比率0.625の値はすでに，図表4－5によって算出されているが，投資利益率を20％とした場合の年間売上高に対する達成可能な経済的利益の比率が0.030，年間製造コストに対する達成可能な経済的利益の比率が0.125，および年間売上高に対する営業費の比率が0.070（売上高の7％：1×0.07）と計算される。さらに，年間売上高に対する達成可能な経済的利益の比率0.030に，年間売上高に対する営業費の比率0.070を加えた0.100が，製造コストを超過する利益として表示される。つまり，これらの数値も，前述したように，年間売上高と年間製造コストを各々1としたときに，これに対する各項目の比率を示している。そして，図表4－6の最下部には，基準価格を求める公式が示されるが，それは，次のように解釈される[27]。

売上高＝製造コスト＋営業費＋利益

　　　＝製造コスト＋営業費＋総投資×投資利益率

総投資＝A（販売活動に関連する投資）＋B（製造活動に関連する投資）

売上高＝製造コスト＋営業費＋（A＋B）×投資利益率

売上高－営業費－A×投資利益率＝製造コスト＋B×投資利益率

売上高（1－営業費÷売上高－［A×投資利益率］÷売上高）

　　　＝製造コスト（1＋［B×投資利益率］÷製造コスト）

ここで，販売量（売上量）と製造量が等しいと考えて，図表4－6に示される数値を，上記の最後の式に入れると，次のようになる。

売上高（1－0.070－0.150×0.2）＝製造コスト（1＋0.625×0.2）

売上高÷製造コスト＝（1＋0.625×0.2）÷（1－0.070－0.150×0.2）

単位当たり売上価格÷単位当たり製造コスト

$$= (1 + 0.125) \div (1 - 0.1) = 1.250$$

ゆえに，単位当たり製造コストが1,000ドルであるとすれば，単位当たりの売上価格は1,250（1,000ドル×1.25）ドルとなり，この値が，卸売りレベルにおける基準価格となる。さらに，小売りレベルにおいて，ディーラーへの委託手数料が売上価格の20％であるとすると，小売りレベルにおける基準価格は1,562.5（1,250ドル÷[1 − 0.2]）ドルと設定される[28]。

図表 4 − 6　基準価格設定のプロセス

	STANDARDS	
	Ratio to Sales *Annual Basis*	Ratio to Factory Cost *Annual Basis*
Gross Working Capital ⋯⋯⋯⋯⋯⋯⋯⋯⋯⋯⋯⋯⋯⋯	0.150	0.250
Fixed Investment ⋯⋯⋯⋯⋯⋯⋯⋯⋯⋯⋯⋯⋯⋯⋯⋯⋯	⋯⋯⋯⋯⋯⋯⋯	0.375
Total Investment ⋯⋯⋯⋯⋯⋯⋯⋯⋯⋯⋯⋯⋯⋯⋯⋯⋯	0.150	0.625
Economic Return Attainable−20 Per Cent ⋯⋯⋯⋯	⋯⋯⋯⋯⋯⋯⋯	⋯⋯⋯⋯⋯⋯⋯
Multiplying the Investment Ratio by this, the Necessary Net Profit Margin is Arrived at ⋯⋯⋯⋯	0.030	0.125
Standard Allowance for Commercial Expenses, 7 Par Cent ⋯⋯⋯⋯⋯⋯⋯⋯⋯⋯⋯⋯⋯⋯⋯⋯⋯	0.070	⋯⋯⋯⋯⋯⋯⋯
Gross Margin Over Factory Cost ⋯⋯⋯⋯⋯⋯⋯	0.100 a	0.125 b
Selling Price, as a Ratio to Factory Cost ⋯⋯⋯⋯⋯⋯⋯⋯⋯⋯⋯	$= \dfrac{1+b}{1-a} = \dfrac{1+0.125}{1-0.100} = 1.250$	

（出所）Brown [1924], p.10.

このように，基準価格は，正常な平均的状態における操業度である標準操業度を80％と仮定して，投資利益率20％を達成するように設定された。そして，競争状態においては，短期的な現実の製品価格は変化するが，基準価格は，現実の価格と比較される標準を与える長期的な方針として，当初の価格設定政策に一貫性を与えるものであると考えられる。

4 価格設定政策の実施

　以上のように，Brown によれば，GM 社における価格設定政策の中心になるのが基準価格であり，その基準価格は，正常な平均的状態における操業度である標準操業度を 80％と仮定して，投資利益率 20％を達成するように設定され，その基準価格が具体的にどのようにして設定されたかが，仮説事例に基づいて検証された。そこで，次に，基準価格を中心に据えた GM 社における価格設定政策において抽出された諸問題がいかに解決され，同社の価格設定政策がどのように実施されようとしたかを検討することにする。

　Brown によれば，基準価格とその時々に変動する実際価格に差がない場合，これは，管理活動が価格設定政策に従って行われ，設定された投資利益率を達成したことを意味するが，基準価格と実際価格に差がある場合でも，それは必ずしも，価格設定政策に基づく管理活動が十分に行われなかったということではなかった。よって，もし基準価格と実際価格に差異が認められたときには，基準価格が正確に設定されたかどうか，あるいは見積もられた達成可能な経済的利益を修正できるかどうか，についての検討を行うことが必要となる。そして，Brown は，管理活動が適切に行われたことを前提とすれば，実際価格が基準価格から逸脱する原因は，工場の正常な平均の操業度，平均的必要資本額，および価格設定政策を支える前提・見積もり等に関してのエラーにあるとしている。ゆえに，彼は，達成可能な経済的利益が，次に述べるようないくつかの観点から影響を受けたと考えられる場合には，基準価格は修正される必要があると指摘している[29]。

(1) 企業の特質，およびその企業発展の程度

(2) その業種における継続的な需要増大の困難性

(3) その業種における資本の生産性，価格に対する利益率の影響力，価格変動に対する需要の弾力性

(4) その企業における資本の利用可能性，および経済的資本コスト

(5) 平均的資本回転率，平均的製造コスト，平均的販売費のレベルにおける優位性あるいは潜在的競争力

第4章　価格設定政策の展開　119

(6) 資本回転率と関連のない需要の満足をもたらす特別な環境

　また，Brown によれば，実際価格が基準価格から逸脱した場合でも，次の
ような状況が存在する場合には，その逸脱は仕方のないことであると認識され
ている[30]。

(1) 回避できない競争状態に急に直面した場合
(2) 手持ち原材料ないしは契約済み原材料の価格，あるいは他の様々なコス
　　ト，に関する異常な状態に対して余裕が必要な場合
(3) 予測できる原材料費・労務費の変化傾向に対して余裕が必要な場合
(4) 好況期における高価格政策・不況期における低価格政策を実施すること
　　によって，生産曲線が平準化し，資本の生産性が増大する場合
(5) 不況期における低価格政策による利益の減少分を，好況期における高価
　　格政策によって取り戻すことができる場合
(6) 好況期における高価格政策は競争資本の魅力を増大させるということを
　　認識する必要がある場合

　ここで，Brown によれば，GM 社の価格設定の問題は，これまで検討して
きたような政策の側面だけでなく，管理手続きの側面も包含している。まず，
政策の側面としては，年間の平均投資利益率を構成する達成可能な経済的利益
として述べられてきた一方で，政策の考察範囲に条件を与える必要総資本の問
題が存在する。これに対して，管理手続きの側面には，基準価格の適用問題が
存在するが，これは，政策と管理手続きとの連結・調整の問題としてとらえら
れる。つまり，基準価格の適用問題では，政策と管理手続きにおける個々の役
割・特徴が認識され，2 つの側面における相互依存関係を理解することが必要
になる[31]。

　ゆえに，正常な平均的状態における操業度である標準操業度を 80% と仮定
して，投資利益率 20% を達成するように基準価格を設定することは，長期的
な価格方針を提示するという観点からは重要な意味をもつが，現実的な対応と
しては，操業度の変化が，投資や利益にどのような影響を与えるかを考察する
必要が生じる。つまり，基準価格の考え方は，需要が安定的に保たれている経
済環境では，有効に機能すると考えられるが，不況期においては，標準操業度
を確保することは不可能となり，操業度の変化を考慮に入れた価格分析や利益

分析が求められることになる。

　この点に関して，Brown は，操業度の変化が，製造間接費配賦の超過ある
いは不足をもたらし，さらにそのことが利益や投資の値に，ひいては投資利
益率の値にどのような影響を与えるかを，図表 4 － 7 によって分析している。
図表 4 － 7 によれば，4 つの操業度（売上数量）に応じて，利益，投資，およ
び投資利益率の関係が示される。その際，4 つの操業度のうちの 1 つが標準操
業度 40,000 単位，単位当たり売上価格が 1,250 ドルと仮定されるが，これを前
提として，損益計算書の項目として，年間売上高 50,000,000 ドル，売上原価
40,000,000 ドル，売上総利益 10,000,000 ドル，営業費 3,500,000 ドル，製造間
接費配賦前純利益 6,500,000 ドル，（この場合，製造間接費配賦超過と製造間接費配
賦不足が存在しないので）実際純利益 6,500,000 ドル，また総投資（使用資本）の
項目として，現金 2,500,000 ドル，受取勘定 5,000,000 ドル，原材料・仕掛品
6,667,000 ドル，製品 3,333,000 ドル，運転資本の合計 17,500,000 ドル，および，
これに固定的投資（固定資本）15,000,000 ドルを加えた総投資 32,500,000 ドル，
そして年間の投資利益率 20.00％，と設定される。さらに，図表 4 － 7 では，
売上高に対する比率が，これらの金額の右横に項目ごとに記されている[32]。

　そして，図表 4 － 7 によれば，操業度を，標準操業度 40,000 単位よりも 25％多
い 50,000 単位（40,000 単位× 1.25），単位当たり売上価格を，標準操業度の場合と同
じ 1,250 ドルとして考えた場合，損益計算書の項目の数値は全て増加するが，特に，
標準操業度を前提にした際には生じなかった製造間接費配賦超過 1,250,000 ドルが
発生し，この超過分が，製造間接費配賦前純利益に加えられることになる。また，
総投資の項目では，運転資本は全て増加しているが，固定的投資 15,000,000 ドル
については，この値を前提として分析が展開されるので，操業度が変化しても一
定のままである。ゆえに，この場合，当該操業度が標準操業度よりも 25％増加す
ることによって，投資利益率は，20.00％（実際純利益 6,500,000 ドル÷総投資 32,500,000
ドル）から 26.98％（実際純利益 9,950,000 ドル÷総投資 36,875,000 ドル）に増加している。

　また，図表 4 － 7 によれば，操業度を，標準操業度 40,000 単位よりも 25％
少ない 30,000（40,000 単位× 0.75）単位，単位当たり売上価格を，標準操業度の
場合と同じ 1,250 ドルとして考えた場合，損益計算書の項目の数値は全て減少
するが，特に，標準操業度を前提にした際には生じなかった製造間接費配賦不

足 1,250,000 ドルが発生し，この不足分が，製造間接費配賦前純利益から差し引かれることになる。また，総投資の項目では，運転資本は全て減少しているが，固定的投資 15,000,000 ドルについては，この値を前提として分析が展開されるので，操業度が変化しても一定のままである。ゆえに，この場合，当該操業度が標準操業度よりも 25％減少することによって，投資利益率は，20.00％から 10.84％（実際純利益 3,050,000 ドル÷総投資 28,125,000 ドル）に減少している。

図表4－7　操業度と投資利益率の関係

ITEM	AMOUNT							
					(Standard Volume)			
Annual Sales, Units	55,000	....	50.000	....	40,000	....	30.000	....
Net Selling Price Per Unit	$1,250	....	$1,250	....	$1,250	....	$1,250	....
PROFIT AND LOSS STATEMENT:		*Ratio to Sales*		*Ratio to Sales*		*Ratio to Sales*		*Ratio to Sales*
Annual Sales, Amount	$68,750,000	1.000	$62,500,000	1.000	$50,000,000	1.000	$37,500,000	1.000
Factory Cost of Sales	55,000,000	0.800	50,000,000	0.800	40,000,000	0.800	30,000,000	0.800
Gross Factory Profit	13,750,000	0.200	12,500,000	0.200	10,000,000	0.200	7,500,000	0.200
Commercial Expense	3,950,000	0.0575	3,800,000	0.0608	3,500,000	0.0700	3,200,000	0.0853
Net Profit Before Application of Overabsorbed or Unabsorbed Burden	9,800,000	0.1425	8,700,000	0.1392	6,500,000	0.1300	4,300,000	0.1147
Overabsorbed Burden	1,875,000	0.0273	1,250,000	0.0200	....	....	....	....
Unabsorbed Burden	....	....	....	....	....	....	1,250,000	0.0200
Actual Net Profit	$11,675,000	0.1698	$9,950,000	0.1592	$6,500,000	0.1300	$3,050,000	0.0813
CAPITAL EMPLOYED:		*Ratio to Sales*		*Ratio to Sales*		*Ratio to Sales*		*Ratio to Sales*
Cash	$3,437,500	0.0500	$3,125,000	0.0500	$2,500,000	0.0500	$1,875,000	0.0500
Drafts and Accounts Receivable	6,875,000	0.1000	6,250,000	0.1000	5,000,000	0.1000	3,750,000	0.1000
Raw Material and Work in Process	9,167,000	0.1333	8,333,000	0.1333	6,667,000	0.1333	5,000,000	0.1333
Finished Product	4,583,000	0.0667	4,167,000	0.0667	3,333,000	0.0667	2,500,000	0.0667
Gross Working Capital	$24,062,500	0.3500	$21,875,000	0.3500	$17,500,000	0.3500	$13,125,000	0.3500
Fixed Investment	15,000,000	0.2182	15,000,000	0.2400	15,000,000	0.3000	15,000,000	0.4000
Total Investment	$39,062,500	0.5682	$36,875,000	0.5900	$32,500,000	0.6500	$28,125,000	0.7500
RETURN ON CAPITAL EMPLOYED (annual rate), Per cent	29.89		26.98		20.00		10.84	

（出所）Brown [1924], p.15.

このように，GM 社の価格設定政策においては，図表 4 - 7 で示されるように，基準価格に基づく異なった操業度ごとの投資利益率が算出されるプロセスにおいて，標準操業度を前提とした標準製造間接費配賦額と実際操業度に基づく実際製造間接費配賦額との差異が，利益にどのような影響を与えるかが検討され，利益，投資，および投資利益率の関係が分析・整理された。そうすることによって，価格設定政策に利用される情報を獲得することが可能となるのである。つまり，価格設定政策を実施する際には，基準価格を中心に据えて，現実を踏まえた操業度の変化が，投資利益率にいかなる影響を及ぼすかを分析することによって，現実の状況に対応していたと考えられる。

そして，価格分析によって求められた標準比率は実際比率と比較されるが，標準値から実際値が逸脱することが予測される場合の原因として，Brown は，次の 3 つの要因を指摘している [33]。

(1) 正常な状態において，製品の季節的累積が存在する場合

(2) 輸送の停滞・機械の故障等によって，生産的な在庫残高が一時的に不足する場合

(3) 集中的な販売キャンペーンによって，営業費が異常に高くなる場合

ただ，これらの原因は，標準値と実際値との一時的な差異を生み出すだけであるから，標準値の修正を必要としない。しかし，以下のような 2 つの前提条件の変化によって差異が生じる際には，標準値の修正が要求され，できる限り事前に，その差異発生の可能性を察知すべきである。そして，標準操業度と達成可能な経済的利益が，価格分析において，非常に重要な役割を演じるので，それらの決定に係わる全ての条件を，継続的に観察し続けることが必要である，と Brown は述べている [34]。

(1) 買入部品を自製するための追加設備を建設することによって，固定的な投資の割合が増加する場合

(2) 製品在庫に関する政策が変更されるか，あるいは輸送条件・仕入先関係が変化するかによって，在庫の割合が増加する場合

このように，製品の実際価格は，通常，競争の状態やその他の考慮すべき条件に基づいて設定されるが，それでも，包括的な財務政策は巨額の資本を使用する企業組織にとって必要である。Brown によれば，基本的な価格設定政策

の表明は達成可能な経済的利益によってなされるが，それは，政策として理解されるべきものであり，実際に設定しなければならない特定の価格として適用されるものではない。一方，実際価格については，これを頻繁に調整することは不可能であることを理解すると共に，基準価格を目標値として，その周辺を上下するような価格を維持する必要がある。そして，実際価格は基準価格から逸脱するという余裕を考慮した前提に基づいて，価格分析の方法は，価格設定政策に関係する実際価格あるいは提案価格を提示するだけでなく，価格設定政策それ自身が健全なものであるかどうかを論証する手段としての役割を有している[35]。

　ゆえに，Brown によれば，もし広く市場で受け入れられている一般的価格が，一時的ではない理由によって基準価格から逸脱しているとすれば，各々の価格自体が調整されるべきであるが，一般的価格が基準価格と一致することができないような企業環境が存在する場合には，表明された価格設定政策の前提条件そのものが修正されなければならなくなる。よって，価格設定政策の表明は，企業活動における資本の利用度の問題に影響を与える最も重要な要因であるので，このような価格分析は，財務コントロールの問題と密接に関連付けられる必要があると考えられる[36]。

5　小　括

　本章では，20 世紀初頭における GM 社の価格設定政策のために，投資利益率を軸とした同社の管理会計システムがいかに機能したかを検証しようとした。そして，GM 社が価格設定政策を実施する際に必要となる前提について考察し，その前提に基づいて，GM 社における価格設定政策の具体的方法とその実施の状況を検討することによって，同社の価格設定政策の特徴を抽出し，管理会計システム構築の一端を考察しようとした。

　20 世紀初頭の自動車製造販売業のように，初期投資額が大きく，市場において，ある程度独占状態を保てるような業種の場合には，投資効率を考慮に入れた投資利益率を利用した価格設定が行われる傾向にあった。そして，GM 社においては，基準価格は，正常な平均的状態における操業度である標準操業度

を 80% と仮定し，投資利益率 20% を達成するように設定された。その際，競争状態においては，短期的な現実の製品価格は変化するが，基準価格は，現実の価格と比較される標準を与える長期的な方針として，当初の価格設定政策に一貫性を与えるものであった。

しかし，この基準価格は，需要が安定的に保たれている経済環境では有効に機能するものの，不況期においては，標準操業度を確保することが困難になるために，操業度の変化を考慮に入れた価格分析や利益分析が求められた。そこで，GM 社では，利益，投資，そして投資利益率の関係が分析・整理されることによって，価格設定政策に利用される情報が獲得された。そして，価格設定政策を実施する際には，基準価格を中心に据えて，現実を踏まえた操業度の変化が，投資利益率にいかなる影響を及ぼすかを分析することによって，事業部制組織に基づいた GM 社の現実の状況に対応していたと考えられる。

【注】

1）河野［1998］，p.272；櫻井［2000］，p.355.

2）高浦［1992］(pp.186-194) では，1921 年に事業部制組織に移行した GM 社に，同社の社長となった Pierre du Pont と共に，Donaldson Brown は財務担当副社長としてデュポン社から移籍したが，その Brown によって 1924 年に執筆された論文が，財務管理論史構築の一環として，「管理価格と財務管理技法との関連」を解明するといった観点から取り上げられ，GM 社の基準価格制度における中心的概念は，目標資本利益率（使用資本利益率）と標準操業度であったと指摘されている（p.227）。また，Brown の同論文は，それ以前にも，財務管理論の視点から，下川［1968a］，下川［1968b］においても詳細に考察されている。

3）田中［1982］，p.188.

4）Box 121（87-11.7-126).

5）Brown［1924］，p.3.

6）Brown［1924］，p.3.

7）Brown［1924］，pp.3-4.

8）Brown［1924］，p.4.

9）Brown［1924］，p.4.

10）Brown［1924］，p.4.

第 4 章　価格設定政策の展開　125

11）Brown［1924］, p.5；図表 4 − 1 は，1950 年に Davis によって執筆された論文の中
　　で用いられたものであるが，後に，第 6 章で取り上げられる図表 6 − 8 は，1947
　　年にデュポン社によって作成されたものである。両者においては，運転資本の分類
　　の表示について，わずかな違いがある。前者では，運転資本が棚卸資産，売掛金，
　　現金から構成されるものとして分類されるが，後者では，これが原材料，半製品，
　　製品，売掛金，現金として分類されている。

12）Brown［1924］, pp.5-6.

13）Brown［1924］, p.6.

14）Brown［1924］, p.6.

15）Brown［1924］, p.7.

16）Brown［1924］, pp.7-8.

17）Brown［1924］, p.8.

18）Brown［1924］, p.8.

19）Brown［1924］, p.9.

20）Brown［1924］, p.9.

21）Brown［1924］, p.9.

22）Brown［1924］, p.9.

23）Brown［1924］, p.9.

24）Brown［1924］, p.9.

25）Brown［1924］, p.9.

26）Brown［1924］, p.10.

27）高浦［1992］, p.116；Brown［1924］, p.10.

28）Brown［1924］, p.10.

29）Brown［1924］, p.10.

30）Brown［1924］, pp.10-11.

31）Brown［1924］, p.11.

32）Brown［1924］, pp.11-15.

33）Brown［1924］, p.15.

34）Brown［1924］, p.15.

35）Brown［1924］, p.15.

36）Brown［1924］, p.15.

第5章

割当予算システムの進展

1 序

　本章では，第1章で考察されたように，職能部門別組織を擁する経営管理組織を前提として，20世紀初頭のデュポン火薬会社で構築された割当予算システムがその後，デュポン社およびGM社において，事業部制組織に適合していかに発展していったかを考察する。この割当予算システムに関しては，Top Managementによる意思決定の手段として，各事業部や各部門等へ資金を配分するために利用されていたことはよく知られている。しかし，その具体的な機能の発展を経営管理組織の変遷と係わらせて考察した研究は，あまり確認されていない[1]。

　そして，第1次世界大戦を境として，単一の火薬製品の製造・販売から多角化の道へ舵を切った，事業会社としてのデュポン社の社長であったPierre S. du Pont は，第2章で記したように，1920年にGM社の社長に就任したが，デュポン社がGM社の大株主であったという両社の関係からも，管理会計技法には，本章で検証する割当予算システム，および第3章で考察した内部振替価格制度等，共通したものが多いことを確認できる。特に，第2章で検討したように，両社は，同時期の1921年に職能部門別組織を事業部制組織に転換しているが，この事業部制組織に対応できるように，20世紀初頭のデュポン火薬会社で構築された割当予算システムに修正・変更が加えられ，両社において，同じような新しい割当予算システムが構築されている[2]。

　そこで，前述したように，本章では，割当予算システムを最初に構築したデュポン社（構築された当時はデュポン火薬会社）および同社と関係の深いGM社にお

第5章 割当予算システムの進展 127

いて，事業部制組織を前提とした新しい割当予算システムがどのように構築・展開されたかについて，できる限り当時の一次資料に基づいて，これを具体的に検証することにする。なぜなら，当時のデュポン社とGM社を取り巻く企業環境を考慮しながら，管理会計の発展が企業の戦略・組織といかなる関係を有するかを検証することは重要であり，そのことが，当時のデュポン社およびGM社における管理会計の実態を抽出することになると考えられるからである。

2 デュポン社における割当予算システムの構築

第1章で検証されたように，デュポン火薬会社では設立当初から，職能部門別組織に基づいた割当予算システムが構築されていたが，1921年にデュポン社において，経営管理組織が職能部門別組織から事業部制組織に転換された[3]。そこで，従来の割当予算システムを土台としながらも，事業部制組織に適合するような新しい割当予算システムの構築が必要とされた[4]。そして，この要求に答えるために，新しい割当予算の実施マニュアルが1929年に作成されたが，この新しい割当予算マニュアルは，1929年3月20日に経営執行委員会で承認され，同年4月1日に財務委員会で最終的に承認された（以下，1929年のマニュアルと略記）[5]。

しかし，デュポン社では，第1章で考察したように，1910年には職能部門別組織に対応できるような割当予算システムが構築されており，1921年に経営管理組織が事業部制組織に転換されて間もない頃には，新しい割当予算の実施マニュアルが作成されていたと考えられるが，現時点では，その資料の入手が困難な状況にある。そこで，本章では，以下，1929年のマニュアルに基づいて，事業部制組織を前提として構築された割当予算システムの内容を考察し，経営管理組織と割当予算システムの関係を検討することにする。

2－1 割当予算の要求・申請の手続き

1929年のマニュアルには，各事業部や各部門が割当予算を要求・申請する場合の留意事項が記載されている。同マニュアルによれば，割当予算を申請する際には，その目的を示すと共に，マニュアルに記載される申請項目や申請方

法および手続き等に従って，申請書が作成されなければならないと記されるが，それらは，以下のように説明されている[6]。

(1) 要求するプロジェクトの内容を，実行可能性を伴った地図や設計図を用いながら記述する。

(2) 要求する支出の必要性を一覧表に記述する。

(3) 要求する建物等の大きさ，および構築物や機械器具等の特徴を，それぞれのケースに応じて簡潔に記述する。

(4) 建物等は，その機能に応じて，これらを多くても2つの項目に小分けして要求する。例えば，発電所は構築物と機械設備に小分けする。

(5) 上記（4）で小分けされた項目において算出される見積作業コストは，これを細目見積表に表示し，この見積表を2通作成する。そして，割当予算の申請書・要求書と共に，1通をエンジニアリング部門に，もう1通を会計部門に送付する。

また，1929年のマニュアルによれば，生産能力を増加させたり，新規事業を立ち上げたり，新しい製品を開発・導入したりすることが原因で支出や費用の増加が予測される場合には，そのことによって予測される利益も計算・表示されなければならない。そして，利益の計算をする際には，収入や支出の全項目を十分に考慮すると共に，全ての間接費の適正配賦を念頭においておかなければならない。そのためには，会計部門は間接費の適正配賦率を定期的に提示することが必要である，と記される[7]。

そして，現存する設備の使用によって発生する営業費，および割当予算によって新規に要求される設備の使用によって発生が予測される営業費とを比較・分析し，割当予算が承認された際に，営業費がどのくらい節約されるかを見積もる場合には，会計の基礎知識である労務費，原材料費，修理費，動力費，工場監督費，保険料，減価償却費等のような全ての費用項目について，これらを十分に熟知・理解していなければならない，と1929年のマニュアルで示されるが[8]，その際に利用される営業費の節約表の様式が，図表5－1によって示される。

図表5－1によれば，現存する設備投資額が80,000ドル，減価償却率が5%，割当予算によって要求される設備投資額が100,000ドル，減価償却率が5%と表示されるが，その表示の下に，割当予算の要求額100,000ドルの設備

第5章　割当予算システムの進展　129

投資によって可能となる営業費の予測節約額が，現存する設備の使用によって
生じる営業費，および要求される新規設備の使用によって生じる営業費，を比
較・分析することによって算出される。さらに，図表5－1の下の方には，こ
の営業費の予測節約額から，他の全ての費用（連邦所得税を除く）を差し引いた
営業費の予測節約額，そして最下部には，その予測節約額から連邦所得税を差
し引いた最終的な正味予測節約額が算出される。そして，営業費の節約額を予
測するための図表5－1は，割当予算を要求するときに提出されなければなら
ないものであったが，予測節約額は，Top Management にとって，各事業部
や各部門等から要求された割当予算の評価・判定を行う際の基準として役立つ

図表5－1　営業費の節約表

	Present Facilities	Proposed Facilities
Investment	$80,000.	$100,000.
Depreciation (Use established rate)	5%	5%
Savings Calculation:		
Operating Cost (Annual Basis)		
Direct Labor	$ -	$ -
Materials	-	-
Repairs	-	-
Power	-	-
Water	-	-
Insurance	-	-
Direct Supervision	-	-
Etc.	-	-
Depreciation		
Totals	$ -	$ -
Saving in Operating Cost		$ -
Less: All Other Expense (except Federal Income Taxes)(%)		-
Prospective Saving (before Federal Income Taxes)		$ -
Less: Federal Income Taxes (%)		-
Prospective Net Saving		$ -

（出所）Records of E. I. du Pont, Accession 2091, Box 15, p.4.

130

ものであったと考えられる[9]。

1929年のマニュアルによれば，信頼のおける会計の基礎情報に基づいて作成された，図表5－1のような営業費の節約表を参考にして，経営者が全てのプロジェクトを評価・判断することは重要なことであった。さらに，もし生産能力を増加させたり，新規事業を立ち上げたり，新しい製品を開発・導入したりする以外の理由で，支出や費用の増加が予測される場合には，現在の状況を前提として，利益を増加させるか，あるいは費用を節約することが必要となるが，その際も，間接費の適正配賦等を考慮した会計の知識を熟知しておかなければならない，と記される[10]。

そして，支出の増加が，生産能力の増加，または消耗に基づく設備の取替，あるいは現存する設備の修理といった，いくつかの活動が組み合わさってもたらされた場合には，利益の計算は，新規設備によって生み出された支出と代替設備によって生み出された支出を同類の支出とみなす一方で，消耗による設備の取替と現存する設備の修理によって生じる支出についても，これらを同類の支出とみなして利益の計算がなされる，と1929年のマニュアルで示される[11]。

また，生産能力の増強，新規事業の立ち上げ，新製品の製造設備の設置，新しい製造方法の導入を実施するために，50,000ドル以上のプロジェクトが要求される場合には，各ケースに適した情報の提示が必要になり，それらは，割当予算の申請書自体には記されなくてもいいが，添えられた書簡に記載されなければならず，次のような諸要素に関連している，と1929年のマニュアルで説明される。例えば，同マニュアルによれば，競争相手に係わる競争コストや競争価格，海外との競争の場合には税率や為替の影響等，および市場の状況，世界市場において期待される最大売上高を表示した表（自国，海外），デュポン社の期待売上高（自国，海外）（市場全体の％として表示），同業種における企業ランクの予想，主要市場に到達するまでの運賃等が記される。また，陳腐化や急速で物理的な減価の状況を考慮して，営業コストが見積もられなければならないことが指摘される[12]。

このような状況を前提として，1929年のマニュアルによれば，全ての割当予算要求のために，投資利益率（return on investment）を利用するのが最適であると考えられたが，投資利益率は，期待利益を割当予算として要求される予

定投資額（予定支出額と見積運転資本額の合計）で割って求められる。その際，各プロジェクトを設定するには，エンジニアリング部門と事業部門が協力する必要があるので，その際，適正な資本の割り当てが重要となる。また，会社全体にサービスを提供するような共通費として配賦される額も考慮されなければならない[13]。

デュポン社では，投資利益率は，20世紀初頭から経営管理のために利用され，それを構成する諸要素の関係は，1910年代にはフォーミュラ・チャートによって説明されるようになったが[14]，前述した第4章の図表4－1によって示されている。そして，1929年のマニュアルによれば，投資利益率を軸とした割当予算申請書の様式が，図表5－2によって示される。図表5－2によれば，割当予算自体の要求額は100,000ドル，設備利用分の配賦額が10,000ドル，および運転資本が現金，売掛金，棚卸資産，繰延資産の合計額15,000ドルと記され，総投資額が125,000ドルと算出される。そして，期待利益額が30,000ドルと設定され，投資利益率が24%（30,000ドル÷125,000ドル×100%）と示される。そして，この投資利益率を記した図表5－2は，事業部等が割当予算を要求するときに提出されなければならないものであったが，Top Managementにとっては，要求された割当予算の評価・判定を行う際の基準・情報として役立つものであった[15]。

図表5－2　投資利益率に基づく割当予算の要求

```
Amount of Appropriation Request          (Assumed) $100,000
Allocation of General Facilities to
  be utilized (if any) (Assumed)                      10,000
Additional Working Capital Required (if any)
  Cash                                         -
  Accounts Receivable                          -
  Inventories                                  -
  Deferred Charges (Assumed)                   -       15,000

Total Investment                                    $125,000

Net Earnings Expected                                 30,000

% Net Return on Total Investment
  (annual basis)                                         24%
```

（出所）Records of E. I. du Pont, Accession 2091, Box 15, p.4.

2－2　割当予算の評価・判定の手続き

　以上のように，各事業部や各部門等が割当予算を要求する場合には，営業費の節約額や投資利益率を自ら計算・表示した節約表や要求書を，経営執行委員会等の Top Management に提出しなければならなかったが，Top Management 等が各事業部や各部門等から提出された割当予算の評価・判定を行う場合には，節約表や要求書に記される営業費の節約額や投資利益率およびそれらに基づいて算出された要求額について，各事業部や各部門等と何度も交渉・やり取りを繰り返しながら，評価・判定を実施した[16]。

　1929 年のマニュアルには，各事業部や各部門が割当予算を要求・申請する場合の留意事項や手続き等が記載されているが，図表 5 － 3 では，各事業部や各部門等からの割当予算要求の上限額・下限額に応じて，異なる部署で評価・判定が行われるといった状況が説明される。図表 5 － 3 によれば，左端に各事業部や各部門の名称が記されているが，例えば，一番上の事業部門では，要求額の上限が 50,000 ドルまでは，当該部門の全般管理者が割当予算の評価・判定を行うが，補助事業部や補助部門では，当該事業部・部門の長が要求額の上限 10,000 ドルまでの要求額の評価・判定を行うことができた。しかし，要求額の上限が 50,000 ドルを超えて 100,000 ドルになると，全ての事業部・部門では，この全般管理者に加えて，経営執行委員会のメンバーが評価・判定に参加しなければならなかった。特に，管理事業部では，割当予算の要求時に経営執行委員会のメンバーの署名が必要であった。そして，上限が 100,000 ドルを超えて 300,000 ドルになると，経営執行委員会で最終的な評価・判定が行われ，上限が 300,000 ドルを超えれば，財務委員会で最終的な評価・判定が行われるようになっていた[17]。

　さらに，1929 年のマニュアルでは，割当予算の評価・判定の具体的な手続きが説明されている。同マニュアルによれば，割当予算の要求額の上限が 100,000 ドルを超えて 300,000 ドルになると，割当予算の要求書を含む関係書類に各事業部や各部門の長の署名がなされた後に，経営執行委員会で評価・判定がなされるようになっている。さらに，要求額の上限が 300,000 ドルを超えると，関係書類に各事業部や各部門の長の署名がなされた後に，これらの関係書類は経営執行委員会に提出され，そこで承認がなされた場合には財務委員会

第5章　割当予算システムの進展　133

図表5－3　割当予算の要求額に応じた評価・判定の担当部署

1 Department or Division	2 Individual Authority By	Amount	3 Member of Ex.Comm.in addition to Individual in 2	4 Executive Committee	5 Finance Committee
(a) Industrial Department	Gen.Mgr.	50,000	100,000	300,000	Unlimited
(b) Auxiliary Depts. or Divisions Advertising, Chemical, Development, Engineering, Foreign Relations, Legal, Office Bldgs., Purchasing, Service, Traffic, Treasurer's, Public Relations, Secretary's Office	Head	10,000	100,000	300,000	"
(c) Administrative Divisions Executive & Finance Comm's. Offices.	Head	-	(1) 100,000	300,000	Unlimited

(出所) Records of E. I. du Pont, Accession 2091, Box 15, p.7.

に送られる。また，業務部門の全般管理者は，3月，5月，9月，12月に経営
執行委員会に提出する四半期の報告書の中で，一方，業務部門以外の部門長は，
経営執行委員会に提出する定期報告書の中で，これらの全般管理者・部門長お
よび経営執行委員会のメンバーによって承認された全ての割当予算の内容（実
験活動を除く）を記すようになっている[18]。

　そして，各事業部や各部門等が経営執行委員会等に提出する報告書には，個々
の割当予算の要求額が 50,000 ドルを超える場合は，次のような諸項目を記す
ことが義務付けられている[19]。

　(1) 割当予算の要求額

　(2) 割当予算のタイトル

（3）プロジェクトの簡単な内容

（4）要求の理由

また，その要求額が 50,000 ドル未満（小規模プロジェクトを含む）の場合は，次のような諸項目を記すだけでよかった[20]。

（1）要求されるプロジェクトの総数

（2）割当予算の要求総額

しかし，後日，当初の割当予算要求額に超過・追加が必要とされる場合には，当初の割当予算要求額に超過・追加の額を加えた合計額について，上記と同様の評価・判定の手続きが求められた。逆に，当初の割当予算要求額の削減が必要とされる場合には，超過・追加を必要としたケースを正式に承認する個人あるいは委員会によって，同様の評価・判定の手続きが求められた[21]。

さらに，1929 年のマニュアルには，業務活動だけでなく，調査研究活動に要する割当予算の処理方法に関しても記されている。同マニュアルによれば，事業部門の全般管理者，化学製品担当の管理者および医療関係の調査研究を担当するサービス部門の管理者は，次年度の調査研究に要する予算（research budgets）を承認してもらうために，これを経営執行委員会に提出するようになっているが，この予算は 12 月に提出される部門報告書に掲載されなければならなかった。また，チーフエンジニアは，経営執行委員会に提出する年次報告書に，年度ごとの調査研究予算の内容を記すようになっている。そして，この調査研究予算では，今年度の費用および支出の総額と将来の費用および支出の総額を比較することが要求されたが，そこに記載される項目は，次のようなものであった[22]。

（1）調査研究活動に要する予定の費用および支出の総額

（2）上記（1）の予定の費用および支出の総額からの控除額（他事業部・他部門に属する分）

（3）正味の割当予算額（費用および支出の部分は上記 2 項目の差額）

（4）計画される活動内容の一般的な概説

そして，1929 年のマニュアルによれば，調査研究に要する割当予算の申請者は，上記の予定の費用および支出の総額のうち，関連会社や子会社に含まれる分に関しては，その各会社名と項目ごとの費用額を脚注に記載しなければな

らなかった。また，調査研究活動で承認された予算額に対する実際支出額および実際費用額の増減の割合が10％を超える場合には，可能な限り早く，修正予算を，その原因に関する十分な説明を添えて，当該予算を承認した経営執行委員会等に提出することが求められた[23]。

　また，1929年のマニュアルによれば，現存する製造方法や製品に関係する改良プロジェクトを除いた全てのプロジェクトにおいて，事業部長・部門長あるいはこれらの長によって指名された代理人によって承認された個々の化学実験に要する割当予算額が5,000ドルを超えるものは，個々の実験用予算・調査研究用予算として承認された後に，情報提供を目的として，これらの予算が化学部門と開発部門に送られた。そして，事業部門の全般管理者とチーフエンジニアが1月と7月に経営執行委員会に提出する報告書，化学部門長が7月と12月に経営執行委員会に提出する報告書，およびサービス部門長が2月と8月に経営執行委員会に提出する報告書においては，過去6ヶ月間に承認された調査研究支出に係わる，以下のような諸項目が記される一覧表を添付する必要があったが，それらの内容は，同マニュアルにおいて，次のように説明されている[24]。

　上記の様々な報告書において，現在までに承認された割当予算総額が50,000ドル以上であれば，個々のテーマ（現存する製造方法と製品の改良に関するテーマを除く）について，次のような諸項目を記すことが義務付けられている。

　(1) テーマのタイトル

　(2) 割当予算が最初に承認された年

　(3) 現在までに承認された割当予算の総数

　(4) 現在までに承認された割当予算の総額

　(5) 直近6ヶ月以内に承認された割当予算の総額

　また，現在までに承認された割当予算総額が50,000ドル未満であれば，個々のテーマについて，次のような諸項目を記すだけでよかった。

　(1) テーマの総数

　(2) 直近6ヶ月以内に承認された割当予算の総額

　さらに，1929年のマニュアルによれば，各事業部門の全般管理者とチーフエンジニアおよび化学部門長が7月に経営執行委員会に提出する報告書，および

サービス部門長が8月に経営執行委員会に提出する報告書には，上述の諸項目に加えて，予算として承認された総支出額，当該年度における最初の6ヶ月間の支出額，および予算として使い切れなかった分，を記すことが求められた[25]。

そして，割当予算によって要求される最終コストが当初の要求より10%以上増減しない場合には，追加の割当予算あるいは増減の理由の説明は不要であるが，もし割当予算によって要求される最終コストが当初の要求より10%以上多く見積もられる場合には，その超過分のための追加的な割当予算をできるだけ早く承認してもらうと共に，その超過した理由を説明しなければならない。また逆に，割当予算によって要求される最終コストが当初の要求より10%以上少なく見積もられる場合には，その減少した理由の説明を，当該割当予算を承認した委員会等に対してしなければならない，と1929年のマニュアルでは示される[26]。

以上，第1章で検証したように，20世紀初頭のデュポン社では，職能部門別組織に適合した割当予算システムが構築されており，各部門等が割当予算を申請する際に，申請書にコスト節約額を計算・表示することが求められ，これを評価・判定する側であるTop Management等はその評価基準として，自ら算出した投資利益率を使用した。これに対し，本章で検証・考察した事実に基づけば，経営管理組織が職能部門別組織から事業部制組織へと転換した場合，各事業部や各部門等が割当予算を申請する際には，申請する側は申請書に投資利益率を計算・表示することが要求されたが，これを評価・判定する側であるTop Management等もその評価基準として，自ら算出した投資利益率と共に，申請書に表示された投資利益率を利用した。

3　GM社における割当予算システムの構築

第2章で考察したように，20世紀前期において，デュポン社はGM社の大株主であったことから，当時，デュポン社の社長であったPierre S. du Pontは，GM社の経営立て直しの使命を負って，1920年に同社の社長に就任した。そして，GM社では，デュポン社と同じような割当予算システムが構築された。ここでは，GM社の割当予算システムの実態を検討するために，同社で1922

年に作成された割当予算マニュアルに基づいて，割当予算システムの目的とフレームワーク，および投資利益率を軸とした割当予算の要求・申請と会計処理の手続き，について考察する[27]。

3－1　割当予算システムのフレームワーク

　GM 社は，前述のデュポン社と同様に，多くの吸収合併あるいは買収された会社によって構成された寄り合い所帯であった。しかし，これらの会社は GM 社の事業部や部門等として，同社の経営執行委員会等の下でそれらの業務活動を行うことになった。そのことは，経営活動の基盤となる資金の獲得に関しても同様であった。つまり，GM 社の各事業体や各部門等は，デュポン社と同様に，資金を獲得するためには，経営執行委員会，財務委員会，あるいは割当予算委員会に対して，資金割当のための要求を行う必要があった。そこで，GM 社でも，割当予算システムを構築することが求められた。

　Pierre S. du Pont はかつて，デュポン火薬会社の社長であり，1920 年から 1923 年まで GM 社の社長を務めたが，同社では，第 1 次世界大戦後の景気後退期を乗り切り，1921 年に構築・整備された事業部制組織に適合する，新しい割当予算システムを構築するために，1922 年 9 月 1 日に，従来の割当予算マニュアルが作成された。この新しい割当予算マニュアル（以下，1922 年のマニュアルと略記）によれば，その作成の理由として，GM 社の活動が変化し，その範囲が広がりつつあるので，経営上・財務上の観点から，会社の固定資産に影響を及ぼす資金支出をコントロールするために，これまでの割当予算の手続きに関するルールをしっかりと整備する必要があると記されている[28]。つまり，GM 社にとって，従来の職能部門別組織ではなく，事業部制組織に適合できるような新しい割当予算システムが必要となったのである。

　そして，1922 年のマニュアルには，割当予算の手続きに関するルールを整備することによって，各事業部や各部門等の固定資産に必要な資金支出を認可する際の判断基準を明確にし，会社の固定資産に影響を及ぼす支出を正確に記録できると指摘されている。また，同マニュアルは，様々な部局において，支出を承認・管理・記録することに責任をもった人々に指示・理解を与えるものであり，その資金支出の是非について整然と論理的に判断する役割は，経営執

行委員会の指示の下に，割当予算委員会に委ねられてきたが，主として，会社の固定資産に影響を及ぼす資金配分や資金支出を対象としているものの，それ以外の支出にも係わりをもっていた[29]。

そこで，GM 社の割当予算システムを考察・理解する際の前提として，まず，1922 年のマニュアルで記される用語の定義・内容について検討することにする。同マニュアルによれば，割当予算システムで用いられる用語の定義・内容は，次のように記されている。

最初に，会社の所有する固定資産（fixed assets）は，GM 社の標準的勘定分類において示されるように，土地（土地改良費を含む），建物・設備のようなものとして定義され，原価あるいは割当予算の見積修正額で繰り越されるものとして定義される。そして，一般的には，(a) 財務委員会または経営執行委員会が固定資産の販売，廃棄あるいは破壊を決定したとき，(b) 減価償却引当金勘定への記入がなされたとき，(c) 財務委員会で承認された割当予算の見積額が減額されたとき，固定資産は減少する。また，(a) 財務委員会で認可された割当予算の見積額が増額されたとき，(b) 正式に認可された割当予算に基づいて支出が生じたとき，固定資産は増加する[30]。次に，プロジェクト（a project）という用語は，事業部や子会社等の固定資産に影響を及ぼすもので，1 つの事業部や子会社等に特別に限定された建設や開発に関する仕事と定義される。その際，開発の仕事は，様々な部局での建設や支出をコントロールし，それらの支出を承認してもらえるように，その額を適切に設定するような機能をもつという理由で，プロジェクトと称される[31]。

また，1 つの事業部や子会社等に限定して認識されるプロジェクトが，支援を受けるために，他の事業部や子会社等のプロジェクトを必要とする場合には，1 つの事業部や子会社等に支援を提供する他のプロジェクトも含めてプログラム（a program）と称される。この両者の仕事の範囲は全く同一であるので，換言すれば，プロジェクトという用語は，1 つの事業部や子会社等に限定して用いられるのに対して，プログラムは，他の全ての事業部や子会社等に係わって，その内容を同じくするプロジェクトあるいはそれに関連したプロジェクトを包含して使用される用語である[32]。なお，割当予算の要求（an appropriation request）は，プロジェクトに必要な支出を割当予算によって適切に表示し承認

を受けるための手段と定義されるが，実際には，各プロジェクトを承認するか
どうかを決定するのに必要な見積コストやその他の重要な項目を含めて，各プ
ロジェクトに必要な全ての要素を表示するための様式であると看做される[33]。

　そして，減価償却引当金（depreciation reserve）という名称の基金は，GM 社
で決定された割合で，全ての固定資産勘定から月々，営業費勘定にチャージさ
れるという方法を用いることによって，事業部や子会社等のために考え出され
たものと定義される。この引当金勘定には，経営活動や老朽化による摩損を理
由として，全ての固定資産の価値が減少した分だけ基金が引き当てられること
になる[34]。さらに，営業活動（operations）という用語は，営業費勘定にチャー
ジされる全ての費用項目を発生させる基となる活動を意味する[35]。繰延費用
（deferred expense）は，直接経費でも固定資産でもなく，ある限定された目的
のために支出された項目によって構成されるが，減価償却という方法を用いる
のではなく，営業費勘定にチャージするという方法によって，各項目の評価額
が引き下げられる[36]。最後に，前払費用（prepaid expense）は，1922 年のマニュ
アルに直接的に係わりのある項目ではないものの，賃借料，保険料，税金，利
子等の営業費を前払いした項目によって構成されるものと定義される[37]。

　このように，割当予算システムで用いられる用語は 1922 年の割当予算マニュ
アルにおいて定義されるが，その中で特に，割当予算を要求する場合に直接対
象となるのが，各事業部や各部門等におけるプロジェクトである。そこで，次
に，このプロジェクトの内容について，さらに詳しく考察することにする。

　1922 年のマニュアルによれば，プロジェクトは固定資産にチャージされる支
出であると説明されるが，その支出額が 1,000 ドル以下である場合には，これ
をプロジェクトとして認識せずに，GM 社の勘定科目分類表に従って，当該金
額が支出される。そして，この制約に基づいてプロジェクトを確定し，各プロ
ジェクトの目的に従って，支出を承認することが必要であると指摘される。そ
の際，各プロジェクトに関係する勘定科目には，固定資産を増加させる勘定と
会社の方針に係わる勘定がある。1922 年のマニュアルには，前者として，土地
の購入および土地の改良，工場・建物の購入および建設，機械・設備の購入・
建設および取り付け，固定資産にチャージされる額が 1,000 ドルを超えるあら
ゆる記載項目の再整理と取り替え，に関係する勘定が挙げられる。一方，後者

としては，5,000 ドルを超過するような繰延費用として認識される機械工具の制御装置，取り付け備品，金型等の購入・製造，5,000 ドルを超過するような各作業活動に直接チャージされる特別修理作業，余剰の機械を別の事業部あるいは GM 社の倉庫から移転させる作業，に関係する勘定が取り上げられている[38]。

そして，1922 年のマニュアルによれば，割当予算の対象となるプロジェクトに関する，責任，範囲，プロジェクト・ナンバー，コスト，承認，そして約定について記されているので，次に，これらを検討することにする。

まず，プロジェクトに対する責任については，1922 年のマニュアルによれば，各々のプロジェクトを進展させる第 1 の責任は，技術的および営業的な観点から事業部あるいは子会社にあるが，会社全体に係わる主要なプロジェクトは，当然のこととして，財務的責任や全活動の調整を必要とすることから，会社役員によって承認されるべきであると記されている。そして，次の段階で要求される承認は，会社で構築される組織上のラインや部局の下で，支出額に応じて，グループ経営者，経営執行委員会，財務委員会等によって行われるが，最終段階では，各事業部あるいは各子会社の最高経営執行者によってなされ，場合によっては，グループ経営者の承認を必要とすることもあると示される。その際，プロジェクトの内容が適切なものであり，要求される中味が財務上および業務上において正確であることが必要であるが，同マニュアルによれば，この承認の決定を支援するのに適しているのは顧問スタッフ部門であり，そのことによって時間が節約されると指摘される。さらに，グループ経営者の責任範囲を超える支出額に対しては，業務担当副社長がその承認権限をもつことになり，その場合には，プロジェクトの要求内容を会社全体の広い観点から，自らの判断を反映できるような自主的な調査を行うことによって，プロジェクトの内容の妥当性を吟味しなければならないが，もし経営執行委員会と財務委員会が，このプロジェクトの内容の妥当性に対して異義を唱えたときには，これらの委員会は割当予算委員会の委員長に，このプロジェクトの要求内容を調査するように指示を出す必要がある，と同マニュアルに記されている[39]。

次に，プロジェクトの範囲については，1922 年のマニュアルによれば，単独のプロジェクトの範囲には，ある特定の目的を達成するのに必要な全ての領域が含まれるべきであるが，一般的には，小さなプロジェクトの場合には，1

つの工場の様々な部門等に，その範囲は限定されるべきであると記されている。そして，ある自動車事業部において，あまり重要でない購入あるいは変更が鋳造所で必要とされ，同時に，類似の作業が鉄工所あるいは自動車工場で求められ，さらに，ある作業が他の作業と独立して行われるとしたら，2つの分離したプロジェクトが各々承認されなければならないと判断されるが，工場の能力の一般的増大が工場の全部門における全体的な変更あるいは追加をもたらす場合には，単独のプロジェクトとして，これが承認されるべきであると示されている。ゆえに，例えば，単独の火災防止プロジェクトの場合には，全工場に存在するいくつもの構築物において，給水塔，ポンプ場，水道管，そしてスプリンクラー・システムを必要とするのであるが，このケースでは，火災防止という活動のために，各プロジェクトを分離して承認することは許されないのである[40]。

また，プロジェクト・ナンバーについては，1922年のマニュアルによれば，一連のプロジェクトには，ナンバーが，各事業部や各子会社のアシスタント・コントローラーの指示に基づいて付けられているが，そのナンバーは，各プロジェクトが承認された場合にのみ各々に割り当てられることになり，一旦プロジェクトごとにナンバーが確定されれば，それは変更不可能となると共に，各プロジェクトはナンバーで確認されることになる。ゆえに，もし何かの理由で，一旦承認されナンバーの確定したプロジェクトが取り消される場合には，そのプロジェクトに割り当てられたナンバーは，再び使用されないことになっている[41]。

そして，プロジェクトの実施内容は，割当予算を要求することによって表すことができるが，その要求が承認されれば，プロジェクトに配分されるコストが決定される。ゆえに，プロジェクトのコストについては，プロジェクトの完了時に，予定配分されたコストと実際に必要となったコストを比較した場合に，その誤差は15％までが許容範囲とされるが，もし，この許容範囲を多少なりとも超えたときには，そのプロジェクトを承認した部局等に対して弁明が求められる，と1922年のマニュアルに示されている[42]。

さらに，プロジェクトの承認については，1922年のマニュアルによれば，各プロジェクトにおける承認の条件はそのコストの大小によって変化するが，それは，次の6つのパターンに分けられている[43]。

(1) 割当予算額が 1,000 ドル以下である場合には，プロジェクトとして認識されることはなく，事業部や子会社でなされる以外の承認は必要ではない。

(2) 割当予算額が 1,000 ドルより多く，10,000 ドル以下の場合には，各事業部や各子会社の全般管理者の承認が必要である。

(3) 割当予算額が 10,000 ドルより多く，25,000 ドル以下の場合には，グループ経営者によって，または特定の事業部の全般管理者から権限を委任された部局によって，あるいは業務担当副社長によって承認される必要がある。

(4) 割当予算額が 25,000 ドルより多く，50,000 ドル以下の場合には，GM 社の業務担当副社長の承認が必要である。

(5) 割当予算額が 50,000 ドルより多く，150,000 ドル以下の場合には，GM 社の経営執行委員会の承認が必要である。

(6) 割当予算額が 150,000 ドルを超える場合には，GM 社の財務委員会の承認が必要である。

なお，プロジェクトに係わる約定については，プロジェクトが正式なものとして明示されていない場合，割当予算額が 1,000 ドルより少ないケースを除いて，プロジェクトが正式に承認されていない場合，あるいはマニュアルによって制限が加えられた場合，においては，プロジェクトに対する支出は約束されていないことになるので，事業部や子会社は資金の支出を行う際には気を付ける必要がある，と 1922 年のマニュアルに記されている[44]。

3 - 2　割当予算の要求・申請と会計処理の手続き

割当予算は各事業部や各部門等から，その支出額に応じて，各々の関係部局に対して要求がなされるが，1922 年の割当予算マニュアルには，割当予算のナンバーの役割，および割当予算の要求の書式，要求の手順，および会計処理の手続きについて記されているので，次にこれらを検討することにする。

1 つのプロジェクトに対して，いくつもの割当予算の要求が必要なケースが考えられるが，1922 年のマニュアルによれば，これらの割当予算を多くの段階で詳しくまとめ上げるのに数ヶ月を要するような巨大で複雑なプロジェクトにおいて，引き渡しに長期間を要するような機械や建設資材の購入を伴うような場合には，割当予算を要求するのは便利な方法であり，次の段階の計画や見積もりを準

備する一方で，作業のある部分の計画や見積もりを詳細につくり上げるのは望ましいことであると記される。また，このような方法を用いることによって，作業を完了するのに要する総時間がかなり短縮され，もっとも重要な作業がより素早く実施されると指摘されている。そして，同マニュアルによれば，あらゆるケースにおいて，プロジェクトに必要とされる，全てのコストの概算額が割当予算の要求と共に提出されなければならないが，その要求は，同マニュアルに従って実施されなければ，プロジェクトは承認されないと示されている[45)]。

　このように，いくつもの割当予算の要求が1つのプロジェクトを対象として実施されるが，例えば，No.47というプロジェクトに対して，10の割当予算の要求がなされるとしたら，No.47というプロジェクトのための割当予算No.1を表示する際には，47－1というナンバーになる，と1922年のマニュアルに記されている[46)]。そこで，次に，このようなプロジェクトのために，割当予算の要求がどのような書式・手順でなされるのかを，次に考察することにする。

　1922年のマニュアルには，割当予算を要求する際の書式が掲載されているが，各書式の表示欄には，記載しやすいように，ナンバーと説明が記されているので，まず，それらを検討することにする。

　1922年のマニュアルによれば，GM社の各事業部や各子会社が割当予算を要求する場合には，第1項目から第20項目までの各項目について記載がなされなければならないが，それは，図表5－4で示される。図表5－4によれば，第1項目の欄には事業部や子会社の名称，第2項目の欄にはプロジェクトの所在，第3項目の欄にはプロジェクトのナンバーと割当予算のナンバー，そして第4項目の欄にはプロジェクトのタイトルを記すようになっている。その際，同マニュアルによれば，プロジェクト全体のタイトルはできるだけ短く包括的なものにすべきであるが，プロジェクトが継続していて，まだ完了していない場合には，そのままのタイトルを継続して使用すべきであると記されている。次に，第5項目の欄にはプロジェクトにおける現在までの支出額，現在の要求額，将来に予測される要求額を合計した見積総コスト，第6項目の欄には割当予算の要求総額を記すようになっているが，たとえ後で取替設備が売却されるとしても，その売却額を予算額から控除しないことになっている。第7項目には固定資産，営業費，減価償却費，繰延費用といった支出区分ごとに支出額を

144

記入するようになっている[47]。

　そして，図表5－4によれば，第8項目の欄には営利的観点からみたプロジェクトの妥当性・必要性を記すようになっている。その際，提案されるプロジェクトによって生産能力を拡大でき，1つの事業部が他のいくつかの事業部のために生産物を製造・供給している場合には，会社の外部から同じ生産物を購入するケースと比較して，プロジェクトの妥当性・必要性を詳細に説明すること，またプロジェクトが非生産的なものである場合，あるいは冒険的で不確かな性格を有する場合にも，その妥当性・必要性を詳細に示すことが要求される。次に，第9項目の欄にはプロジェクトの技術的な概説，第10項目の欄には割当予算の技術的な概説を記すようになっている。その際，割当予算の範囲が1つのプロジェクトに限定されたものであれば，第10項目の概説は不要となるが，1つのプロジェクトに対して，いくつかの割当予算の要求がなされる場合には，第10項目と同様の概説が，第9項目のプロジェクトの概説の中で繰り返されることになると示されている[48]。

　第11項目の欄には事業部や子会社で実施された過去の活動記録と将来の活動見積もりを記すことになっているが，具体的には，1922年のマニュアルは9月1日に作成されているので，このことからすれば，各年度の投資額の欄に示される1919年1月1日から1922年1月1日までは過去，1923年1月1日から1924年1月1日までは将来の情報となる。その際，各年度における投資額の他に，純売上高，純利益，そして売上高利益率，投資利益率，さらに会社外部への投資割合が記されることになるが，これらの情報は，事業部や子会社によって作成・提供されるのではなく，情報が必要な場合に，グループ経営者によって付け加えられるものであり，特に巨大プロジェクトの場合には，業務担当役員や財務委員会にとって必要なものとなる[49]。

　第12項目の欄にはプロジェクト全体の投資利益率を記すことになっているが，その他にも，プロジェクトにおける固定投資額，運転資本の見積額，総投資額，見積節約額または見積利益額を記す欄も設置されている。その際，プロジェクトが事業部や子会社の生産能力を増加させる場合には，第12項目の欄への記載は不要となり，第11項目の情報だけで十分であるが，提案されるプロジェクトにおいて，製造される製品が外部からも獲得できる場合，あるい

は，より優れた新しい生産方法が現在の方法にとって代わるような場合には，第12項目への記載が必要となる。また，第13項目の欄にはプロジェクトの建設作業における進捗度，第14項目の欄には割当予算における月ごとの支出額，第15項目の欄には割当予算の支出に対して，工場や設備等の図解，レイアウト，製図等を用いた，あらゆる技術的説明，を記すようになっている。その際，機械類のリストや詳細な見積もりを提出しなければならないときには，それらはレターサイズの表として，割当予算の要求書の最後に，証拠書類として付け加えられることがある。なぜなら，技術的データがチェックされ再調査された結果，当初の割当予算額を超過することが判明した場合には，機械類のリストや詳細な見積もりを証拠書類として準備し，当初の予算額を超過した品目・費目のコストと後に判明したコストの両方を表示する必要があるからである[50]。

第16項目の欄には割当予算に関する見積総支出の分類がなされると共に，それらの支出額を勘定科目ごとに記入することが要求され，第17項目の欄には割当予算に関する支出の配分状況を記載することになっているが，第18項目の欄にはプロジェクトと割当予算の要求に関する両者の一般的状況を判断する際に，それを支援できる追加的なデータや情報をできるだけ簡潔に記載することになっている。そして，第19項目の欄には割当予算が承認される場合にのみ，割当予算の作成者，グループ経営者，経営執行委員会の文書部長，子会社の社長，事業部の全般経営管理者，権限を付与された人，業務担当副社長，そして財務委員会の文書部長によって署名がなされ，第20項目の欄に割当予算委員会の委員長による署名が行われることになっている[51]。

以上のように，1922年のマニュアルには，割当予算を要求する場合に作成される要求書に記載されなければならない事項・方法が明記されているが，次に，割当予算を要求する際の手順が，次のように示されている[52]。

(1) 割当予算の要求書は同じものが2部作成され，これらが特定の事業部や子会社のグループ経営者に送られるが，そこで正式な承認が不要であれば，1つの要求書は記録として要求部局に戻され，もう1つの要求書は割当予算委員会の委員長に送られる。

(2) もし，グループ経営者の承認が必要であれば，1つの要求書については，グループ経営者によって承認の是非が検討され，これが特定の事業部や

子会社の要求部局に戻されるが，もう1つの要求書は割当予算委員会の委員長に送られる。

(3) グループ経営者の承認が不可欠な上に，さらに権限をもった人の承認が必要な場合には，グループ経営者の承認がなされた要求書は2部とも業務担当副社長に送られる。そして，業務担当副社長によって，プロジェクトが正式に承認された場合には，1つの要求書は特定の事業部や子会社に戻され，再度正式に承認されるが，もう1つの要求書は割当予算委員会の委員長に送られる。しかし，プロジェクトが正式に承認されない場合には，1つの要求書はグループ経営者に戻され（最終的に事業部に戻されることになる），もう1つの要求書は適切に推薦を受けた上で，割当予算委員会の委員長に送られる。

(4) 経営執行委員会による承認が必要な場合には，業務担当副社長が要求書の2部とも正式に承認をした上で，これらが割当予算委員会の委員長に送られるが，同委員長の役割は経営執行委員会によって適切な承認が行われるように，これを監視することである。そして，経営執行委員会によって承認がなされたときには，1つの要求書は，割当予算委員会の委員長によって直接，事業部に戻され，もう1つの要求書は，同委員長のための記録として保管されるが，要求が承認された際には，そのことが，業務担当副社長とグループ経営者によって要求部局に報告される。

(5) 財務委員会の承認が必要な場合には，その承認の決定に影響を及ぼすのが，割当予算委員会の委員長の役割であるが，その役目は，上記（4）に記されるように，経営執行委員会による承認が必要な場合と同様である。

このように，割当予算を要求・申請する際に，要求の書式や手順があるが，その要求のプロセスにおいて会計処理の必要が生じる。そこで，1922年の割当予算マニュアルに従って，その会計処理がどのようにして行われるのかを検討することにする。

まず，1922年のマニュアルによれば，プロジェクトが承認される前に，そのプロジェクトに関連する計画書や仕様書の作成に伴って発生する創業費は，GM社の勘定分類において，繰延費用勘定（Account 10-C）に借方記入される。そして，工場・設備の修理や再整理に要する諸費用は，製造費用勘定（Account

第5章　割当予算システムの進展　147

図表 5 - 4　GM 社における割当予算要求の書式

GENERAL MOTORS CORPORATION
APPROPRIATION REQUEST　　　Date

1. Name of Division or Subsidiary:	2. Location Proposed Project:	3. Project No.
		Appropriation No. Projects should be numbered consecutive unit proposing game. As a Project may require more than one Appropriation Request, Appropriation Request should be numbered consecutive beginning with "one" for each Project number

4. Title this Project:

| 5. Estimated total cost of Project:

  a. Appropriated to date:

  b. Amount of this Request:

  c. Estimated further Requests:

      Total:

The object of the above is to display as near as possible—it must necessarily be approximate—the entire cost of the Project so far as it affects this particular Division or Subsidiary in the event that this Appropriation Request does not represent the development of such Project complete. Consider overruns same as new Appropriation Request. | 6. Amount this Appropriation Request:

Make no deductions for equipment replaced even if same may be afterward sold. Consider overruns same as new Appropriation Request.

7. Distribution of Expenditures:

  a. Fixed assets:

  b. Operations:

  c. Depreciation:

  d. Deferred Expense:

      Total:

Consider overruns as new Appropriation Request. |

8. Advisability or necessity of proposed Project from commercial standpoint:

Use of the above space must be confined to discussion of the proposed Project and data must be repeated on every Appropriation Request applying to that Project. If the Project involves increase in general capacity, state advisability as well as necessity for same. If for making products now obtained elsewhere, state fully the reasons for this development. If for the extension of a Division producing products for one or more other Divisions, state Divisions to be supplied and full details of the necessity of this development as compared with the purchasing of such products outside the Corporation. If Project is of a nonproductive character, state fully the necessities for game. In case of overrun repeat above data on original Appropriation Request. If the proposed Project is of a particularly hazardous or uncertain nature, so state, giving details.

148

9. General technical description of proposed Project:

Above space must be confined to discussion of proposed Project and data must be repeated on every Appropriation Request applying to that Project. Give a general description of what the proposed Project consists of from the standpoint of its mechanical or technical development. In case of overrun repeat data on original Appropriation Request.

10. General technical description of this Appropriation Request:

Give a general description of what this particular Appropriation Request consists of from the standpoint of its mechanical or technical development. In case of overrun repeat data on original Appropriation Request. This (No.10) need only be used when there is more than an Appropriation Request for the same Project.

11. Past and estimated future performances: (Division should *not* fill this out)

Invested Capital		Net Sales	Net Profits	Percent. return on		Proportion invested capital employed outside Corporation's operations	
Date	Amount			Net Sales	Invested Capital	Percent.	Amount
Jan. 1, 1919							
Jan. 1, 1920							
Jan. 1, 1921							
Jan. 1, 1922							
Jan. 1, 1923							
Jan. 1, 1924							

Remarks:

The above data pertains to the performance of the operations of the Division or Subsidiary as a whole. The distribution of the capital employed between the Corporation's operations and outside operations should be based upon the distribution of sales between those two interests. Estimate data for the current year and for one year in advance, if possible, assuming full program of the Division is approved. In case of overrun repeat data on original Appropriation Request.

第5章 割当予算システムの進展 149

12. Return on capital employed in this entire Project:

Fixed Capital employed in this Project	Estimated Working Capital	Total Capital employed in this Project	Estimated saving or return	Per cent. return on Capital invested

Remarks:

The above data is required only in the event that the Project consists in the manufacture of products now obtained from outside sources or for the development of new and better methods superseding present ones. If the Project consists of a general increase in capacity, or is of non-productive character, this data is not required. In case of overrun correct figures as contained in original Appropriation Request.

13. Construction progress data:

a. Construction starts:
b. 25% completed:
c. 50% completed:
d. 75% completed:
e. Completion date:

14. Disbursement data this Appropriation Request by months:

Month	Amount	Month	Amount
January		July	
February		August	
March		September	
April		October	
May		November	
June		December	

15. Construction data this Appropriation Request:

Maps, layouts, drawings and every available description of the technical development of the proposed expenditure is required. State what is submitted of character, referring to same by number or name for reference. Where lists of machinery and detailed estimates are submitted, they must be submitted on letter sheet and incorporated at the end of this Appropriation Request Form as Exhibits "A", "B", "C", etc., and referred to in the above. If technical data has been checked or reviewed outside the Division or Subsidiary itself, state fully. In case of overrun prepare as Exhibits "A", "B", "C", etc., and refer to above duplicates original estimates, displaying both original and corrected costs of various items causing overrun.

150

16. Classification of Estimated Gross Expenditure on Appropriation:

DESCRIPTION	Account	Estimated Cost	
		Amount	Total
Land			
Land Improvements			
Removal and Demolishment Expense			
Building Engineering Costs			
Excavation			
Foundation			
Superstructure			
Elevators			
Heating Equipment			
Lighting System			
Ventilating System			
Plumbing and Sewerage System			
Removal and Demolishment Expense			
Machinery			
Heat Treating Equipment			
Processing Equipment			
Material Handling and Storage Equipment			
Foundry Equipment			
Power Plant Equipment			
Power Transmission Equipment			
Fire Prevention Equipment			
Laboratory and Experimental Equipment			
Automobile Equipment			
Welfare Equipment			
Miscellaneous Equipment			
Removal and Demolishment Expense			
Furniture and Fixtures			
Tools, Jigs, Dies, Patterns, etc.			
Repairs			
Grand Total			

17. Distribution of Expenditures on Appropriation:

Increase—Real Estate, Plant and Equipment (1-A)			
Deferred Expense—Tools, Jigs, Dies, Patterns, etc. (10-A)			
Fixed Asset Depreciation—Plant and Equipment (22-A to E)			
Operations—Expense (12, 23-C, 23-D, 23-E)			
Total			

第5章　割当予算システムの進展　151

18. General remarks:

Give as concisely as possible any other data or information that will assist in determining the general status of both this Project and Appropriation Request.

19. Authorizations:
This will certify that the above in my judgment is a correct analysis of the proposed expenditure. Further, that the expenditures recommended are to the best interests of the Corporation.

Estimates and data,　　　　　　　　　　　　　Authorized by
　prepared by　　　　　　　　　　　　　　　Approved by
　　　　　　　　　　　　　date　　　　　　　　　　　President (Subsidiary)　　date
　　　　　　　　　　　　　　　　　　　　　　　General Manager (Division)
　　　...　　.............or. Authorized Signature.................

Authorized by　　　　　　　　　　　　　　Authorized by
Approved by　　　　　　　　　　　　　　　Approved by
　　　　　　　　Group Executive　　date　　　　　　　Operating Vice-President　　date
Authorized by　　　　　　　　　　　　　　Authorized by
Approved by...　Approved by...
Executive　　　　　　　　　　　　　　　　Finance
Committee　　　　　　　　　　　　　　　　Committee
　　　　　　　Secretary　　　date　　　　　　　　　　Secretary　　　date

20. Certification by Appropriations Committee:
This will certify that all factors involved in this Appropriation Request have been examined and Findings and Recommendations are set forth on the following page.

　　　　　　　　　　　　　　　...
　　　　　　　　　　　　　　　Chairman Appropriations Committee

(出所) Box 121 (87-11.7-126).

12)，販売費勘定（Account 23-C），サービス部品費勘定（Account 23-D），管理費勘定（Account 23-E）に借方記入される。そこで，もしプロジェクトが承認された場合には，その繰延費用勘定に記入された創業費は，一旦は建設仮勘定に計上された後に，不動産勘定（1-A-74）や工場・設備勘定に振り替えられるが，完全に承認されなかった割当予算分については，これが，固定資本支出勘定あるいは繰延費用勘定（Account 10-A：図表5－4の17で示される）に借方記入され，そのうち，繰延費用勘定に計上された工具・ジグ・金型等に要する費用は，各々の費用勘定に振り替えられる[53]。

次に，建設指図書や工場指図書は，見積総費用が構成要素や副事業部ごとに割当予算の要求書の中で分類されるように，その割当予算の構成要素ごとに発行されるが，承認された割当予算に関する全ての支出は，割当予算指図書に記入される。その際，割当予算指図書には，割当予算の要求によって算出される見積コストと比較できるように，割当予算の構成要素ごとのコストと建設完了後の総コストが表示される。そして，承認された割当予算に関する支出の記録に加えて，1つの記録がプロジェクトの契約内容に基づいて整理される。その記録は，全て周知されているコストや価格に基づいて作成される会計帳簿とは別に，契約内容を整理することによって入手できるものであり，その際，プロジェクトの純契約額は，契約内容によって算出されるプロジェクトの総契約額から，会計帳簿によって算出されるプロジェクトの総支出額を差し引くことによって求められる。ただし，この場合の会計帳簿には，購入指図書に含まれない労務費やその他のコストは除外される，と1922年のマニュアルに記される[54]。

また，1922年のマニュアルによれば，もし，建設作業が事業部や会社自身の組織の中でなされないならば，その作業を行う契約者は，この契約に関する記録を保存・整理することによって，月次建設経過報告書（1922年のマニュアルでは，この報告書は書式 G.M.E.52 で作成されるようになっている）を作成する際に必要なデータを事業部に提供できるようになるが，月次建設経過報告書を作成するには，様々なデータをまとめた1つの月次報告書が必要となる。この報告書は翌月の15日までに割当予算委員会に提出されるが，割当予算委員会は，この報告書に基づいて月次建設経過報告書を作成し，これを財務委員会に提出することになっている[55]。その際，総額が10,000ドルを超える全てのプロジェ

第5章 割当予算システムの進展 153

クトは区分された項目に従って報告され，10,000 ドル以下のプロジェクトについては，これを2つに分類して報告がなされるが，その報告が関連している限り，これらは1つの項目として，あるいは1つのプロジェクトとして取り扱われる[56]。

そして，プロジェクトに関する建設作業が完了した後で，未決済勘定がただちに設定されると共に，費用勘定が適切に配置されてプロジェクトは終了する。プロジェクトが終了する月に作成される月次報告書は，プロジェクトの最後の状況を示すものとなるが，その報告書に表示される数値は，GM 社の監査人によって再調査がなされることを条件として，事業部の月次財務報告書に掲載され，これが，GM 社のコントローラーに提出されるが，事業部の固定投資勘定において正確な数値を表示するものとみなされて帳簿に記帳される，と 1922年のマニュアルで示される[57]。

4 GM 社のリサーチ活動における割当予算システムの展開

20 世紀前期の GM 社において，製造・販売活動と共に重視されたのがリサーチ活動であった。なぜなら，自動車の品質・性能は売上高に大きな影響を与えるからである。当初，同社にとって必要であるリサーチ活動に関しては，これを，GM リサーチ社（the General Motors Research Corporation）が担当していた。GM リサーチ社は，GM 社がその全株式を所有し，主に GM 社のリサーチ活動を行う会社として存在したが，GM 社の総合技術委員会（general technical committee）の下で，その委員長によって管理統制されていた。両社の関係は，第2章の図表2－7によって示されている。そして，GM 社と GM リサーチ社との関係は，業務的・財務的な見地から明確に役割分担されており，かつ協力的なものであった。このように，GM 社は当初，同社のリサーチ活動を，Ohio 州 Dayton にあった別会社としての GM リサーチ社によって実施していたが，その後，この両社の関係を変更し，GM リサーチ社を GM 社の中に吸収合併し，リサーチ担当部署を本社のある Michigan 州 Detroit に移すことによって，自らの組織の中に新しいリサーチ・セクション（research section）を構築することになった[58]。

ここでは，GM 社のリサーチ・セクションが，製造・販売等のライン活動とは異なるリサーチ活動に必要な割当予算を獲得するために，GM 社において，割当予算システムがいかに展開されていたかを検証することにする。その際に，まず，同社のリサーチ・セクションの存在意義とその組織について検討する。そして，次に，リサーチ・セクションにおける割当予算の承認とその後の会計処理，さらに，自動車性能をテスト・リサーチする試験走行場における割当予算の統制活動について考察することにする。

4－1　リサーチ・セクションの意義と組織

当時，GM 社の社長であった Alfred P. Sloan, Jr. は，1925 年 7 月 31 日に，総合技術委員会に対し，「リサーチ・セクションにおける活動に関する手続き」と題する報告書を提出したが，その報告書は，同年 8 月 15 日に，総合技術委員会の文書次長 W. J. Davidson を経由して，かつて GM リサーチ社の社長であり，当時リサーチ・セクションの主任であった C. F. Kettering に提出された（以下，Sloan の報告書と略記）。この Sloan の報告書には，GM 社のリサーチ・セクションの意義と組織，プロジェクトのための割当予算承認の手続き，および作成されるべき報告書の内容等が記載され，このセクションは，1925 年 8 月 1 日から機能する予定であることが記されている[59]。そこで，まず，リサーチ・セクションの意義と組織について検討することにする。

4－1－1　リサーチ・セクションの意義

Sloan の報告書によれば，経営執行委員会がどのような製品を製造・販売すべきかを，会社経営の立場から判断するのと同様に，リサーチ・セクションによってなされる活動はエンジニアリングの観点から実施されるべきであり，人的あるいは設備的な面に欠陥が存在する場合には，エンジニアリング部門のあらゆる活動の高い標準を達成できるように，これらが強化されなければならないと記される。また一方，エンジニアリング部門は，定められた時間内に具体的な諸問題を解決するための営業組織の重要な 1 部門であるということが認識されなければならないと主張される。ゆえに，エンジニアリング部門では，多くの重要な諸問題が効率的処理を考慮した生産技術の観点から生じるが，エン

ジニアリング・スタッフは，リサーチした方が望ましいものの，時間的・人的な制限からリサーチ不可能となる多くの広範囲にわたる諸問題が存在することを認識すべきであると指摘される。そして，Sloan の報告書によれば，リサーチ活動については，これを，GM 社の他の部局で行うよりもリサーチ・セクションで実施する方がずっと効率的であり，リサーチ・セクションは，より厳密なリサーチ活動が要求される場合，あるいは，いくつもの異なった解決法が提案されるような場合には，これらの難問を解決するために，エンジニアリング部門に人的・物的な支援を行うことができ，そのような支援がすでに実施されていると記される[60]。

４－１－２　リサーチ・セクションの組織

　Sloan の報告書によれば，リサーチ・セクションは総合技術委員会の下で，その委員長によって管理されるが，GM 社の製品の技術的な側面の重要性を考慮すれば，同セクションに自由な職場環境を与えることが必要であると共に，一方で，GM 社の組織におけるリサーチ・セクションの位置付けについて，営業的観点と財務的観点の両側面から，会社内の他の活動と適度の協力関係を築くことが重要であると指摘される。また，GM 社のリサーチ・セクションにおける全般的管理は，同セクションの全てのリサーチ活動に責任を負うことになる総主任（general director）と呼ばれる経営者によって行われたが，このセクションの具体的な活動内容は業務管理と技術管理に分割される。その際，前者は業務担当主任（business director）と呼ばれる経営者によって，一方，後者は技術担当主任（technical director）と呼ばれる経営者によって実施される。そして，総主任，業務担当主任，および技術担当主任は，総主任を委員長として統制委員会（control committee）を構成した[61]。

　また，Sloan の報告書によれば，リサーチ・セクションにおけるこれらの各経営管理者の役割は，次のように規定されている。総主任は，会社の現在の組織チャートで示されるコントロールの状況に従って，リサーチ・セクションの全体的な管理・監督に責任を負うことになる。業務担当主任は，リサーチ・セクションにおける全ての業務活動に関するコントロールを行うことになっている。その際，業務担当主任が負うべき責任領域には，会計，各種プロジェクト

の展開と維持，予算の編成と獲得，人事，販売，そして技術的な事柄以外の全ての管理活動が含まれる。また，業務担当主任は，年間3,000ドルまでの給料を承認する権限を有している。なお，総主任が不在の場合には，業務担当主任が，総主任の有する全ての権限と責任をもつことになる。そして，技術担当主任は，技術スタッフの監督と技術に関係する全ての事柄の管理を行うことになっている[62]。

さらに，Sloan の報告書によれば，統制委員会は，リサーチ・セクションの組織に関する事柄，および業務管理と技術管理の交差する問題を取り扱う役割を有するが，規定された額に基づいてプロジェクトを承認すると共に，3,000ドルから10,000ドルまでの給料を独自に承認できる。しかし，10,000ドルを超える給料を承認する場合には，定められた手続に基づき，給料委員会にその決定についての意見を求めることが要求され，5,000ドルから10,000ドルまでの給料の取り扱いを対象とする際には，備忘録の形式で，その記録を給料委員会に報告しなければならないことになっている[63]。

4－2　リサーチ・セクションにおける割当予算の承認と会計処理

リサーチ・セクションにおける統制委員会は，定期的な会社の実務に従って毎年末に，同セクションが翌年に必要とする資金総額を記載した予算の要求書を社長に提出することになっているが，この要求書は同セクションの業務担当主任によって編成され，統制委員会によって承認されるものである。さらに，これが社長および経営執行委員会と財務委員会によって予算として承認されれば，財務部長は当該年におけるリサーチ・セクションの活動を予算の枠内で容認することになるが，もし予算執行において検討が必要な場合には，この予算は当該年内に調整される，と Sloan の報告書に記されている[64]。

そして，リサーチ・セクションにおける割当予算に対する実際の支出は，予算を要求するための書式に基づいて，正式に承認されたプロジェクトに対して実施されることになる。よって，具体的には，プロジェクトごとにコストが見積もられることになるが，その書式は，図表5－5によって示される。

図表5－5によれば，予算要求の書式には，日付，プロジェクト番号，プロジェクトの特性，プロジェクトの意義，一般的な作業技術に関する説明，プロジェ

クトに要する見積コスト，プロジェクト完成に要する見積時間，関連プロジェクトについての年間データ，関連プロジェクトの翌年までの総見積支出額，割当予算へのチャージの方法，および認証，について記入する欄が設けられている。その際，要求された割当予算に承認を与える職位として，リサーチ・セクションの技術担当主任，統制委員会と総合技術委員会の委員長，特許セクション（patent section）の主任，新計画委員会（new devices committee）の文書部長，総合技術委員会の文書部長，そして経営執行委員会の文書部長，が挙げられている[65]。

158

図表5－5　GM社リサーチ・セクションにおける割当予算要求の書式

	Projects to be numbered consecutively and to specify whether Class "A" or Class "B."

3. Nature of Project:

Describe what the Project is in general terms.

4. Why is Project Desirable:

State what it is hoped will be accomplished if the Project is successfully developed.

5. Give General Technical Description of Work:

State the scope of the proposed work from the technical standpoint.

(Do not write below this line)

第5章　割当予算システムの進展　159

6. State Estimated Cost of This Project:

a. Overhead:

b. Direct Labor:

c. Direct Material:

Total:

7. State Estimated Time for Completion of This Project:

8. Data on Previous Related Projects—Current Calendar Year:

Project Number	Subject	Amount Expended
	TOTAL	

If there are current or previous Projects within the calendar year relating to this Project give data by Projects above.

9. State the Total Estimated Amount Expended in Related Projects Prior to the Current Calendar Year:

10. How to be Charged:

The cost of Projects are to be charged against the budget of the Research Section, except as specifically prescribed in the Procedure covering the Research Section activities.

11. Authorizations:

(Covering Projects Emanating Within the Research Section)

Signed by _____
Technical Director　　　　Date
(Research Section)

Approved by _____
Control Committee　　　　Date
(Research Section)

Approved by _____
Chairman of General　　　　Date
Technical Committee

(Covering Projects Emanating Outside the Research Section)

Approved by _____
Director of Patent Section　　Dat

Approved by _____
Secretary　　　　Dat
(New Devices Committee)

Approved by _____
Secretary　　　　Dat
(General Technical Committee)

Approved by _____
Secretary　　　　Dat
(Executive Committee)

Above authorizations are in accordance with the Procedure covering the Research Section activities.

（出所）Box159（87-11.20-167）.

160

そして，Sloan の報告書によれば，GM 社のリサーチ・セクションにおける
プロジェクトには通常 2 つのタイプがある。この 2 つのタイプは，Class "A"
と Class "B" として説明される。Class "A" は，明確な目的のために一定の
支出を伴う活動に関係するプロジェクトである。一方，Class "B" は，一般的
なリサーチ活動の性格を有するプロジェクトである。すなわち，後者は，その
活動から生じる全てのコストを見積もることができず，同活動の進行状況を考
慮して，継続することが望ましいかどうかを決定しなければならないプロジェ
クトである。ゆえに，Class "B" でのコストの見積もりは，まず 3 ヶ月間にわたっ
て実施されるが，同プロジェクトを引き続き継続することが望まれる場合には，
次の 3 ヶ月間のコストを見積もるために，最初の 3 ヶ月間の末にプロジェクト
に対する再検討を行うことになっている。さらに，プロジェクトの 2 つのタイ
プである Class "A" あるいは Class "B" においては，以下のような 2 つのケー
スで割当予算の承認がなされる[66]。

(1) プロジェクトのコストが 1,000 ドルを超えない場合

　　割当予算として要求されるプロジェクトのコストが 1,000 ドルを超えな
　い場合には，もしリサーチ・セクションにおける総主任あるいは技術担当
　主任の支持が得られれば，同セクションの統制委員会は自ら，そのプロジェ
　クトの採択について判定を下す権限を有する。そして，統制委員会はさら
　に，当該プロジェクトにおける活動を容易にするための予備的な作業に対
　しての承認を行うこともできるが，いかなる場合であっても，その際のコ
　ストは 1,000 ドルを超えてはならない[67]。

(2) プロジェクトのコストが 1,000 ドルを超える場合

　　割当予算として要求されるプロジェクトのコストが 1,000 ドルを超える
　場合には，プロジェクトは 2 つのタイプに分けられる。1 つ目のタイプは，
　リサーチ・セクションにおいて要求されたプロジェクトが，統制委員会の
　承認だけでなく，技術委員会と経営執行委員会の委員長による承認をも必
　要とするプロジェクトである。2 つ目のタイプは，リサーチ・セクション
　を除く会社の一般的な活動について検討を行う，経営執行委員会，総合技

第5章　割当予算システムの進展　161

術委員会，新計画委員会，そして特許セクションの承認を必要とするプロ
ジェクトである。その際，リサーチ・セクションによって行われる日常的・
一般的なリサーチ活動は，1つ目のタイプと同様の手続で承認され，その
活動に要するコストが1,000ドルを超えるプロジェクト Class "B" として
処理されることになる[68]。

　また，Sloanの報告書によれば，リサーチ・セクションによって作成・提出
される報告書には，財務に関する報告書と技術に関する報告書がある。そして，
リサーチ・セクションにおける業務担当主任は，前述された2つ目のタイプの
プロジェクトを承認した各部局に対して，財務に関する月次報告書を提出する
ことになっている。その際，これらの報告書には，承認された全てのプロジェ
クトの状況－プロジェクトにおける当初の見積コスト，すでに支出された総額，
見積進捗率，そして前述の割当予算要求の書式（図表5－5）に記された情報－
等が記載されるが，その報告書の一例が図表5－6によって示される。なお，
リサーチ・セクションにおける全ての承認済みプロジェクトの状況を記した報
告書は，経営執行委員会にも月ごとに提出される。しかし，その見積もりが1,000
ドルを下回るプロジェクトに関しては，そのデータは詳細に考慮されず，単に
1つの項目として報告されることになっている[69]。
　一方，プロジェクトにおける進捗状況報告書あるいは完了報告書に記載される
技術関連データは，当該プロジェクトの承認を行った部局に提出されるが，その
コピーは総合技術委員会の委員長に送られる。そして，前述したように，経営執
行委員会に提出される財務に関する月次報告書と共に，技術に関する報告書もま
た同委員会に提出されるべきである，とSloanの報告書で指摘されている[70]。
　そして，通常，定期的な会社実務に基づけば，各プロジェクトに要するコス
トは，原則として，各部局に移転されるべきではないので，リサーチ・セクショ
ンの年間活動の基礎となる経常予算には算入されないことになっている。しか
し，プロジェクトに要するコストを年次計画に算入することは，会社全体の観
点から望ましいという考え方からすれば，リサーチ・セクションの経常予算に
その分が計上されることになる。この点に関して，Sloanの報告書によれば，
次のような事例によって説明がなされている[71]。

162

図表 5 − 6 リサーチ・セクションによって作成される報告書

	MONTH OF					SHEET NO.		
QMZ 119-890-9-39 PRINTED IN U.S.A.								
PROJECT No.	NATURE OF PROJECT	COST AUTHORIZED	ANNUAL EXPENSE		TOTAL EXPENSE FOR MONTH	PERCENT COMPLETED	NO. OF REPORT SUBMITTED

（出所）Box159（87-11.20-167）.（図表 5 − 6 は 2 ページにわたって掲載されているので Annual Expense と Total Expense for Month の間が切れているが，原図表のまま表示した。）

　最初に，特許セクションの活動手続きにおいて，同セクションが営業事業部による考案物の用途の保護を目的として，同事業部の特許権訴訟の弁護を引き受ける場合に，その訴訟コストは当該の営業事業部のコストに算入されるケースが検討される。このようなケースでは，リサーチ・セクションは特許セクションから仕事を依頼されることが多くなると考えられるが，その際の処理方法はすでに確立されている。つまり，この場合には，特許セクションは訴訟コストを当該の営業事業部に移転させるが，リサーチ・セクションはこの特許セクションに，リサーチ活動に要したコストの支払いを請求することができるようになっている。また，プロジェクトの成果としてもたらされた考案物が商品として市場に出され，これが営業事業部に引き渡される場合には，その商品化に要したコストを前払費用等として，当該の営業事業部に移転させるのは望ま

しい方法であると考えられている[72]。

　そして，このような事例に似た全てのケースにおいては，これらが，リサーチ・セクションの統制委員会によって，総合技術委員会の委員長に対して行われる勧告を考慮して処理されるが，全ての会計処理は，手続的には，一方では業務担当主任の指揮の下に，最終的には財務スタッフによって決定されることになっている。さらに，リサーチ・セクションにおいて発行された「プロジェクトに要する割当予算の要求」(Request for Project Appropriation)と題するマニュアルには，割当予算を要求するための手続きが，以下のように示される[73]。

(1) リサーチ・セクションの業務担当主任は，同セクション内外において要求されるプロジェクトのコストを賄う割当予算要求の書式に全て記載する役割をもつが，そのために，業務担当主任は，プロジェクトに要する割当予算を要求する場合には，同セクションのマニュアルを利用することによって，その記載に必要な情報を得ることができる。

(2) 3つのコピーが用意される。

(3) コピーは以下のような手続きで配付される。

　(3 - 1) リサーチ・セクション内で要求されるプロジェクト

　(a) 原本は財務スタッフへ送られる。

　(b) 2つ目のコピーは総合技術委員会の委員長に送られる。

　(c) 3つ目のコピーはリサーチ・セクションでの記録として保存される。

　(3 - 2) リサーチ・セクション外で要求されるプロジェクト

　(a) 原本は財務スタッフへ送られる。

　(b) 2つ目のコピーはリサーチ・セクションに送られる。

　(c) 3つ目のコピーはプロジェクトを承認した部局の証明書として保存される。

　また，Sloan の報告書によれば，実際に生じたコストが承認された割当予算におけるコストを15%以上超過する場合には，その超過分については，新規のプロジェクトとして処理されなければならないと記されている[74]。

4 - 3　試験走行場における割当予算の統制

　1925 年 11 月 15 日に，GM 社の自動車性能をテスト・リサーチする

164

Michigan 州 Milford にある試験走行場の主任であった O. T. Kreusser はその活動内容を記した月次報告書 No.1005 を作成したが，その報告書は同年11月25日に，総合技術委員会の文書次長 W. J. Davidson を経由して，リサーチ・セクションの主任であった C. F. Kettering に提出された。この報告書 No.1005 によれば，10月中に実施された試験走行場での活動内容が以下のように説明されているが[75]，まず，試験走行場で使用される車種ごとの試験走行距離が図表 5 - 7 で示される。

　報告書 No.1005 によれば，図表 5 - 7 に示される試験走行用自動車のうち，Essex 6 - cylinder Coach が10月1日から7日まで Oakland 事業部のエンジニアリング部門に，Buick 1925 standard Coach と Chandler 1925 Coach が10月いっぱいリサーチ・セクションに，Hupmobile 8 - cylinder Sedan が10月1日から10日まで Oldsmobile 事業部のエンジニアリング部門に，Chrysler 4 - cylinder 1926 Coach が10月9日から19日まで Oakland 事業部に，Ajax 6 - cylinder Car が10月9日から30日まで Harrison ラジエーター社に（ラジエーターのテスト），Ajax 6 - cylinder Car が10月末から11月12日まで A. C. スパーク・プラグ社に（エアコンの調整），Packard 6 - cylinder Sedan と Chrysler 6 - cylinder Coach が10月12日から28日まで Buick 実験部門に，および Nash Special Six Coach が10月19日から29日まで Olds エンジニアリング部門に，貸し出されたが，10月29日に Willys - Knight 6 - cylinder Sedan が，これら GM 社の事業部や子会社に配送された[76]。

　また，事業部や子会社に貸し出された試験走行用自動車は，エンジニアリング・テスト等の目的のために利用されたが，試験走行場における事業部や子会社ごとの試験走行距離は，図表 5 - 8 によって示される。報告書 No.1005 によれば，10月中の試験走行総距離は9月中のそれよりも幾分短いが，Buick 事業部と Chevrolet 事業部では，10月中に使用された自動車数は9月中のそれと比較して減少している一方で，Cadillac 事業部，Oldsmobile 事業部，および Oakland 事業部においては増加している。その際，10月中の試験走行に要したガソリンの総量は 20,027 ガロンであった。なお，試験走行場の宿所で生じる10月中の純損失額は 485 ドル，半年間における月平均純損失額は 496 ドルであったが，その計算の基礎となるコストには，建物や設備の存在から生じる間接費

第5章 割当予算システムの進展 165

図表5－7 試験走行における自動車の種類と走行距離

Car Name	Mileage
Ajax Sedan(1926)	3152
Ajax Sedan(1926)	3410
Buick Standard Six Coach(1925)	10013
Buick Standard Six Coach(1926)	2069
Buick Master Six Coach(1925)	10950
Buick Master Six Coach(1926)	2026
Cadillac Coach(1925)	8530
Chevrolet Coach(1925)	10231
Chrysler 4-Cylinder Coach(1926)	4209
Chrysler 6-Cylinder Coach(1926)	2887
Dodge Coach(1925)	11154
Essex Coach(1926)	5882
Ford Tudor Sedan(1926)	2000
Hudson Coach(1926)	2043
Hupmobile Straight Eight Sedan(1925)	8442
Jewett Coach(1926)	4977
Lincoln Sedan(1925)	5982
Marmon Sedan(1926)	3438
Nash Advanced Six Sedan(1925)	9238
Nash Special Six Coach(1925)	10221
Oakland Coach(1926)	2048
Oldsmobile Coach(1926)	2024
Overland 4-Cylinder sedan(1925)	7472
Overland 6-Cylinder sedan(1926)	4881
Packard 6-Cylinder Sedan(1925)	6329
Packard 8-Cylinder Sedan(1925)	5194
Studebaker Special Six Sedan(1925)	9989
Studebaker Standard Six Coach(1925)	7955
Star Brougham(1925)	8819
Willys-Knight 4-Cylinder Sedan(1926)	864
Willys-Knight 6-Cylinder Sedan(1925)	10184
Graham Stake Truck(1925) 1-Ton	2900
Graham Chassis(1925) 1½-Ton	2265
International Chassis(1925)	2249
Reo Speed Wagon(1925)	2343
Chevrolet Chassis(1925)	2269
Dodge Light Delivery(1925)	2381
Federal Knight Chassis(1925)	2422
Ford Stake Truck(1925)	2453
Morris Cowley #48 Touring	2013
Citroen Touring	2029
Talbot Touring	2038
Renault #51 Salon	2000
Fiat #53 Salon	2003
Austin #52 Touring	2546
Austin #55 Salon	2638
Chevrolet Dump Truck "H" (1926)	935
Chevrolet Dump Truck "I" (1926)	905

（出所）Box159（87-11.20-168）.

図表 5 － 8　事業部や子会社ごとの走行距離

Division	Miles Run
G.M.C. Truck Co.,	3748
Buick Motor Company	43704
Cadillac Motor Car Co.,	29255
Chevrolet Motor Co.,	64942
Oakland Motor Car Co.,	19154
Olds Motor Works	15511
Proving Ground,	37479
Research Corporation	5567
Total：－	219360

（出所）Box159（87-11.20-168）.

は含まれておらず，そのコストは労務費と材料費からのみ構成された[77]。

　そして，報告書 No.1005 によれば，技術委員会における定例の小委員会が 1925 年 10 月 30 日に開かれ，試験走行場での各自動車の耐久性テストをより広範囲に実施することについての議論がなされたが，同委員会では，16 車種の耐久性テストは各事業部の目的に従って，いつでも実施・対応できるようにすべきであると提案された。その際，耐久性テスト用として選ばれた 16 車種は，Ajax Sedan，Chrysler 4 － cylinder Coach，Chrysler 6 － cylinder Coach，Dodge Coach，Essex Coach，Hudson Coach，Hupmobile Straight Eight Sedan，Marmon Sedan，Nash Advanced Six Sedan，Nash Special Six Coach，Overland Six Coach，Studebaker Standard Six Coach，Willys － Knight 4 － cylinder Coach，Willys － Knight 6 － cylinder Sedan，Hupmobile 6 － cylinder Sedan，および Franklin 6 － cylinder Sedan，である[78]。

　そこで，このような試験走行場での活動の活発化は，当然のこととして，走行場の設備の充実を必要とすることになった。その一環として，Darlington Hill と呼ばれる所有地へ通じるための道路が広げられ，その道路の傾斜が緩やかにされた。その際，この作業のために，ハンディサイド建設会社（the

第5章　割当予算システムの進展　167

図表5－9　1925年における走路建設プログラムにおける差異分析

	Estimated	Actual
Section A	$ 19775.00	$ 19788.00
Section A-1	10547.00	15109.00
Section B-1	9719.00	12545.00
Section C-1	8908.00	10698.00
	$ 48948.00	$ 58140.00
Allowance for Gravel Pads.	5000.00	
	$ 53949.00	
Appropriation －	$ 55000.00	
Net over run －	$ 3140.00	

（出所）Box159（87-11.20-168）.（砂利パッドに対する余裕額5,000ドルを差し引く前の見積投資合計額48,948ドルは48,949ドルの誤りであると考えられるが，原図表のまま表示した。）

Handeyside Construction Company）の所有する蒸気シャベルが用いられたが，2台の新型の1トン用Chevrolet ダンプカーが旧型の Chevrolet ダンプカーおよびGM社の5トン用ダンプカーと共に使用された。また，貯水地に水が貯えられ，これまでも未整備の路肩に芝を植える作業に力が注がれてきたが，10月中には20,000フィートの路肩に芝が植えられた[79]。

　このような状況において，報告書No.1005によれば，ハンディサイド建設会社はC－1走路の建設を担当したが，B－1走路とC－1走路は，車庫からスピード・ループへの下りルートとなる一方で，試験走行用の丘の部分はもっぱら上り坂の走行となるので，コンクリートが使用されている。このことによって，試験走行用自動車の事故を回避し，コンクリート舗装の丘を上る走行テストを実施することができた[80]。そして，1925年における走路建設プログラムについては，図表5－9に示されるように，その作業は，Section A，Section A－1，Section B－1，および Section C－1，という4つに分割・要約されている。

　図表5－9によれば，Section Aに要する投資が19,775ドル，Section A－1に要する投資額が10,547ドル，Section B－1に要する投資額が9,719ドル，

およびSection C － 1に要する投資額が8,908ドル，と見積もられ，その合計
額は48,948ドル（正確には48,949ドルの誤りであると考えられる）と計算される。
これに対し，Section Aに要する実際投資額が19,788ドル，Section A － 1に
要する実際投資額が15,109ドル，Section B － 1に要する実際投資額が12,545
ドル，およびSection C － 1に要する実際投資額が10,698ドル，であり，その
合計額は58,140ドルと計算される。その際，見積投資額の合計額48,948ドル（正
確には48,949ドルであると考えられる）に砂利パッドに対する余裕額5,000ドルを
加えた総投資額は53,949ドルと見積もられる。

　これに対し，図表5 － 9によれば，1925年における走路建設プログラムには，
55,000ドルの割当予算の支出が予定されていた。そこで，実際投資額58,140
ドルから割当予算額55,000ドルを差し引いた差異3,140ドルが算出される。報
告書No.1005によれば，差異3,140ドルの原因として，コンクリート舗装の直
線走路が当初の計画よりも106フィート長く建設されたこと，および当初の計
画にはなかった200フィートのコンクリート舗装の雨天用走路が建設されたこ
とが挙げられている。そして，この200フィートの雨天用走路に関しては，こ
れを試験走行場において使用することが決定されており，調整堰きと小川から
水を供給するための遠心力を利用したポンプを動かす蒸気機関，および予定さ
れた水位を示す表示器，が設置されている[81]。

5　GMリサーチ社における業務予算の編成と申請

5 － 1　GMリサーチ社における当初業務予算案の編成

　以上のように，20世紀前期のGM社のリサーチ活動に関しては，これが同社内
に設置されたリーチ・セクションにおいて実施された。しかし，それ以前には，
GM社がその全株式を所有するGMリサーチ社がGM社のリサーチ活動を引き受
けていた[82]。そして，GM社がそのリサーチ活動を同社内部のリサーチ・セクショ
ンで行う以前には，GMリサーチ社は，同社のリサーチ活動に関する業務予算（リ
サーチ予算）を編成すると共に，この予算をGM社に対して要求・申請していた。
そこで，ここでは，GMリサーチ社がGM社に対して要求・申請するリサーチ業
務予算をいかに編成していたかを，できる限り一次資料に基づいて検証する。

第5章　割当予算システムの進展　169

　GMリサーチ社は，GM社の総合技術委員会によって管理統制されており，
その影響力の中で自らの予算を編成した[83]。このような状況において，1923
年12月5日に，GMリサーチ社のエンジニアリング・サービス（engineering
service）部門から同社の社長であったC. F. Ketteringに提出された報告書（以下，
1923年の報告書と略記）には，以前，GMリサーチ社によって編成され，GM社
に提出された1924年（1月1日〜12月31日）におけるリサーチ活動別の当初業
務予算（要求）案のコピーが添付されていた[84]。この当初予算案は，図表5−
10によって示される。

　図表5−10によれば，GMリサーチ社の当初予算案では，予算項目として，
直接材料費（direct material）と直接労務費（direct salaries & wages）から成る
直接費のグループ，間接労務費（indirect labor），工場消耗品費（supplies），消
耗工具費（tools），電力費（electricity），メンテナンス作業賃金（maintenance −
labor），メンテナンス用材料費（maintenance − material），蒸気力費（steam），
間接試作費の一部（portion of experimental production overhead）で構成される製
造間接費（direct overhead）と一般間接費（general overhead）を合計した間接費
のグループ，そしてこれらの直接費と間接費の合計額が示される。

　また，これらの予算項目は，GMリサーチ社の活動部門ごとに見積もられ
た。その際，同社の活動部門は，冶金調査研究（metallurgical research）部門，
化学関連制御（chemical control）部門，燃料調査研究（fuel research）部門，力
学調査研究（dynamics research）部門，農作業用機械エンジニアリング（farm
eng. research）部門，試験工場調査研究（semi − works research）部門，電気
関連調査研究（electrical research）部門，機械エンジニアリング（mechanical
engineering）部門，調査研究用ガレージ（research garage）部門，そして特別調
査研究（special research）部門，に分類された[85]。

　例えば，図表5−10によれば，冶金調査研究部門では，直接費のグループ
として，直接材料費10,750.00ドル，直接労務費54,000.00ドル，およびこれら
両者を合計した直接費の総額が64,750.00ドル，次に，間接費のグループとして，
間接労務費18,000.00ドル，工場消耗品費1,800.00ドル，消耗工具費400.00ドル，
電力費4,500.00ドル，メンテナンス作業賃金2,100.00ドル，メンテナンス用材
料費800.00ドル，蒸気力費3,265.00ドル，間接試作費の一部3,145.00ドルに

図表 5－10　GM リサーチ社における業務活動別総予算

	Metallurgical Research	Chemical Control	Fuel Research	Dynamics Research	Farm Eng. Research	Semi-Works Research	Electrical Research	Mechanical Engineering	Research Garage	Special Research	Total Budget
Direct Material	10,750.00	6,780.00	18,800.00	3,465.00	2,200.00	10,600.00	7,800.00	65,600.00	21,936.00	5,050.00	152,981.00
Direct Salaries & Wages	54,000.00	47,000.00	22,700.00	45,800.00	23,625.00	74,250.00	68,275.00	232,250.00	49,800.00	26,230.00	643,930.00
Total Direct Expense	64,750.00	53,780.00	41,500.00	49,265.00	25,825.00	84,850.00	76,075.00	297,850.00	71,736.00	31,280.00	796,911.00
Indirect Expense											
Indirect Labor	18,000.00	3,800.00	3,415.00	2,880.00	3,400.00	5,100.00	6,000.00	11,400.00	18,000.00	1,700.00	73,695.00
Supplies	1,800.00	1,800.00	1,200.00	3,780.00	650.00	120.00	750.00	2,250.00	1,700.00	150.00	14,200.00
Tools	400.00			120.00					150.00		670.00
Electricity	4,500.00	1,200.00	250.00	2,400.00		240.00	600.00				9,190.00
Maintenance-Labor	2,100.00	1,000.00	540.00	960.00		750.00	1,000.00	75.00	500.00	120.00	7,045.00
Maintenance-Material	800.00	1,800.00	240.00	480.00		120.00	500.00	75.00	300.00	60.00	4,375.00
Steam	3,265.00	2,260.00	855.00	2,380.00	1,175.00	880.00	2,120.00	2,340.00	2,850.00	340.00	18,465.00
Portion of Experimental Production Overhead	3,145.00	629.00	1,572.50	3,145.00	1,415.25	7,076.25	3,145.00	37,740.00	943.50	4,088.50	62,900.00
Total Direct Overhead	34,010.00	12,489.00	8,072.50	16,145.00	6,640.25	14,286.25	14,115.00	53,880.00	24,443.50	6,456.50	190,540.00
General Overhead	53,883.34	46,898.46	22,650.96	45,701.05	23,573.96	74,089.59	67,129.66	231,748.25	49,692.40	26,173.33	641,541.00
Total Indirect Expense or Overhead	87,893.34	59,387.46	30,723.46	61,846.05	30,214.21	88,375.84	81,244.66	285,628.25	74,135.90	32,631.83	832,081.00
Grand Total	152,643.34	113,167.46	72,223.46	111,111.05	56,039.21	173,225.84	157,319.66	583,478.25	145,871.90	63,911.83	1,628,992.00

(出所) Box 121 (87-11.7-130).

よって構成される製造間接費の合計額 34,010.00 ドル，およびこれに一般間接費 53,883.34 ドルを合計した間接費の総額が 87,893.34 ドルとなる。よって，1924 年の冶金調査研究部門全体の部門予算合計額は，直接費の総額 64,750.00 ドルに，間接費の総額 87,893.34 ドルを加算した 152,643.34 ドル，と見積もられた。

　そして，図表 5 - 10 によれば，GM リサーチ社の業務活動別の予算を取りまとめた総予算は全ての部門予算をまとめた形で編成されたが，その予算総額（total budget）は，図表 5 - 10 の最右下に 1,628,992.00 ドルと表示されている。この値の内訳は，直接費のグループとして，直接材料費 152,981.00 ドル，直接労務費 643,930.00 ドル，およびこれら両者を合計した直接費の総額が 796,911.00 ドル，次に，間接費のグループとして，間接労務費 73,695.00 ドル，工場消耗品費 14,200.00 ドル，消耗工具費 670.00 ドル，電力費 9,190.00 ドル，メンテナンス作業賃金 7,045.00 ドル，メンテナンス用材料費 4,375.00 ドル，蒸気力費 18,465.00 ドル，間接試作費の一部 62,900.00 ドルによって構成される製造間接費の合計額 190,540.00 ドル，およびこれに一般間接費 641,541.00 ドルを加えた間接費の総額が 832,081.00 ドルと示される。よって，1924 年の GM リサーチ社の予算総額は，直接費の総額 796,911.00 ドルに間接費の総額 832,081.00 ドルを加算した 1,628,992.00 ドル，と見積もられた。

　この場合，図表 5 - 10 で示される GM リサーチ社の総予算には，一般間接費 641,541.00 ドルの計算の根拠が全く表示されていなかった。しかし 1923 年の報告書には，この一般間接費の内容を説明する別表が添付されていた[86]。その別表は，図表 5 - 11 で示される。

　図表 5 - 11 によれば，一般間接費（indirect expense）は，間接労務費（indirect labor），工場消耗品費（supplies），消耗工具費（tools），電力費（electricity），電話電信費（telephone & telegraph），メンテナンス作業賃金，メンテナンス用材料費（maintenance - material），従業員交通費（transportation of employes），税金（taxes），旅費（traveling expense），保険料（insurance），無償提供用食費（free meals），減価償却費（depreciation），雑費（miscellaneous），蒸気力費，会費・出版費（membership dues & publications），寄付金（donations and contributions），から構成され，これらの合計額から賃貸用スクラップ等に対する債権回収見込額（credits for rentals - scrap etc.）を控除することによって算出された。

また，これらの一般間接費は，GM リサーチ社の活動部門ごとに見積もられ，各見積額が集計されることによって求められた。その際，同社の活動部門は，管理（administrative）部門，会計（accounting pay roll and cost）部門，文庫・社報（library and bulletin）部門，労務・人事（employment and personel）部門，検査（inspection）部門，メンテナンス（maintenance）部門，在庫品・出納（stock & stock record）部門，購買・受入・発送・輸送（purchasing receiving shipping & traffic）部門，サービス・ガレージ（service garage）部門，そして総務（general）部門，に分類された[87]。

例えば，図表5－11によれば，管理部門では，間接労務費 105,000.00 ドル，工場消耗品費 3,600 ドル，電話電信費 6,500 ドル，従業員交通費 12,000 ドル，税金 16,000 ドル，旅費，保険料，会費・出版費 500.00 ドル，寄付金 3,000.00 ドル，およびこれらの合計額が 158,600.00 ドルと見積もられた。そして，GM リサーチ社の一般経費予算は，管理部門と同様に，他の部門でも同様にして見積もられ，全ての部門予算を合計する形で編成されたが，その総見積額から債権回収見込額 30,000.00 ドルを控除することによって，一般間接費総予算額 641,541.00 ドルが，図表5－11の最右下に表示された。

図表5－11によれば，一般間接費総予算額 641,541.00 ドルは，その内訳が，間接労務費 304,661.00 ドル，工場消耗品費 25,040.00 ドル，消耗工具費 10,958.00 ドル，電力費 12,150.00 ドル，電話電信費 6,500.00 ドル，メンテナンス作業賃金 30,272.00 ドル，メンテナンス用材料費 8,235.00 ドル，従業員交通費 22,110.00 ドル，税金 16,000.00 ドル，旅費 12,515.00 ドル，保険料 11,000.00 ドル，無償提供用食費 4,000.00 ドル，減価償却費 122,450.00 ドル，雑費 12,860.00 ドル，蒸気力費 68,000.00 ドル，会費・出版費 1,300.00 ドル，そして寄付金 3,000.00 ドル，と見積られ，これらの合計額から賃貸用スクラップ等に対する債権回収見込額 30,000 ドルを控除して算出された値である。このように，図表5－10で示される GM リサーチ社の総予算，および図表5－11で示される同社の一般間接費予算は共に，活動ごとの部門予算を総合する形で編成された。

図表 5 － 11　GM リサーチ社における一般間接費予算

	Administrative	Accounting Pay Roll and Cost	Library and Bulletin	Employment and Personel	Inspection	Mainte-nance	Stock & Stook Record	Purchasing Receiving Shipping & Traffic	Service Garage	General	Total General Overhead
Indirect Expense (Gen'l Overhead)											
Indirect Labor	105,000.00	30,000.00	25,741.00	23,500.00	11,350.00	34,050.00	17,900.00	20,540.00	3,500.00	33,080.00	304,661.00
Supplies	3,600.00	1,500.00	1,700.00	2,200.00	65.00	600.00	35.00	890.00	100.00	14,350.00	25,040.00
Tools				40.00	25.00	300.00		3.00		10,590.00	10,958.00
E.ectricity				70.00		80.00				12,000.00	12,150.00
Telephone & Telegraph	6,500.00										6,500.00
Maintenance-Labor				390.00	350.00	670.00	110.00	187.00	40.00	28,525.00	30,272.00
Maintenance-Material				210.00	45.00	560.00	20.00	130.00	20.00	7,250.00	8,235.00
Transportation of Employes	12,000.00									10,110.00	22,110.00
Taxes	16,000.00										16,000.00
Traveling Expense	12,000.00			370.00		60.00		85.00			12,515.00
Insurance										11,000.00	11,000.00
Free Meals				4,000.00							4,000.00
Depreciation										122,450.00	122,450.00
Miscellaneous				2,220.00				250.00		10,390.00	12,860.00
Steam										68,490.00	68,490.00
Membership dues & Publications	500.00		800.00								1,300.00
Donations and Contributions	3,000.00										3,000.00
Credits for Rentals-Scrap etc.										30,000.00	30,000.00
Total General Overhead	158,600.00	31,500.00	28,241.00	33,000.00	11,835.00	36,320.00	18,065.00	22,085.00	3,660.00	298,235.00	641,541.00

(出所)　Box 121 (87-11.7-130).

5－2 GMリサーチ社における予算の修正

　GM社の事業部や子会社等で編成される当初予算（要求）案は，それがそのまま最終的な予算として承認される場合もあるが，通常，これに修正が加えられ，最終的な予算として成立することが多い[88]。GMリサーチ社の1924年の当初予算案の場合においても，GM社によって修正が加えられた[89]。

　前述したように，1923年12月5日に，GMリサーチ社のエンジニアリング・サービス部門から同社の社長であったC. F. Ketteringに報告書が提出されたが，この報告書は，GMリサーチ社の当初予算案のコピーを含むと共に，GM社の修正予算案が実現可能であるかどうかを検討することをその内容としていた。そして，この報告書には，当初GM社に提出された総額1,628,992.00ドルに及ぶ1924年（1月1日〜12月31日）の当初予算（要求）案と，それに修正を加えた総額1,200,000.00ドル規模の修正予算案とを比較した表が添付されている[90]。その予算比較表は，図表5－12によって示される。

　図表5－12によれば，予算費目が，材料費（materials），労務費（labor），および材料費・労務費以外の固定費（fixed charges）の3つのグループに分類される。さらに，材料費は直接材料費（direct materials）と間接材料費（indirect materials）として，また労務費は直接労務費（direct labor）と間接労務費（Indirect Labor）として認識されるが，この場合，固定費はコスト分類における経費と同様の概念としてとらえることができる[91]。そして，最後に，図表5－11と同様に，固定費，材料費，および労務費の合計額から再請求することによって生じる債権回収見込額が控除されて，総予算額が算出されている[92]。

　具体的には，図表5－12によれば，当初提出された予算案においては，固定費として，減価償却費136,500.00ドル，電力費24,110.00ドル，税金16,980.00ドル，蒸気力費59,675.00ドル，保険料11,000.00ドル，輸送費12,000.00ドル，寄付金3,000.00ドル，電話・電信費6,500.00ドル，工場の整備・福利関係費等22,970.00ドル，会費1,300.00ドル，旅費交通費12,515.00ドル，無償提供用食費4,000.00ドル，およびこれらの合計額310,550.00ドルが計上される。また，同予算案における材料費として，直接材料費152,981.00ドル，間接材料費77,358.00ドル，およびこれらの合計額230,339.00ドル，さらに同予算案における労務費として，直接労務費643,930.00ドル，間接労務費

474,173.00 ドル，およびこれらの合計額 1,118,103.00 ドルが計上される。そして，固定費，材料費，労務費の総合計額が 1,658,992.00 ドルと計算され，この値から再請求することによって生じる債権回収見込額 30,000.00 ドルが控除されることによって，当初の予算要求額は 1,628,992.00 ドルと算出された。

　一方，図表 5 − 12 によれば，この当初予算案に修正が加えられた場合には，固定費として，減価償却費 136,500.00 ドル，電力費 21,000.00 ドル，税金 16,980.00 ドル，蒸気力費 50,000.00 ドル，保険料 11,000.00 ドル，輸送費 12,000.00 ドル，寄付金 2,500.00 ドル，電話・電信費 5,500.00 ドル，工場の再配置・福利関係費等 8,000.00 ドル，会費 1,000.00 ドル，旅費交通費 12,515.00 ドル，無償提供用食費 0 ドル，およびこれらの合計額 276,995.00 ドルが計上される。また，同予算案における材料費として，直接材料費 96,000.00 ドル，間接材料費 40,000.00 ドル，およびこれらの合計額 136,000.00 ドル，さらに同予算案における労務費として，直接労務費 471,000.00 ドル，間接労務費 346,005.00 ドル，およびこれらの合計額 817,005.00 ドルが計上される。そして，固定費，材料費，労務費の総合計額が 1,230,000.00 ドルと計算され，この値から再請求によって生じる債権回収見込額 30,000.00 ドルが控除されることによって，予算修正額は 1,200,000.00 ドルと算出された。

　さらに，図表 5 − 12 では，当初提出された予算案とその修正案が提示・比較されると共に，両者に計上された各予算費目の修正差異が算出・表示されている。修正差異としては，固定費のグループのうち，電力費修正額 3,110.00 （24,110.00 − 21,000.00）ドル，蒸気力費修正額 9,675.00 （59,675.00 − 50,000.00）ドル，寄付金修正額 500.00 （3,000.00 − 2,500.00）ドル，電話・電信費修正額 1,000.00 （6,500.00 − 5,500.00）ドル，工場の再配置・福利関係費等修正額 14,970.00 （22,970.00 − 8,000.00）ドル，会費修正額 300.00 （1,300.00 − 1,000.00）ドル，無償提供の食費修正額 4,000.00 （4,000.00 − 0）ドル，および，これらの修正合計額 33,555.00 （310,550.00 − 276,995.00）が算出される。また，材料費のグループのうち，直接材料費修正額 56,981.00，間接材料費修正額 37,358.00 （77,358.00 − 40,000.00）ドル，および，これらの修正合計額 94,339.00 （230,339.00 − 136,000.00）が算出される。そして，労務費のグループのうち，直接労務費修正額 172,930.00 （643,930.00 − 471,000.00）ドル，間接労務費修正額 128,168.00 （474,173.00 − 346,005.00）ドル，

176

および，これらの修正合計額 301,098.00（1,118,103.00 − 817,005.00）が算出される。
ゆえに，1924 年の当初予算案に対する総修正（削減）額は 428,992.00（1,628,992.00
− 1,200,000.00，あるいは 33,555.00 + 94,339.00 + 301,098.00）ドルと計算される。

図表 5 − 12　1924 年の予算比較表

	Budget Submitted		Budget Revised		Reductions	Totals
	$ 1,628,992.00		$ 1,200,000.00		$ 428,992.00	
Fixed Charges						
Depreciation	136,500.00		136,500.00			
Electricity	24,110.00		21,000.00		3,110.00	
Taxes	16,980.00		16,980.00			
Steam	59,675.00		50,000.00		9,675.00	
Insurance	11,000.00		11,000.00			
Transportation	12,000.00		12,000.00			
Donations	3,000.00		2,500.00		500.00	
Telephone & Telegraph	6,500.00		5,500.00		1,000.00	
Plant Rearrangement Welfare. Etc.	22,970.00		8,000.00		14,970.00	
Membership & Dues	1,300.00		1,000.00		300.00	
Traveling Expenses	12,515.00		12,515.00			
Free Meals	4,000.00	310,550.00		276,995.00	4,000.00	33,555.00
Materials						
Direct Materials	152,981.00		96,000.00		56,981.00	
Indirect Materials	77,358.00	230,339.00	40,000.00	136,000.00	37,358.00	94,339.00
Labor						
Direct Labor	643,930.00		471,000.00		172,930.00	
Indirect Labor	474,173.00	1,118,103.00	346,005.00	817,005.00	128,168.00	301,098.00
		1,658,992.00		1,230,000.00		428,992.00

（出所）Box 121（87-11.7-130）.

　そして，1923 年のエンジニアリング・サービス部門によって作成された報
告書では，以上のような当初予算案の修正（削減）に関しての検討・分析がな
されている。具体的には，1924 年の当初予算案の総額 1,628,992.00 ドルと修正
予算案の総額 1,200,000.00 ドルとの差額（総修正額）428,992.00 ドルがどのよう
にしたら削減可能となるか，およびその予算の削減が経営活動にいかなる影響
を与えるか，を検討・分析しているが[93]，その状況は，図表 5 − 13 によって
示される。
　図表 5 − 13 によれば，前述された予算項目が，固定費とその他の間接費（fixed
and other charges），直接材料費と間接材料費（direct & indirect material），そして

第5章 割当予算システムの進展　177

図表 5 - 13　総修正額 428,992.00 ドルの検討・分析

	Budget Submitted	Budget Revised	Reduction
Fixed and Other Charges	310,550.00	276,995.00	33,555.00
Direct & Indirect Material	230,339.00	136,000.00	94,339.00
Direct and Indirect Labor	1,118,103.00	817,005.00	301,098.00
	1,658,992.00	1,230,000.00	428,992.00
Credits for rebillings	30,000.00	30,000.00	
Total Budgets	1,628,992.00	1,200,000.00	428,992.00

（出所）Box 121（87-11.7-130）.

直接労務費と間接労務費（direct and indirect labor）の3つのグループに分類され，修正予算案が実現可能なものであるかどうかを検討している。その際，1923年の報告書によれば，まず，固定費とその他の間接費の項目については，経営活動に係わりなく一定である減価償却費，税金，保険料のような固定費，および従業員数に応じて変動する（固定費以外の）変動的間接費に区分して検討される。そして，図表5 - 13に示されるように，同項目に関しては，当初予算案で見積もられた310,550.00ドルに対して，修正予算案では276,995.00ドルに修正（削減）され，予算削減額は33,555.00ドルと算出されるが，同報告書では，この値は削減可能であると示されている[94]。

また，直接材料費と間接材料費については，図表5 - 13に示されるように，当初予算案で見積もられた230,339.00ドルに対して，修正予算案では136,000.00ドルに修正（削減）され，予算削減額は94,339.00ドルと算出されるが，この削減を達成するためには，経済状況に応じて経営活動が減少しているので，月当たり直接材料費8,000.00ドル，月当たり間接材料費3,250.00ドル，を超えないように経営努力する必要がある，と1923年の報告書では指摘されている[95]。

そして，直接労務費と間接労務費については，図表5 - 13に示されるように，当初予算案で見積もられた1,118,103.00ドルに対して，修正予算案ではこれが817,005.00ドルに修正（削減）され，予算削減額は301,098.00ドルと算出される。その際，1923年の報告書では，この修正予算額817,005.00ドルを実現するた

めには，週当たり労務費 12,020.00 ドルを限度とする必要があるが，ここ 3 週間では，週当たり平均労務費支払額（超過勤務手当を除く）は 16,660.00 ドルに達しているため，週当たり労務費 4,640.00（16,660.00 − 12,020.00）ドルの削減が要求される，と記されている。このことは，100 人以上の従業員，つまり総従業員数 428 人のうち 25％をカットしなければならないことを意味するものであったが，同報告書によれば，このカットを実現するための具体的提案が，図表 5 − 14 によってなされている[96]。

図表 5 − 14　従業員 25％の削減案

Maintenance	20 men@35.00	700.00
Accounting. Clerical. etc	9 men@35.00	315.00
Machine Shop	20 men@45.00	900.00
All other Department	60 men@45.00	2,700.00
	109 men	$ 4,615.00

（出所）Box 121（87-11.7-130）.

　図表 5 − 14 によれば，修正予算案を実現するための労務費カット分として，メンテナンス作業担当従業員 20 人の月当たり労務費 700.00（20 人× 1 人当たり 35.00 ドル）ドル，会計・事務等担当の従業員 9 人の月当たり労務費 315.00（9人× 1 人当たり 35.00 ドル）ドル，機械工場での作業担当従業員 20 人の月当たり労務費 900.00（20 人× 1 人当たり 45.00 ドル）ドル，他の全ての作業担当従業員 60 人の月当たり労務費 2,700.00（60 人× 1 人当たり 45.00 ドル）ドルが算出され，従業員 109 人分の月当たり労務費カット総額は 4,615.00（700.00 ドル＋ 315.00 ドル＋ 900.00 ドル＋ 2,700.00 ドル）ドルと見積もられる。

　そして，1923 年の報告書では，この労務費カットは抜本的・不可避的なものであるが，親会社である GM 社から割り当てられる現金が，減価償却費 136,000.00 ドル（図表 5 − 12 の 1924 年の予算比較表では 136,500.00 ドルと表示）を除いた 1,200,000.00 ドルであると解釈されるならば，週当たり労務費支払額は 14,630.00 ドルとなり，週当たり労務費の削減額は 2,025.00 ドルと算出されることから，従業員のカット数は 100 人超ではなく，およそ 50 人で済むことになる，と指摘されている[97]。

6 小 括

　第1章で検証・考察したように，20世紀初頭のデュポン火薬会社では，職能部門別組織に適合した割当予算システムが構築されており，各事業体や各部門等が割当予算を申請する際に，申請書に見積コスト節約額を計算・表示することが求められ，それを評価・判定する側であるTop Management等はその評価基準として，自ら算出した投資利益率を使用した。これに対し，本章で検証した事実に基づけば，経営管理組織が職能部門別組織から事業部制組織へと転換した場合に，各事業部等が割当予算を申請する場合には，申請書に投資利益率を計算・表示することが要求されたが，これを評価・判定する側であるTop Management等もその評価基準として，申請書に表示された投資利益率を利用した。ゆえに，本章での検証により，当時のデュポン社においては，職能部門別組織と事業部制組織のそれぞれに適合した割当予算システムが構築されていたことを確認することができる。

　また，20世紀前期のGM社において，各事業部等に資金を配分するという意思決定のために，割当予算システムが投資利益率を軸としていかに展開されていたかを，1922年にGM社で作成された割当予算マニュアルに基づいて検証した。GM社は，1908年に持株会社として設立した後，多くの会社を吸収合併あるいは買収しながら，その規模を拡大していったが，1916年には事業会社としてのGM社に改組された。しかし，当時のGM社は多くの子会社や関連会社を寄せ集めたに過ぎず，会社全体の調整機能を獲得することができない状態にあった。これは，1903年に多くの火薬会社を吸収合併あるいは買収して設立されたデュポン火薬会社の状況と酷似していた。そして，当時，デュポン社の社長であったPierre S. du Pontが1920年にGM社の社長となり，GM社では，事業部制組織に基づいて，デュポン火薬会社やデュポン社と同様に，投資利益率に基づく割当予算システムが構築され，これに基づいた各事業部への資金の配分を実施することによって，体系的・統一的な意思決定が展開されたと考えられる。

　そして，20世紀前期のGM社において，製造・販売等のライン活動とは異なるリサーチ活動に必要な割当予算を獲得するために，同社で割当予算システ

ムがいかに展開されていたかを検証した。その際，製造・販売活動等を担当するライン部門において割当予算が要求される場合には，前述の1922年に作成された割当予算マニュアルに示されるように[98]，目標とする投資利益率を割当予算申請書に明示する必要があった。これに対し，リサーチ・セクションのようなリサーチ活動を行うスタッフ部門が割当予算を要求する場合には，目標投資利益率を同申請書に提示する必要がなく，会計情報としては，見積コストだけを表示することが義務付けられた。その理由は，リサーチ活動への投資額と会社全体（および各事業部等）の利益額との関係を明確に関連付けられないからであると考えられるが，いずれにせよ，20世紀前期のGM社のリサーチ活動に適合した割当予算システムが展開されていたと考えられる。

　最後に，20世紀初頭のGM社において，製造・販売活動と共に重視されたリサーチ活動を担当したGMリサーチ社において，当初，業務予算がどのようにして編成され，その後，予算がいかにして修正されていったかを考察した。そして，GM社の100％子会社であったGMリサーチ社の当初業務予算案の編成と修正といった予算編成プロセスの実態を明らかにしようとした。その際，主に，この問題を，GMリサーチ社のエンジニアリング・サービス部門から同社の社長であったC. F. Ketteringに提出された報告書に基づいて考察したが，その結果として，GMリサーチ社の当初業務予算案は活動部門ごとに編成され，当初予算案を構成する総合予算案および一般間接費予算案は共に，リサーチ活動ごとの部門予算を総合する形で編成されたことが検証された。さらに，この当初予算案に関して，予算項目が，固定費とその他の間接費，直接材料費と間接材料費，そして直接労務費と間接労務費の3グループに分類され，GM社によって提示された修正予算案が実現可能なものであるかどうかが検討された。このように，GMリサーチ社の予算は，活動部門ごとの当初業務予算案が編成・総合されたが，その後，GM社によって，この当初予算案が修正されることも多かった。そして，その修正予算案が実際に実行できるものであるかどうかが検討されるといったプロセスを経て，最終予算が編成されていった。

　以上のように，割当予算システムにおいては，部門はあくまで会社の1部分を構成する部署であり，そこで計算・入手できる会計情報は主にコストのみであったのに対し，事業部は1つの会社であるかのように，それ自体が利益獲得

第5章　割当予算システムの進展　181

を意識した組織体であるため，コスト以外にも，利益や投資等といった会計情報を作成・保有しており，これらを用いて，投資利益率を計算できたものと考えることができる。ゆえに，H. Thomas Johnson と R. S. Kaplan は 1987 年に著した *Relevance Lost* において，1925 年から 1980 年まで，管理会計の発展（企業環境への適合）はなかったと主張したが[99]，本章で考察したように，当時のデュポン社や GM 社においては，職能部門別組織と事業部制組織のそれぞれに適合した割当予算システムが構築された。そして，このことによって，管理会計は経営管理組織に適合し，それらに規定されて発展してきたものと考えることができる。

【注】

1 ）Johnson and Kaplan［1987］；田中［1982］；上總［1989］；GM 社の管理会計実践については，マーケティング管理の観点から高浦［1992］および齋藤［2005］，また予算管理を対象とした齋藤［2006］等の研究がある。

2 ）本書の第 1 章，第 2 章，第 3 章を参照。

3 ）Chandler［1980］，pp.456-463；田中［1982］，pp.146-170；井上［1987］，pp.113-116；高浦［1992］，p.110.

4 ）Records of E. I. du Pont, Accession 2091, Series Ⅷ, Box 15.

5 ）Records of E. I. du Pont, Accession 2091, Series Ⅷ, Box 15, p.1；1929 年にデュポン社で作成された新しい割当予算の実施マニュアルはその後，1944 年にさらに修正がなされている。

6 ）Records of E. I. du Pont, Accession 2091, Series Ⅷ, Box 15, pp.2-7.

7 ）Records of E. I. du Pont, Accession 2091, Series Ⅷ, Box 15, p.3.

8 ）Records of E. I. du Pont, Accession 2091, Series Ⅷ, Box 15, p.4.

9 ）Records of E. I. du Pont, Accession 2091, Series Ⅷ, Box 15, p.4.

10）Records of E. I. du Pont, Accession 2091, Series Ⅷ, Box 15, p.5.

11）Records of E. I. du Pont, Accession 2091, Series Ⅷ, Box 15, p.5.

12）Records of E. I. du Pont, Accession 2091, Series Ⅷ, Box 15, pp.5-6.

13）Records of E. I. du Pont, Accession 2091, Series Ⅷ, Box 15, p.6.

14）Records of E. I. du Pont, Series Ⅱ, Part 2, Box 1010；American Management Association［1950］，p.7；Brown［1957］，pp.26-27；高梠［2004］，pp.161-165.

15）Records of E. I. du Pont, Accession 2091, Series Ⅷ, Box 15, p.7.

16) Records of E. I. du Pont, Accession 2091, Series Ⅷ, Box 15, pp.7-11.

17) Records of E. I. du Pont, Accession 2091, Series Ⅷ, Box 15, pp.7-8.

18) Records of E. I. du Pont, Accession 2091, Series Ⅷ, Box 15, p.8; 実験活動に関する割当予算の判定・処理については別の箇所（pp.9-10）に記載されている。

19) Records of E. I. du Pont, Accession 2091, Series Ⅷ, Box 15, p.8.

20) Records of E. I. du Pont, Accession 2091, Series Ⅷ, Box 15, p.8.

21) Records of E. I. du Pont, Accession 2091, Series Ⅷ, Box 15, pp.8-9.

22) Records of E. I. du Pont, Accession 2091, Series Ⅷ, Box 15, p.9.

23) Records of E. I. du Pont, Accession 2091, Series Ⅷ, Box 15, pp.9-10.

24) Records of E. I. du Pont, Accession 2091, Series Ⅷ, Box 15, p.10.

25) Records of E. I. du Pont, Accession 2091, Series Ⅷ, Box 15, p.11.

26) Records of E. I. du Pont, Accession 2091, Series Ⅷ, Box 15, p.12.

27) 割当予算システムは本格的には，20世紀初頭にデュポン火薬会社で構築され，同社を受け継いだデュポン社においては，1921年の事業部制組織構築直後，当然，これに適合できる新しい割当予算システムに関係する資料が存在していると考えられる（本書の第1章，第2章参照）。しかし，前述したように，現時点において，デュポン社については，事業部制組織構築直後の割当予算システムに関係する資料が入手できていない。そこで，本書では，デュポン社よりも時期的には早くなるが，1922年にGM社で構築された新しい割当予算システムを考察する。

　　また，GM社の予算管理機能については，General Motors Corporation [1929a] (*Session No.8*)，General Motors Corporation [1929b] (*Session No.15*)，General Motors Corporation [1929c] (*Session No. 16*)，General Motors Corporation [1929d] (*Session No. 17*)，General Motors Corporation [1929e] (*Session No. 18*)，General Motors Corporation [1929f] (*Session No. 19*)，高梠 [2004] (pp.316-327)，および齋藤 [2006] を参照。

28) Box 121 (87-11.7-126).

29) Box 121 (87-11.7-126).

30) Box 121 (87-11.7-126).

31) Box 121 (87-11.7-126).

32) Box 121 (87-11.7-126).

33) Box 121 (87-11.7-126).

34) Box 121 (87-11.7-126).

35) Box 121 (87-11.7-126).

36) Box 121 (87-11.7-126).

37) Box 121 (87-11.7-126).

38）Box 121（87-11.7-126）.

39）Box 121（87-11.7-126）.

40）Box 121（87-11.7-126）.

41）Box 121（87-11.7-126）.

42）Box 121（87-11.7-126）.

43）Box 121（87-11.7-126）.

44）Box 121（87-11.7-126）.

45）Box 121（87-11.7-126）.

46）Box 121（87-11.7-126）.

47）Box 121（87-11.7-126）；後述する第 16 項目と第 17 項目には，さらに詳しい支出
区分がなされている。

48）Box 121（87-11.7-126）.

49）Box 121（87-11.7-126）.

50）Box 121（87-11.7-126）.

51）Box 121（87-11.7-126）.

52）Box 121（87-11.7-126）.

53）Box 121（87-11.7-126）.

54）Box 121（87-11.7-126）.

55）Box 121（87-11.7-126）；1922 年の割当予算マニュアルによれば，月次建設経過報
告書は，書式 G.M.E.52 で作成されることになっている。

56）Box 121（87-11.7-126）.

57）Box 121（87-11.7-126）.

58）Box 159（87-11.20-167）.

59）Box 159（87-11.20-167）.

60）Box 159（87-11.20-167）.

61）Box 159（87-11.20-167）.

62）Box 159（87-11.20-167）.

63）Box 159（87-11.20-167）.

64）Box 159（87-11.20-167）.

65）Box 159（87-11.20-167）.

66）Box 159（87-11.20-167）.

67）Box 159（87-11.20-167）.

68）Box 159（87-11.20-167）.

69）Box 159（87-11.20-167）.

70）Box 159（87-11.20-167）.

71) Box 159 (87-11.20-167).

72) Box 159 (87-11.20-167).

73) Box 159 (87-11.20-167).

74) Box 159 (87-11.20-167).

75) Box 159 (87-11.20-168).

76) Box 159 (87-11.20-168).

77) Box 159 (87-11.20-168).

78) Box 159 (87-11.20-168).

79) Box 159 (87-11.20-168).

80) Box 159 (87-11.20-168).

81) Box 159 (87-11.20-168).

82) Box 159 (87-11.20-167).

83) Box 121 (87-11.7-126) GM リサーチ社が，予算を編成する際には，1922 年に GM 社によって作成された割当予算マニュアルに基づくことを前提として，総合技術委員会の指示を受けながら，予算を編成する必要があったと考えられる。

84) Box 121 (87-11.7-130).

85) Box 121 (87-11.7-130).

86) Box 121 (87-11.7-130).

87) Box 121 (87-11.7-130).

88) Box 121 (87-11.7-126).

89) Box 121 (87-11.7-130).

90) Box 121 (87-11.7-130).

91) General Motors Corporation [1929a].

92) 図表 5-11 で表示される credits for rentals-scrap etc.（賃借用スクラップ等に対する債権回収見込額等）は，図表 5-12 で示される credits for ebilling（再請求することによって生じる債権回収見込額）の一部であると考えられる。

93) Box 121 (87-11.7-130).

94) Box 121 (87-11.7-130).

95) Box 121 (87-11.7-130).

96) Box 121 (87-11.7-130).

97) Box 121 (87-11.7-130)；GM 社から割り当てられる現金が 1,200,000.00 ドルから減価償却費 136,000.00 ドルを除いた額として考えられるならば，その割当予算額は 1,064,000.00 ドルと計算される。

98) Box 121 (87-11.7-126).

99) Johnson and Kaplan [1987]，pp.175-177.

第6章

コントロール・チャート・システムの展開
—事業部評価への適合—

1 序

20世紀前期のデュポン社において，コントロール・チャート・システムがTop Management による業績評価の手段として利用されていたことはよく知られている[1]。しかし，業績評価活動の方法・機能として，当時のデュポン社では，予算管理や標準原価管理等が展開されていたことも確認されている[2]。また，デュポン社と同様に，多くの会社を吸収合併・買収し，その多角化した状況に適合するために，デュポン社と同時期の1921年に事業部制組織を構築したGM社では，資料収集の困難性もあると考えられるが，1920年代から1940年代にかけて，デュポン社で考案されたようなコントロール・チャート・システムの利用は確認されていない[3]。では，デュポン社では，なぜコントロール・チャート・システムを構築・展開する必要があったのであろうか。また，デュポン社におけるコントロール・チャートに基づく業績評価活動とはいかなるものであったのであろうか。

そこで，本章では，当時のデュポン社において開発されたコントロール・チャート・システムがいかなる構造と機能をもっていたかを，同社を取り巻く企業環境を考慮しながら考察する。まず，20世紀初期デュポン社において，事業部制組織が構築されて間もない頃，コントロール・チャートがいかに利用されていたか，について検証する。次に，コントロール・チャート・システムを実施するための組織，および投資利益率を軸としたコントロール・チャートの構造と機能について，同社を取り巻く企業環境を考慮しながら考察する。そして，コントロール・チャートがデュポン社の Top Management による業績評

価活動のために，いかに利用されていたかを，できる限り一次資料に基づいて検証する。

なぜなら，コントロール・チャート・システムは，当時の他の企業には存在しないデュポン社独特の経営管理のためのシステムであり，そこで利用される技法や概念が，当時のデュポン社における管理会計概念や会計システムを規定することになる，と考えられるからである。その際，従来，デュポン社のコントロール・チャート・システムについては，1950 年にアメリカ経営管理協会（American Management Association; AMA）によって公刊された*Financial Management Series No.94* に掲載された論文（T. C. Davis 著 "How the Du Pont Organization Appraises its Performance,"）や 1959 年にデュポン社によって作成された解説書に基づいて検討されており，それ以前の資料による考察はなされてこなかった。しかし，デュポン社では，それ以前の 1947 年に作成された解説書が存在する。そこで，本章では，主に，1947 年にデュポン社の財務部門によって作成された解説書に基づいて，管理会計発展期におけるコントロール・チャート・システムのもつ構造と機能について再検討することにする[4]。

2　コントロール・チャートの初期の利用—業績評価への貢献—

前述したように，1947 年にデュポン社の財務部門によって，*Executive Committee Control Charts* という名称の解説書が作成されたが，この解説書の登場によって，デュポン社におけるコントロール・チャート・システムは，本格的に構築・展開されたと考えられる。コントロール・チャート・システムを活用する際には，個々のコントロール・チャートをばらばらに利用するのではなく，1 つの連動された体系として捉えることが重要であると考えられる。そして，この 1947 年の解説書では，コントロール・チャート・システムは，過去の経営結果およびに予測される経営状況に照らして現在の傾向を提示し，コントロール・チャートを視覚的に比較するという方法に基づいて，事業部制組織を擁する会社全体の経営活動をコントロールするためのマネジメント・ツールとして経営執行委員会によって使用される，と説明されている[5]。

しかし，実際には，このようなコントロール・チャートに関する解説書ある

いはマニュアルのようなものが作成される以前から，デュポン社では，コント
ロール・チャートによる業績評価活動は実施されていた。そして，コントロー
ル・チャートに関する解説書あるいはマニュアルのようなものは，1947 年以
前から作成されていた可能性も考えられる。なぜなら，コントロール・チャー
トによる会社全体・各事業部・各部門等の業績評価活動は，1922 年 4 月 26 日
からチャート・ルーム（chart room）と呼ばれる会議室において開始されてい
たからである[6]。そこで，以下，この 1947 年の解説書が作成されるおよそ 25
年前に，チャート・ルームにおいて開始されたコントロール・チャートに基づ
く業績評価活動が，どのように実施されていたかを考察することにする。

　1922 年 3 月 22 日に，当時のデュポン社の財務部長であった W. S.
Carpenter, Jr. から，経営者メンバー 17 名に対して，チャート・ルームと呼
ばれる部屋に財務資料を常設する旨の案内，およびそれを閲覧できる，つまり
チャート・ルームに立ち入ることのできる，職位・人々の一覧が文書によって
告示された[7]。チャート・ルームにおいては，財務部長を中心としたトレジャ
ラー部門によって作成された投資利益率を軸としたチャート（図表）形式の財
務資料を基にして，様々な事業部や部門等の業績評価を行うために，これらの
資料を閲覧できる職位・人々は，経営執行委員会と財務委員会のメンバー，イ
ンダストリアル部門の全般管理者（支配人），全般副管理者（副支配人）および
サービス担当管理者，そして経営執行委員会と財務委員会のメンバーおよび前
述の全般管理者によって，特に書面をもって要請・任命された人々，であった。
ただし，総売上高，製造コスト，利益，投資，そして投資利益率等の機密性の
高い情報に関しては，その公開は財務委員会と経営執行委員会のメンバーに限
られていた[8]。

　現時点において，チャート・ルームでの会合の案内状は，経営執行委員会
のメンバーに対して，最初のものが 1922 年 4 月 26 日に提示され，1925 年 6
月 23 日にその提示が終了していることを確認できるが，その 22 年後の 1947
年にコントロール・チャートに関する解説書が作成されているわけであるか
ら，この間，チャート・ルームでの会合が全くなかったとは考えにくい[9]。あ
るいは，チャート・ルームでの会合を開催する時間を節約するために，トレ
ジャラー部門が解説書やマニュアルのようなものを作成し，経営者は自ら財

務資料の見方を学ばなければならなくなった可能性もある。これまで収集された資料では，1922年4月26日に案内が開始され，1925年6月23日に打ち止めとなったチャート・ルームでの会合の案内状は，この間，財務部長である Carpenter から12名の経営執行委員会のメンバーに出されたが，収集されたデータの月の表示が変わるだけで，その内容は全て同じであった。例えば，1922年4月26日の最初の案内状には，次のような文言が記された[10]。

「　　　　　<u>経営執行委員会シリーズ ― チャート・ルーム</u>

　3月分のデータが収集され，そのデータは，チャート・ルーム (9004) に設置された大きな図表 (チャート) の形式で整理・表示されています。調査・検討のために，いつでもご覧できます。

　チャート・ルームにおいて，チャートを見ながら会合を開催される際には，事前にトレジャラー部門にご連絡を頂ければ，お約束の時間に全て準備しておきます。連絡先は M. J. O' Connor （内線；0361または049）までお願いします。　　　　　　　　　　　　　　　　　　　　　　　　　　　」

デュポン社のチャート・ルームでは，この案内状に基づいて会合が開催されたが，経営執行委員会のメンバーは設置されたチャートを見ながら，財務部長やトレジャラー部門のスタッフに様々な質問をし，その質問に対する説明を受けた。しかし，その場で説明できなかった質問・問題に対しては，後日，トレジャラー部門で調査・分析がなされ，当時，財務部長であった Carpenter 名で作成された文書（以下，Carpenter の文書と略記）によって，経営執行委員会のメンバーに対して説明・報告がなされた[11]。そこで，以下，1947年の解説書が作成されるおよそ25年前に，チャート・ルームにおいて開始されたコントロール・チャートに基づく業績評価活動が，どのように実施されていたかを，Carpenter の文書に基づいて考察することにする。

2-1 コントロール・チャートの財務比率に関する評価・分析

(1) 1923年3月27日における顔料・染料製造部に関する文書

　1923年3月27日に作成された Carpenter の文書によれば，経営執行委員会

は, 顔料・染料製造部に関する財務比率について, 次のような質問を行った。

2月に示された顔料・染料製造部における実際の総売上高売上コスト率 (mill cost of gross sales; as % of gross sales) (84.64%) が, 予測された総売上高売上コスト率 (76.56%) を大きく上回った理由は何か[12]。

そこで, この質問について, 顔料・染料製造部において, リトポンを製造する際に, 予期せぬ工場トラブルが発生したので, 1月におけるリトポンの製造コストの実績値が予測値を超過したことによって, 総売上高売上コスト率の実際値が予測値を大きく上回った, との説明がCarpenterの文書によって経営執行委員会に対してなされた[13]。

(2) 1923年11月8日における爆薬部門のDu Pont工場に関する文書

1923年11月8日に作成されたCarpenterの文書によれば, 経営執行委員会は, 爆薬部門におけるDu Pont工場での発破カプセルの製造・販売に関する財務比率について, 次のような質問を行った。

Du Pont工場での発破カプセルの製造・販売における総売上高売上コスト率 (mill cost of sales as % of gross sales) は, 今年 (1923年) の1月における51.5%から9月における59.9%という数値にみられるように, 着実に上昇傾向を示してきた。その際, この比率の上昇をもたらしている原因は何か。また, この上昇傾向をくい止めることは可能であるか。もし可能であるとすれば, どのような手段が必要であるか[14]。

そこで, この質問について, Carpenterの文書によれば, 次のような説明が経営執行委員会に対してなされた。

1923年の1月から9月にかけての国内販売向け発破カプセルに限定した場合に, 総売上高売上コスト率は, 図表6-1のように示される。

190

図表 6 − 1　国内販売向け発破カプセルの総売上高売上コスト率

January	−−	49.81
February	−	49.13
March	−	54.24
April	−	46.51
May	−	51.73
June	−	57.68
July	−	51.76
August	−	52.63
September	−	52.09

（出所）Accession 1662, Box 78, C-12 (November 8, 1923), p.2.

　経営執行委員会から提示された前述の質問の中に，総売上高売上コスト率に関して，1月には51.5％であった数値が，9月には59.9％に上昇したという内容があったが，これらの数値の算出要因には，外部販売だけでなく，内部振替販売が含まれている。具体的には，9月の総売上高売上コスト率59.9％には，その算出要因として，Repauno工場に対する火薬の原料であるニトロヴェンの売上高が含まれている。しかし，Repauno工場側では，ニトロヴェンの価格を自由に設定できるようになっており，そのことがDu Pont工場での発破カプセルの製造・販売活動に3,649ドルの損失をもたらしている。そこで，もし，この損失が総売上高から除外されていれば，9月の総売上高売上コスト率は59.9％ではなく，56.1％と算出される。そして，9月の総売上高売上コスト率の増加原因の半分以上をこの損失の存在によって説明できる。また，残りの原因については，これを，賃率の増加，発破カプセルの製造・販売能率の変動等によって説明することができる [15]。

(3)　1923年11月8日における爆薬部門の電気発破カプセル・補助材料部に関する文書

　1923年11月8日に作成されたCarpenterの文書によれば，経営執行委員会は，爆薬部門における電気発破カプセル・補助材料部に関する財務比率について，次のような質問を行った。

　電気発破カプセル・補助材料部における総売上高売上コスト率は，1923年

の1月から9月の間の平均生産操業度（production as % of capacity）がおよそ100％という状態のなかで，1月における57.9％から9月における64.8％という数値にみられるように，着実に上昇傾向を示している。また，1922年の年間平均の生産操業度はおよそ72％，総売上高売上コスト率は56.6％であるが，1922年の9月から12月までの4ヶ月間における生産操業度は80％から，およそ112％に増加している。そして，この期間における総売上高売上コスト率は62.6％から64.8％に増加している。そこで，これらの期間において，特に1923年の6月から9月までの4ヶ月間において，生産操業度が増加している状態の中で，総売上高売上コスト率はなぜ増加したのか[16]。

そこで，この質問について，Carpenterの文書によれば，次のような説明が経営執行委員会に対してなされた。

電気発破カプセル・補助材料部における総売上高売上コスト率の増加は，次の3つに原因がある[17]。

(a) 1923年4月11日に賃率が10.37％上昇した。

(b) 5月の操業度88％，6月の操業度81％，7月の操業度83％に対応できる労働力しか保有していなかったので，労働力不足が生じた。

(c) 新しい営業活動における能率が低かった。

そして，"129"というシートには，色々な種類の電気発破カプセル，および様々な強度・長さをもったワイヤーの平均総売上高と平均製造コストが記されているが，これらの数値は，製造コストの増加についての実態を反映していない[18]。

(4) 1924年1月11日における爆薬部門の染料の中間原料部に関する文書

1924年1月11日に作成されたCarpenterの文書によれば，経営執行委員会は，爆薬部門における染料の中間原料部に関する財務比率について，次のような質問を行った。

1922年の初期から11月の間においては，染料の中間原料部の売上高利益率（per cent profit on sales）は20％あたりを推移していたが，同期間の8月から11月にかけての生産操業度はおよそ30％であった。もし，採算性を低く設定する政策をとるとすれば，外部販売量をより増大させることが可能であるか。

そして，生産量の増加が回転率（turnover）を増大させ，単位当たりコストを低下させることによって，投資利益率（return on the investment employed）を今のままの状態に保つことができるか[19]。

そこで，この質問について，Carpenter の文書によれば，次のような説明が経営執行委員会に対してなされた。

染料の中間原料部において，販売価格を引き下げることによって，販売量を増大させることは可能であるとは考えられない。アニリンの生産能力は需要を超過しており，染料部門の販売部には，アニリンの価格を維持するための信頼と権限が与えられている。また，他の製造業者は，価格引下げを全くいとわない状況にある。ゆえに，同部がこのような価格引き下げを行えば，何ヶ月間にもわたって，現在の適正販売量を増大させることなしに確立されてきた価格構造は，直ちに破壊されると考えられる[20]。

(5) 1924年2月21日における爆薬部門の爆薬用ボックス製造部に関する文書

1924年2月21日に作成された Carpenter の文書によれば，経営執行委員会は，爆薬部門における爆薬用ボックス製造部に関する財務比率について，次のような質問を行った。

1922年における爆薬用ボックス製造部の総売上高売上コスト率は105.00％であっが，同年における外部および内部の売上高合計は69,494ドルであった。また，同部における総売上高売上コスト率は1923年1月には101.9％であったが，12月にはおよそ80％へと着実に減少傾向を示し，1年間をとおしての平均は85.3％であった。そして，同年における外部および内部の売上高合計は49,062ドルであり，1922年と比べて，売上高はおよそ30％減少した。そこで，この場合，1923年の総売上高売上コスト率が1922年のそれよりも減少した原因は，外部および内部における販売価格が上昇したからか，それともより能率的な営業活動が実施されたからか。また，1922年と1923年における内部振替価格はいくらか[21]。

そこで，この質問について，Carpenter の文書によれば，次のような説明が経営執行委員会に対してなされた。

1923年の爆薬用ボックス製造部における総売上高売上コスト率が1922年の

第6章　コントロール・チャート・システムの展開　193

それよりも減少した原因は，外部および内部における販売価格が上昇したから
であり，特に，1922年と1923年における内部振替価格の上昇は，図表6－2
のように示される[22]。図表6－2によれば，内部振替価格は，1922年の後半で
は1,000フィート当たり50.00ドルであった値が，1923年の前半では1,000フ
ィート当たり53.00ドルに上昇し，1923年の後半にはさらに65.00ドルに上昇
している。

図表6－2　1922年と1923年における内部振替価格

Last half of 1922 － ＄50.00 per M. feet
First 〃 〃 1923 － ＄53.00 〃 〃 〃
Last 〃 〃 1923 － ＄65.00 〃 〃 〃

（出所）Accession 1662, Box 78, C-12（February 21, 1924），p.3.

　また，Carpenterの文書には，爆薬用ボックス製造部において，1922年と
1923年の角材の外部販売，および樽製作用板の内部販売に関して，1,000フィー
ト当たりの販売価格と製造コストの年間平均値，そして販売量がそれぞれ図表
6－3と図表6－4によって示されている。図表6－3によれば，1923年の角
材の外部販売においては，利益が発生しているが，1922年の外部販売におい
ては，1923年と比べて販売量は多いものの，単位当たり3.10ドル（単位当たり
販売価格32.90ドル－単位当たり製造コスト36.00ドル）の損失が生じている。一方，
図表6－4によれば，1923年における樽製作用板の内部販売においては，利
益が発生しているが，1922年の内部販売においては，単位当たり3.70ドル（単
位当たり内部振替価格49.50ドル－単位当たり製造コスト53.20ドル）の損失が生じて
いる。この状況に関しては，図表が示されているだけで，特に，説明・解説は
加えられていないが，このことも，1923年の爆薬用ボックス製造部における
総売上高売上コスト率が1922年のそれよりも減少した一因であると考えられ
る。

図表 6 − 3　1922 年と 1923 年における角材の外部販売

	1922	1923
Selling Price per M. ft.	$ 32.90	$ 35.50
Mill Cost per M. ft.	$ 36.20	$ 27.90
No of feet sold	4,204,000 ft.	3,006,000 ft.

（出所）Accession 1662, Box 78, C-12（February 21, 1924），p.3.

図表 6 − 4　1922 年と 1923 年における樽製作用板の内部販売

	1922	1923
Transfer price per M. ft.	$ 49.50	$ 58.90
Mill Cost per M. ft.	$ 53.20	$ 51.10
No of feet transferred	6,770,000 ft.	7,302,000 ft.

（出所）Accession 1662, Box 78, C-12（February 21, 1924），p.3.

2 − 2　コントロール・チャートの予測に関する評価・分析

(1)　1923 年 9 月 4 日の塗料部門に関する文書

　1923 年 9 月 4 日に作成された Carpenter の文書によれば，経営執行委員会は，塗料部門に関する投資予測について，次のような質問を行った。

　塗料部門における 1923 年 12 月 31 日時点での製品への投資の予測額は，1923 年における当初の予測＃3 の値をおよそ 100,000 ドル超過している。この部門において，1923 年の予測値と比べて，このような大きな予測超過がなぜ生じるのか。また，この予測超過額のうち，およそ 83,000 ドルについては，これを減少させることができ，次の 5 ヶ月間にわたって投資額は増加しないという判断は不可能であるか。そして，もし投資額を減少させることができるとすれば，その時期はいつ頃であると予測できるか[23]。

　そこで，この質問について，Carpenter の文書によれば，次のような説明が経営執行委員会に対してなされた。

　塗料部門においては，1923 年における当初の予測＃3 の値に制約されて，これまで主製品に関する製造計画が著しく縮小させられてきたが，現在のおよそ 83,000 ドルの予測超過額については，この値を少なくとも増加させないか，あるいはいくぶんこの値を減少できる可能性があると考えられる[24]。

(2) 1923 年 11 月 8 日の爆薬部門に関する文書

1923 年 11 月 8 日に作成された Carpenter の文書によれば，経営執行委員会から爆薬部門のチャコール部に関する投資予測について，次のような質問を行った。

最近，チャート・ルームにおいて，製品在庫投資の予測に関する質問がなされたが，その質問に対する説明のなかで，次のような文言があった。「9 月末におけるチャコール製品の製造活動への投資は 8 月末のそれよりも減少したので，10 月末には，アルコール，石灰アセテート，およびチャコールに対する注文の状況は大きく改善されるはずである」。しかし，9 月における実際の製品在庫投資額は，96,000 ドルから 101,000 ドルに増加している。そこで，製品在庫投資額を 1923 年 12 月 31 日の時点で，42,939 ドルに減少させるという予測は可能であるかどうか，また，減少させることが無理な場合には，予測値 42,939 ドルとの差異の原因はどのように説明されるか[25]。

そこで，この質問について，Carpenter の文書によれば，次のような説明が経営執行委員会に対してなされた。

チャコール部においては，10 月 31 日には，製品在庫投資に関して，具体的な改善を行う必要があるという指摘・助言が行われたが，10 月中に売れ残っていた多くの製品は出荷されると共に，その請求がなされた，という説明が経営執行委員会に対して行われた。9 月末の実際の在庫額は投資額よりも少ないのであるが，この状況は，請求の遅れがもたらしたものとして説明できる。つまり，出荷日と請求日の間には 13 日の差があるので，我々はこのことについて，売掛金係および工場と共に検討しなければならない。そして，この出荷日と請求日の差について，今後，具体的な改善を実施したい。また，当該部門における 12 月 31 日時点の製品在庫投資額は，予測 # 4 に基づいて，65,500 ドルとなっており，これを 42,939 ドルに減少させるということは考えにくい。しかし，もし予測されるよりも多くのスポーツ用チャコールを 12 月 31 日までに出荷できるとすれば，予測 # 4 で提示される予測投資額を減少させることは可能である[26]。

(3) 1924 年 8 月 12 日の爆薬部門に関する文書

1924 年 8 月 12 日に作成された Carpenter の文書によれば，経営執行委員会は，爆薬部門の "B" Blasting 火薬部に関する総売上高と純利益の予測につい

て，次のような質問を行った。

　図表6－5は，1924年7月1日から1925年6月30日までの12ヶ月間における "B" Blasting 火薬に関する総売上高と純利益の予測値＃3（図表6－5では＃3 Forecast と表示），および1923年7月1日から1924年6月30日までの12ヶ月間における総売上高と純利益の実績値を表したものである。その際，図表6－5に示されるように，総売上高における予測値はその実績値よりもおよそ6.52％だけ少ないのに対して，純利益における予測値はその実績値よりもおよそ26.28％も少ないが，その理由は何か[27]。

図表6－5　総売上高と純利益における予測値と実績値

	Gross Sales	Net Receipts
Total 12 mos. ending June 30, 1925 － ＃3 Forecast	$ 4,448,000	$ 495,400
Total 12 mos. ending June 30, 1924 － Actual	4,758,160	671,967**
Increase ＃3 Forecast over Actual	310,160	176,567
％ Increase	6.52％	26.28％

（出所）Accession 1662, Box 78, C-12（August 12, 1924），p.3.

　つまり，図表6－5によれば，1924年7月1日から1925年6月30日までの "B" Blasting 火薬に関する総売上高と純利益の予測値はそれぞれ，4,448,000ドルと495,400ドルと見積もられるが，総売上高と純利益の当該期間における実績値はそれぞれ，4,758,160ドルと671,967ドルと表示されている。その際，総売上高については，実績値が予測値を310,160（4,758,160 － 4,448,000）ドル上回り，予測値が実績値よりも6.52％少ないが，純利益については，実績値が予測値を176,567（671,967 － 495,400）ドル上回り，予測値は実績値よりも26.28％少なく見積もられている。そこで，この6.52％と26.28％との差がなぜ生じたのか，が問われたのである。

　そこで，この質問について，Carpenter の文書によれば，次のような説明が経営執行委員会に対してなされた。

当該期間の "B" Blasting 火薬の実際生産量に比べて, 当該期間の予測 # 3
における生産量は減少すると判断されるため, 予測 # 3 の製造コストは実績
値のそれよりも, 1 ケグ当たり 2 セント増加する。そして, 販売可能性を前提
とした予測生産量は 2,456,000 ケグと見積もられるので, 製造コストの増加は
49,120 ドルと算出される。また, 1923 年 7 月 1 日から 1924 年 6 月 30 日まで
の販売費および一般管理費の実績値は 1 ケグ当たり 15.48 セントであるが, 予
測 # 3 における販売費および一般管理費の予測値は 1 ケグ当たり 18 セントと
見積もられているので, 予測生産量 2,456,000 ケグを前提とすれば, 販売費お
よび一般管理費の増加は 61,891 ドルと算出される。この 1 ケグ当たり販売費
および一般管理費の増加は, 他の全ての部門における総売上高がある程度落ち
込んだことによってもたらされたものである [28]。

さらに, 1923 年 7 月 1 日から 1924 年 6 月 30 日までに算出された利益には,
硝酸ソーダに係わる払戻金 41,165 ドルが含まれているが, その払い戻しはす
でに完了したので, 予測 # 3 における利益はその払戻金の分だけ少なく見積も
られた。そして, これらの関係は図表 6 - 6 によって示されるが, 図表 6 - 6
に修正表示された純利益の予測値 647,577 ドルは, 前記された製造コスト, 販
売費, 払戻金の増加変更額を考慮した場合に算出される数値であり, 1923 年 7
月 1 日から 1924 年 6 月 30 日までに算出された純利益の実績値 671,967 ドルと
比べて, およそ 5% 減少している。つまり, この数値は, 前記の図表 6 - 5 に
示される総売上高における実績値に対する予測値の減少率およそ 6% と比較す
れば, それほど大きな差はない, と Carpenter の文書では説明される [29]。

図表 6 - 6 予測 # 3 における純利益の修正表示

Increased Mill Cost	$ 49,120.00
Increased Selling Expense and Administrative	61,891.00
Soda Refund not forecasted	41,166.00
Decreased Profits for # 3 Forecast	$ 152,177.00
Forecasted Profit, as shown on # 3 Forecast	495,400.00
Total Net Profit	$ 647,577.00

(出所) Accession 1662, Box 78, C-12 (August 12, 1924), p.4.

2−3 コントロール・チャートの在庫に関する評価・分析

(1) 1923年7月7日における爆薬部門のDu Pont雷管部に関する文書

1923年7月7日に作成されたCarpenterの文書によれば，経営執行委員会は，爆薬部門のDu Pont雷管部に関する在庫について，次のような質問を行った。

Du Pont雷管部においては，製品在庫投資は過剰な状態を示し続けている。実際の投資は事実上1922年以来，減少の兆候を示していない。この投資を減少させることは不可能であるか。もし，できないとすれば，その理由は何か。もし，この投資を減少させることができるとすれば，それはいつ頃実施されるのか[30]。

そこで，この質問について，Carpenterの文書によれば，次のような説明が経営執行委員会に対してなされた。

Du Pont雷管部において，製品在庫投資はいくぶん減少させられるべきである。しかし，我々（財務委員会）は，投資をどのくらい減少させることができるか，あるいはその時期はいつ頃であるか，をここで言及する立場にはない。ただ，製品在庫投資の標準に対する再検討が完了していないにも係わらず，現在の2カ月分の在庫標準では低すぎるので，少なくとも3カ月分のDu Pont雷管の供給を確保できるように，在庫標準を高めることが必要であると考えられる[31]。

(2) 1923年10月10日における爆薬部門のチャコール部に関する文書

1923年11月8日に作成されたCarpenterの文書によれば，経営執行委員会は，爆薬部門のチャコール部に関する在庫について，次のような質問を行った。

1923年4月30日のチャートで示されるように，我々（経営執行委員会）は，チャコール部における製品在庫投資の実際額および標準超過額の増加理由について，以前，次のような内容の説明・報告を受けた[32]。

- (a) 注文品の発送が遅れた。
- (b) 4月の発送分に対する請求（売上の認識）が遅れた。
- (c) スポーツ用チャコールに対して，急に，過剰な需要が発生した（スポーツ用チャコールに対する投資は4月30日には24,584ドルであった）。

第6章　コントロール・チャート・システムの展開　199

そして，この説明を受けた後に，我々はさらに，製品在庫投資に関して，追加質問を行うと共に，それに対する説明・報告を受けた。そのやり取りは，次のようなものであった。

「(a) と (b) の理由については，どうしようもないが，5月における実際投資は（4月における実際投資98,000ドルに対して）およそ89,000ドルであり，5月31日における標準超過投資は，4月における標準超過投資69,000ドルと比べて，およそ68,000ドルとなっている。この場合，もしスポーツ用チャコールにおける在庫投資（およそ24,000ドル）が5月31日時点でなかったとしたら，5月における標準超過投資はおよそ44,000（68,000 − 24,000）ドルとなる。そこで，この標準超過投資を減少させることはできるのか。そして，もしできるとすれば，その時期はいつ頃であるか。

　上記の質問についての説明

　5月に製品17,900ドルが出荷されたが，6月まで，その請求はなされなかった。もしこの請求がなされ，売上が認識されていたとすれば，標準超過投資はおよそ44,000ドルからおよそ26,000（44,000 − 17,900）ドルとなり，4月の標準超過投資69,000ドルと比べて，およそ43,000（69,000 − 26,000）ドル，比率にして62%減少することになる。

　そして，この投資に関しては，これをしっかりと監視し，さらに減少させるような努力が継続して行われている」[33]。

　しかし，6月において，製品の標準超過投資は44,383ドルであったが，それ以降，超過額は増加を続け，8月には70,663ドルとなった。また，実際投資額においても，6月に70,925ドルであった値が8月には96,833ドルに増加した。このような標準超過投資の継続した増加はなぜ生じるのか。また，もしこの標準超過投資を減少させることができるとすれば，その時期はいつ頃であるか[34]。

　そこで，この質問について，Carpenterの文書によれば，次のような説明が経営執行委員会に対してなされた。

　チャコール部において，0.6ヶ月分という製品在庫投資の標準は低すぎると考えられるので，この点を再検討すべきである。しかし，この低い標準に

ついて考える際に，8月末のチャコール工場における実際の在庫として，チャコールが0.25ヶ月分，アルコールが1.65ヶ月分，そして石灰アセテートが1.08ヶ月分しか存在していなかった。その際，アルコールの標準超過投資は，貨車2両分の原料をすでに使用していたこと，および製品に対する需要の一時的落ち込みが生じたことによるものとして説明できる。また，石灰アセテートの標準超過投資は，製品に対する需要の一時的落ち込みによるものである。そして，9月末におけるチャコール製品への投資は，8月末と比べて減少傾向を示しており，アルコール，石灰アセテート，およびチャコールの在庫は，10月末には改善されると考えられる[35]。

(3) 1923年11月8日における爆薬部門の硝石部に関する文書

1923年10月10日に作成されたCarpenterの文書によれば，経営執行委員会は，爆薬部門の硝石部に関する在庫について，次のような質問を行った。

硝石部において，製品在庫投資は，1923年3月に63,000ドルであったものが，同年9月30日時点では131,000ドルへと増加しており，標準値と比較して，37,000ドルの超過投資の様相を呈している。また，原材料と補助材料への在庫投資は，1923年4月に173,000ドルであったものが，同年9月には209,000ドルへと増加しており，9月30日時点では142,458ドルの超過投資の状況に陥っている。そこで，本来は，製品，原材料，および補助材料への在庫投資を減少させる必要があるにも係わらず，なぜ，これらへの投資は増加し続けるのか[36]。

そこで，この質問について，Carpenterの文書によれば，次のような説明が経営執行委員会に対してなされた。

硝石部において，製品在庫投資が着実に増加しているのは事実である。9月末においては，実績値は標準値を37,000ドル超過しているが，これは，導火線用・信管用の火薬の注文が減少したからであり，10月においては，およそ25日間は通常の活動を継続することができるように，製品を備蓄しておいたからである。一方，原材料と補助材料の増加については，硝石と小樽用の鋼がそれだけ必要とされたからである。スクラントン工場（scranton mills）で使用される鋼は全てBelinで製造され，同工場の硝石部から"B" Blasting火薬製造部へ移されたので，硝石部における小樽用の鋼の在庫投資が確認されたので

第6章　コントロール・チャート・システムの展開　201

ある。そして，スクラントン社（事業部）には，販売部門があるので，この投資を Wilmington の本社によってコントロールするのはかなり困難である。さらに，最近生じた鉱夫のストライキによって，小樽を使用することが激減したので，小樽用の鋼の在庫が実質上増加した。しかし，この状況は一時的なものであるが，数ヶ月は続くはずである[37]。

　以上，当時，デュポン社の財務部長であった W. S. Carpenter が 1923 年から 1924 年にかけて作成した文書に基づいて，同社のチャート・ルームにおける業績評価活動について検討したが，そこでの業績評価の目的とはいかなるものであったのであろうか。

　Carpenter の文書によれば，最初に，コントロール・チャートの財務比率に関する評価・分析では，総売上高売上コスト率における予測値と実績値の比較，実績値の期間比較，および売上高利益率における実績値の期間比較等が行われた。もちろん，財務比率だけではなく，実際の数値における期間比較・分析も実施された[38]。次に，コントロール・チャートの予測に関する評価・分析では，製品在庫投資における予測値と実績値の比較，および純売上高と純利益における予測値と実績値の比較等が行われた。そして，コントロール・チャートの標準に関する評価・分析では，製品在庫における期間比較，製品在庫における標準値と実績値の比較，および原材料と補助材料の在庫における期間比較等が行われた。

　従来，管理会計では，業績評価のための会計機能という場合，予算値あるいは標準値を実績値と比較して，その差異分析を行うという方法で経営管理が行われている。これに対して，デュポン社で用いられたコントロール・チャート・システムにおいては，標準値を用いて業績評価が行われているのは在庫（棚卸資産）の場合のみであり，他の項目に関しては，これが実績値や予測値を用いて実施されている。しかし，その際，予測値とは，企業活動をコントロールするための達成目標ではなく，現状および将来の状況を考慮した上で，多分こうなるであろうといった推測値に過ぎないわけであるから，予測値と実績値を比較することの意味は，実績値が予測値からどれだけ乖離しているかを観察・確認し，相互に関連するコントロール・チャートを連動させて分析することに

より，その乖離の理由を計数的に明らかにすることであると考えられる[39]。

　1959年にデュポン社によって作成されたコントロール・チャート・システムに関する解説書によれば，予測は，経営者や管理者に対して，将来の営業活動に関する判断材料を提供するだけでなく，実績を最終的に評価する尺度としても役立つものである，と記されている[40]。つまり，この予測値と実績値を比較するということの主な目的は，実績値の分析・説明であり，そのことによって得られた情報をその後の経営活動に役立てることである。このことは，従来から認識されてきた予算値や標準値を用いる経営管理の方法とは，その主な目的が異なるものであり，業績評価の意味も違ったものになると考えられる。また，コントロール・チャート・システムにおいては，当年あるいは当月等の実績を過去の実績と比較することによって，現在の実績が評価されることも行われているが，このことも，予算値や標準値を用いる経営管理のもつ意味合いとは異なるものであると考えられる。

　ただし，前述したように，棚卸資産の場合に限っては，実績値と比較されるのは過去の数値や予測値ではなく標準値である。つまり，この棚卸資産に関する業績評価の方法は，通常の業績評価という場合の考え方に基づいており，当時，デュポン社にとって在庫管理の問題が非常に重要であったことを認識させるものである。

3　コントロール・チャート・システムの構造

3－1　コントロール・チャート・システムに係わる組織

　第1章で考察されたように，デュポン社は，デュポン火薬会社をはじめ，多くの火薬会社や他業種の会社から構成されていたために，職能部門別組織に基づく経営管理活動に支障が生じるようになった。そこで，同社は，GM社と同時期に世界で最初に事業部制組織を開発・導入し，経営管理活動を展開した。そして，管理会計の技法や概念も，職能部門別組織の場合とは異なり，事業部制組織を前提とした経営管理活動を支援するものへと変革を迫られることになった。その1つが，コントロール・チャート・システムの活用である。その際，そこで用いられるコントロール・チャートを構成する会計情報の軸は，投資利

益率（return on investment）であった[41]。

デュポン社はコントロール・チャート・システムを実施する際に，数回にわたって，*Executive Committee Control Charts* と呼ばれる経営執行委員会を中心とする経営管理者のためのコントロール・チャートに関する解説書を作成している[42]。現在，確認される中で最も古いものは 1947 年に作成されたもので，その後も修正や改訂が行われている[43]。このようなコントロール・チャートに関する解説書あるいはマニュアルのようなものは 1947 年以前から作成されていた可能性が高いと考えられる。なぜなら，前述したように，これらの Top および Middle の Management による会社全体・各事業部・各部門等の業績評価活動は，1922 年 4 月 26 日から開始されているからである[44]。

そこで，まず，コントロール・チャート・システムをしっかりと理解するために，デュポン社の委員会組織を中心とした大まかな組織について検討することにする。なぜなら，コントロール・チャートを利用するのは主に，これらの組織に関係する部局であるので[45]，各委員会のもつ責任・権限や会社内における位置付けを確認しておくことは，コントロール・チャート・システムを把握する上で重要であると考えられるからである。ゆえに，本章ではまず，1947 年に作成されたコントロール・チャートに関する解説書に従って，デュポン社のコントロール・チャート・システムに係わる委員会組織について検討することにする。

図表 6 - 7 は，前述の 1947 年の解説書で示されたデュポン社の委員会組織を中心とした組織図である。図表 6 - 7 によれば，取締役会（board of directors）の下に，経営執行委員会（executive committee），財務委員会（finance committee），監査委員会（committee on audit），そして賞与・給与委員会（bonus & salary committee）が設置されている。

図表 6 - 7 に示される経営執行委員会は，取締役会の休止期間には，会社業務の全ての管理・指揮において，取締役会に代わり全ての権限をもち，これを行使する。ただし，財務委員会，監査委員会，あるいは賞与・給与委員会に割り当てられた事柄は除かれる。したがって，当委員会は，製品の製造・販売，新製品の開発，そして会社の全般的管理に関する全ての事柄を管理・指揮する責任をもつ[46]。

図表6－7 デュポン社の委員会組織を中心とした組織図

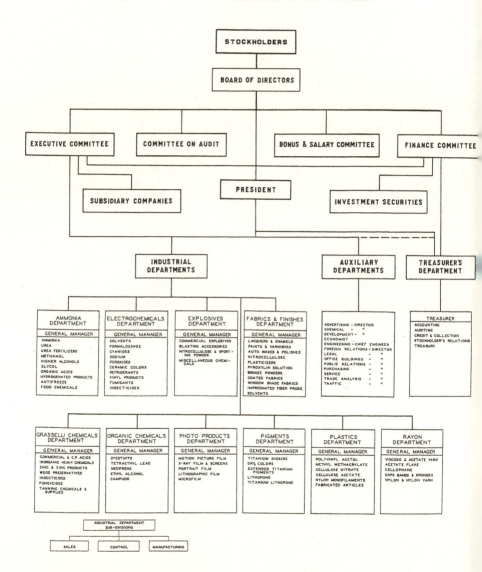

（出所）Records of E. I. du Pont, Box E-4, p.4.

財務委員会は，取締役会の休止期間には，会社の財務活動の管理において，取締役会に代わり全ての権限をもち，これを行使する。つまり，当委員会は，会社の現金・投資証券，および新工場建設のための資金配分に関する権限を行使する。そして，財務部長は会計部門の長として，財務委員会に報告する義務を要する[47]。

　監査委員会は，連結貸借対照表や連結損益計算書等が掲載された株主向けの年次報告書の監査を行うために，公認会計士を雇い入れると共に，公認会計士の監査報告を受け取り，その報告によってなされた勧告に従って適切な行動を取る責任をもつ[48]。

　賞与・給与委員会は，会社のボーナス・プランに関係する権限をもち，社内のポジションに基づいて，取締役会長，財務委員会・経営執行委員会・監査委員会のメンバー，社長，そして副社長の報酬を決定する。また，ボーナス・プランに関して，当委員会は，ボーナス・ファンドへの毎年の繰入額，およびボーナスを普通株式・現金あるいはその両方で支給するか等の報奨の形式，そして取締役メンバーのボーナスに関する決議書の書式を決定する[49]。

　そして，社長は，経営執行委員会と財務委員会の下で，会社経営に関する一般的な責任をもつと共に，経営執行委員会の委員長であり，財務委員会のメンバーでもあるが，1947年の解説書によれば，図表6－7に示されるように，当時のデュポン社の活動は，10のインダストリアル部門（industrial departments），1つのトレジャラー部門（treasurer's department），そして13の補助部門（auxiliary departments）によって行われている[50]。

　図表6－7に示される10のインダストリアル部門は各々，全般管理者の指示の下で管理されるが，それぞれが，製造部，販売部，そしてコントロール部から構成されている[51]。しかし，当部門におけるサービス，会計，および財務の諸機能のほとんどは，補助部門とトレジャラー部門によって担当される。そして，各全般管理者は，経営執行委員会の政策と一致するように指示されている活動については，当該活動に関する定期的な報告を同委員会に対して行う[52]。

　図表6－7に示される1つのトレジャラー部門は，財務部長の指示の下で，会計，内部監査，消費者に対する信用の拡大，集金用の消費者勘定，株主への報告，株主に関する記録，そしてその他の財務に関係する事柄を管理する[53]。

図表6－7に示される13の補助部門は通常それぞれ，部門長の指示の下で，組織全体のためのサービス部門としての機能を果たしている。そのサービスの内容は，図表6に示されるネーミングから推察できるが，推察が困難なものについては，解説書で次のような説明がなされている。ケミカル部門（chemical department）は，科学的調査の形式を取り扱うと共に，全ての部門に対して，科学的調査に関する助言を行う。開発部門（development department）は，特別なビジネス問題と新しいインダストリーに関する研究を行う。エンジニアリング部門（engineering department）は，追加的な製造設備等を設計・建設すると共に，既存の設備の更新や改善を行う。サービス部門（service department）は，インダストリアル・リレーションズ，医療，巡回，人事，印刷，不動産，保全，および防火等のような様々なサービス機能を管轄する。そして，事務所建設部門（office bldgs.）は，Wilmington における事務所の建設に携わる[54]。

そして，財務部長を中心としたトレジャラー部門によって作成された投資利益率を軸としたチャート（図表）形式の財務資料を基にして，様々な事業部や部門等の業績評価を行うために，経営執行委員会と財務委員会のメンバー，インダストリアル部門の全般管理者（支配人），全般副管理者（副支配人）およびサービス担当管理者，そして経営執行委員会と財務委員会のメンバーおよび前述の全般管理者（支配人）によって特に書面をもって要請・任命された人，が定期的にチャート・ルームと呼ばれる部屋に財務部長によって集められた[55]。つまり，前述の組織のメンバーによって，会社全体および各事業部や各部門等に関する業績評価がチャート・ルームにおいて行われたのである。

3－2　投資利益率概念の生成・発展

前述したように，チャート・ルームにおいて，業績評価を行うためのコントロール・チャートの軸となるのは，投資利益率である。経営管理活動に投資利益率を利用するという考え方の系譜については，19世紀の New England 地方の綿業企業における資本金利益率の利用を源流とし，資金調達における財務構造の変化によって投資利益率（総資本利益率）が登場すると考えられていたが，19世紀中期のアメリカ鉄道会社においては，意思決定活動である鉄道ルートの選定，および業績評価活動である予算の作成等のために，投資利益率

第6章　コントロール・チャート・システムの展開　207

が作成・利用されていた。その際，この投資利益率概念が20世紀の製造企業の中に，どのように伝播していったかについては，現時点では明確に断言することはできないが，Alfred D. Chandler, Jr. が指摘するように，デュポン火薬会社における経営管理の方法が19世紀中期のアメリカ鉄道会社のやり方に大きな影響を受け，これを受け継いでいったことは間違いのないことであると考えられる[56]。なぜなら，デュポン火薬会社の財務部長であった Hamilton MacFarland Barksdale のように，鉄道会社で経営管理者としての訓練を受けた人々が，デュポン火薬会社の主要な管理ポストに移転した事実が確認できるからである[57]。

　20世紀初頭のデュポン火薬会社においては，ダイナマイトのコストと工場への投資額との関係を分析するために投資利益率が利用されたが，その利用状況は，前記の第1章の図表1-6で確認される。図表1-6によれば，投資利益率は，投資額に対する総売上高の割合である総資本（投資）回転率（G）と総売上高に対する利益の割合である売上高利益率（g）の積として表されている。そして，第1章の分析からも明らかなように，20世紀初頭のデュポン火薬会社において，投資利益率が経営管理のために利用されていたことは明らかなことである。ただ，このダイナマイトのコストと工場への投資額との関係を分析したのが，Barksdale の娘婿の Donaldson F. Brown であったかどうかは，一次資料では確認されていない[58]。

　Brown は1957年に，自らの企業人としての回想録を著述した。それによれば，1914年に，デュポン火薬会社の当時の社長であった Coleman du Pont は，当時，総括経営管理者であった Barksdale が病気療養中であったため，その部下である Brown に対して，いくつかの営業（事業）部門についての業績評価を行うようにとの指令を出したが，そのときに，Brown によって業績評価の方法として考案されたのが，R＝T×P という公式であったと説明されている。Brown によれば，この R＝T×P という公式において，R は経営管理者が最も責任を負うべき数値である投資利益率（the rate of return on capital invested）を示しており，これは非常に重要な効率の尺度を示す指標であったが，T は総資本（投資）回転率（the rate of turnover of invested capital），P は売上高利益率（the percentage of profit on sales）を表している。その際，総資本回転率における総

資本（投資）は，原材料，仕掛品，製品，売掛金，そして営業資金のような様々なものから構成される運転資本，および工場や固定的投資等から構成される固定資本から成るが，この総資本回転率 T は総投資額に対する売上高の割合として示される。一方，売上高利益率 P は売上高に対する売上総利益の割合を表すが，これによって，コスト削減の程度を知ることができた[59]。

ただ，この R ＝ T × P という公式は，第1章の図表1－6に記される投資利益率＝ G × g と全く同じものであり，G を T に，g を P に置き換えただけであるが，Brown は回想録において，これを T × P として表示した。そして，1914年に，この公式の開発も含めて，彼は Barksdale の部下としての地位から，一躍，財務部門において，財務部長（treasurer）であった John J. Raskob を補佐する財務次長（assistant treasurer）に抜てきされた。その後，この R ＝ T × P という関係に基づいて，投資利益率に影響を与える諸要因の関係を体系的・有機的に説明できるように工夫されたのが，デュポン・チャート・システムであった[60]。

3－3　コントロール・チャートの構成要素

当時のデュポン社で用いられたコントロール・チャートは，経営執行委員会をはじめ，各種委員会や経営管理者グループのために，これまで作成されてきた伝統的な営業報告書，財務報告書，および財務諸表等と共に，経営に役立つ情報を提供する目的で作成された図表（chart）である。1947年の解説書によれば，コントロール・チャートは全部で，Chart No.1 から Chart No.8 まであり，これら一連のチャートは，各インダストリアル部門およびその主な事業部のために整備され，子会社に対して利用される場合には，少々修正が施された。そして，同チャートでは，製造活動と販売活動に関する過去10年間と今年の結果，および翌年の予測についての財務・統計数値が図表形式で表され，それらのチャートは，グループ・ディスカッションにおいて効果的に使用されるような大きさのもの（30″× 40″）として準備された[61]。

1947年の解説書では，コントロール・チャート・システムにおいては，投資利益率が営業活動の最終成果（end result）として示されるが，投資利益率に影響を与える様々な要因の相互関係が説明されている。ただ，その説明はすで

に，一般的によく知られている第4章の図表4−1でなされている。しかし，図表4−1は，T. C. Davisが1947年の解説書で最初に記されたフォーミュラ・チャート（formula chart）と呼ばれる図表6−8を基にして，1950年に作成・紹介したものである。そこで，ここでは，それより以前に作成された1947年の解説書で示される図表6−8を検討することにする[62]。

　また，図表6−8によれば，投資利益率は単一の指標ではなく，回転率（turnover）と売上高営業利益率（operative earnings as % of sales）を掛けたものとして表され，回転率と売上高営業利益率の両者と投資利益率との関係をただちに理解することができる。そして，回転率は売上高（sales）を総投資額（total investment）で除したものであり，一方，売上高営業利益率は営業利益（operative earnings）を売上高で除したものとして表される[63]。

　ゆえに，回転率は売上高と投資との関係として示されるが，投資は固定的投資（permanent investment）と運転資本（working capital）とに分解される。その際，運転資本は，原材料（raw materials），半製品（semi-finished product），製品（finished product），受取勘定（accounts receivable），そして現金（cash）から構成される。また，売上高営業利益率は営業利益と売上高との関係として示され，営業利益は売上高から売上（総）原価（cost of sales）を差し引いたものとしてとらえられる。ただ通常，このcost of salesは売上原価と直訳されるが，この場合のcostは，売上原価に販売費および一般管理費等を含んだ総原価に当たるものであり，売上総原価という方が適切であると考えられる。そして，売上総原価は，運送費および配達費（freight & delivery），販売費（selling expense），売上品製造コスト（mill cost of sales；売上コスト），そして管理費（administrative expense）から構成されるが，この場合の売上品製造コストは通常の売上原価に相当するものと考えられる[64]。

　また，図表6−8はFormula Chartと呼ばれ，回転率と売上高営業利益率を媒介として，投資利益率の変化の原因を直接的に解明することができる利点をもっている。1947年の解説書では，コントロール・チャートの機能・役割についての解説を行う前に，チャートの中で使用される用語・概念が，以下のように説明されている。

　外部販売（outside sales）は，顧客に対する総請求額から値引きや現金割引を

図表6-8 デュポン社のフォーミュラ・チャート

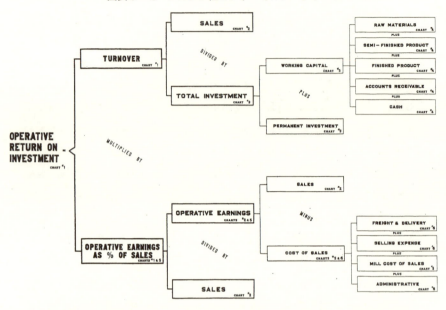

(出所) Records of E. I. du Pont, Box E-4, p.9 (各項目の右下に記される数字は, チャートの番号を示している)。

差し引いた概念であると定義される。製造原価 (mill cost) は, 販売された製品の総製造コスト (total manufacturing cost of product sold) と説明されており, 通常の売上原価 (売上コスト) であると考えられるが, 労務費, 原材料費, 動力費, そして減価償却費や管理費等の間接費から構成される。運送費および配達費は, 会社外部への運送費, そして運送部門の費用の一部である倉庫保管費から構成される。販売費は, 販売活動によって消費される費用であることを前提とした上で, 販売事務所費, 広告費, 販売員給料, 支払手数料, 旅費, そしてインダストリアル部門における経営管理事業部の費用の一部から構成される。管理費は, 図表6-8に示される特定のインダストリアル部門にだけ貢献するトレジャラー部門費と補助部門費に, 全ての部門全体に貢献する事務所費, トレジャラー部門費, そして補助部門費を加算した合計額であると説明される。営業利益は, 図表6-8に示されるように, 売上高から売上原価, 運送費および倉庫保管費, 販売費, そして管理費を差し引いた概念として把握され

る。その際，他の全ての費用（all other expense）は，（州）所得税や各部門に直接割り当てることができない費用のような一般的性質をもった概念として認識されているが，営業利益は，他の全ての費用を差し引く前の利益として定義される。そして，純利益（net earnings）は，営業利益から他の全ての費用を控除した概念として説明されている[65]。

　また，1947 年の解説書では，投資関係の用語・概念についての説明がなされる。まず，運転資本は，製造活動によって生じた棚卸資産，売掛金，および受取手形に，次の四半期に基づいて算出される月々の平均売上総原価予測額に相当する現金を加えた概念としてとらえられている。そして，現金は，インダストリアル部門が営業活動に必要とする額としてとらえられる。次に，固定的投資は，（減価償却引当金を控除する前の）工場の建物と設備，土地，そして営業活動に必要な他の固定資産から構成される。この場合，暖簾，投資証券，遊休不動産のような諸項目は製造活動に使用されないという理由で，ここでいう投資からは除外される。そして，総投資（total investment）は，運転資本と固定的投資を合計したものである。その際，各部門に割り当てられる総投資は，ある部門にのみ使用される投資に加えて，管理事務所の備品のような会社全体に係わりをもつ一般的な設備投資の一部も含むことになると説明される[66]。

4　コントロール・チャート・システムの機能

　以上のように，コントロール・チャートは投資利益率を中心として展開されるが，最初に，投資利益率を経営管理のために利用したのは，19 世紀中期のアメリカ鉄道会社であり，それは鉄道ルートの選定や鉄道運賃の設定のために利用された[67]。また，投資利益率を資本回転率と売上高利益率に分解するという考え方は，20 世紀初頭におけるデュポン社の事業会社であったデュポン火薬会社（the E. I. du Pont de Nemours Powder Company）において，その存在がすでに確認されている。同社での投資利益率の役割は，申請された割当予算を承認するかどうかを判断するための基準であると共に，割当予算（appropriation）を大枠として，営業予算を作成するための基準でもあり，予算管理が実施されていた[68]。

212

　しかし，デュポン社における投資利益率は，割当予算の承認や営業予算の作成だけではなく，Top および Middle の Management によるコントロール・チャートを用いた事業部や部門等の業績評価の手段として利用されたのである[69]。また，デュポン社と同時期に事業部制組織を構築し，当時，同レベルの経営管理方法を展開した 20 世紀初頭の GM 社では，デュポン社と同様に，割当予算システムの構築・実施等が展開されたが，その当時，コントロール・チャート・システムのような方法を用いた形跡は，現時点では確認できない[70]。では，デュポン社は，予算管理の他に，なぜ，コントロール・チャートを用いた業績評価活動を必要としたのだろうか。また，コントロール・チャート・システムにおける業績評価活動とはどのようなものであったのであろうか。そこで，次に，デュポン社にとってのコントロール・チャート・システムの機能について検討することにする。

　デュポン社の 1947 年の解説書によれば，コントロール・チャートは全部で，Chart No.1 から Chart No.8 まであり，投資利益率を軸として，同社の組織に根付いて機能することになるが，各種委員会および各部門の代表者は，これらのチャートを利用して，会社全体および各事業部や各部門等の業績評価を実施することになる。そして，同解説書では，架空の会社の事例を用いながら，Chart No.1 から Chart No.8 までの順に，チャートに関する説明が行われている[71]。

　Chart No.1 では，図表 6 - 9 に示されるように，投資利益率，回転率，そして売上高利益率が示される。1947 年の解説書によれば，これら 3 つの要因は，前述したように，相互に関係付けられており，営業活動から得られた最終結果を示すと共に，経営管理能率の程度を表すものであるが，これらの各要素における趨勢の変化の原因は，他のいくつかのチャートの中で確認できる。投資利益率と売上高利益率は，営業利益と純利益の両方から影響を受けるが，Chart No.1 では，その最上部から順に，投資純利益率と投資営業利益率，その次に回転率，そして（外部販売に基づく）売上高営業利益率の年間実績値が 1937 年から 1946 年まで，年ごとに，左側のグラフに実線で表されている。一方，右側のグラフには，1947 年の 10 月まで，月ごとに，3 つの比率の月間実績値が年間ベース（annual basis）で換算され，濃い色の実線によって示されると共に，

第6章　コントロール・チャート・システムの展開　213

3つの比率に関して，同年の当該日（月末）までの実績値が年間ベースで換算され，薄い色の実線によって記される。また，左側の点線のグラフでは，1937年から1946年までの10年間の3つの比率の平均値が示されている[72]。

　さらに，1947年の解説書では，投資営業利益率，回転率，および売上高営業利益率の予測（forecasts）を行う方法が説明されるが，予測は1年間に4回のペースで実施される。予測No.1は1月1日から12月31日までの1年間，予測No.2は4月1日から翌年の3月31日までの1年間，予測No.3は7月1日から翌年の6月30日までの1年間，そして予測No.4は10月1日から翌年の9月30日までの1年間，を対象として実施されている。これらの予測は，各インダストリアル部門に存在する各事業部の販売事務所によって，予測期間における販売量を予測することから開始されるが，その予測販売量のデータは，再調査を行うために，販売管理者に送られた後に，予測販売高，予測営業利益，および予測投資額の相関関係をチェックするために，コントロール部にも送られる。そして，最終的に見積もられた予測値は，全ての他の費用が各部門や各事業部等に割り当てられた後に，予測純利益を算出するために，トレジャラー部門に送られる[73]。

　前述したように，投資営業利益率，回転率，および売上高営業利益率における予測は，年間および四半期ごと等に実施されるが，これらの予測比率は，図表6−9（Chart No.1）の右側のグラフに示される矢印等によって示される。そして，1947年の解説書では，Chart No.1の右側のグラフに示される矢印等が何を意味しているかが，次のように予測No.1〜予測No.4によって説明されている[74]。

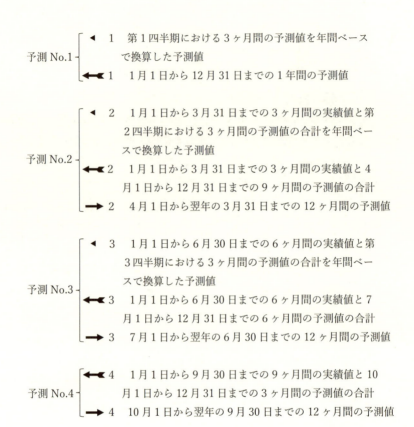

第6章 コントロール・チャート・システムの展開 215

図表6－9 投資利益率・回転率・売上高利益率（Chart No.1）

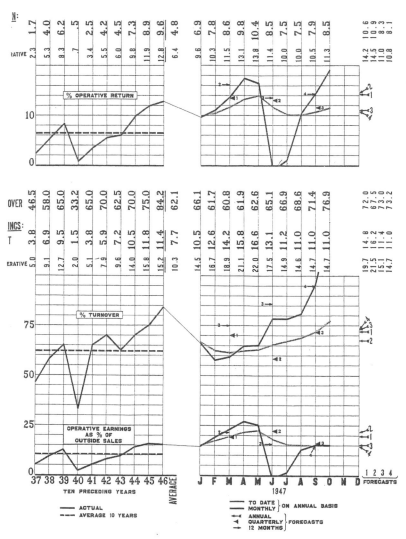

（出所）Records of E. I. du Pont, Box E-4, p.21.

216

　1947 年の解説書によれば，Chart No.2 では，図表 6 - 10 に示されるように，外部販売による売上高，営業利益および純利益が示される。これらの要因は，売上高利益率を計算する際に必要な基礎データとなる，と説明される[75]。図表 6 - 10 によれば，左側の最上部から順に，外部販売による売上高，純利益および営業利益の年間実績値が 1937 年から 1946 年まで年ごとに示され，外部販売による売上高と営業利益のグラフが実線で表されている。また，左側の点線のグラフでは，1937 年から 1946 年までの 10 年間の外部販売による売上高と営業利益の平均値が示される。一方，右側の最上部から順に，外部販売による売上高と営業利益の月間実績値が 1947 年の 1 月から 10 月まで月ごとに示され，右側のグラフには，外部販売による売上高と営業利益の月間実績値が年間ベースで換算され，濃い色の実線によって表されると共に，2 つの値に関して，同年の当該日（月末）までの実績値が年間ベースで換算され，薄い色の実線によって記される。

　また，外部販売による売上高と営業利益における予測は，Chart No.1 の場合と同様に，年間および四半期ごとに実施されるが，これらの予測値は，図表 6 - 10 の右側のグラフに示される矢印等によって示される。そして，それらの矢印等の意味は，Chart No.1 で説明された内容と同じである。

第6章 コントロール・チャート・システムの展開　217

図表6-10　外部販売による売上高・営業利益・純利益（Chart No.2）

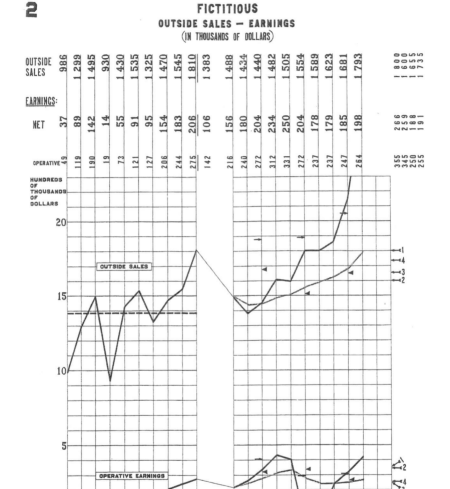

（出所）Records of E. I. du Pont, Box E-4, p.21.

Chart No.3 では，図表 6 - 11 に示されるように，総投資，運転資本および固定的投資が示される。1947 年の解説書によれば，運転資本と固定的投資の合計として表される総投資は，図表 6 - 9 で示されるように，Chart No.2 で記される売上高と共に，資本回転率に影響を与える重要な要因となる，と説明される [76]。

これらの要因は，売上高利益率を計算する際に必要な基礎データとなる。図表 6 - 11 によれば，左側の最上部から順に，総投資，運転資本および固定的投資の年間実績値が 1937 年から 1946 年まで，年ごとに示され，総投資と固定的投資のグラフが実線で表されている。また，左側の点線のグラフでは，1937 年から 1946 年までの 10 年間の総投資と固定的投資の平均値が示される。一方，右側の最上部から順に，総投資，運転資本および固定的投資の月間実績値が 1947 年の 1 月から 10 月まで，月ごとに示されると共に，右側のグラフには，総投資と固定的投資の月間実績値が年間ベースで換算され，濃い色の実線によって表されるが，2 つの値に関して，同年の当該日（月末）までの実績値が年間ベースで換算され，薄い色の実線によって記される。

また，総投資と固定的投資における予測は，Chart No.1 の場合と同様に，年間および四半期ごと等に実施されるが，これらの予測値は，図表 6 - 11 の右側のグラフに示される矢印等によって示される。そして，それらの矢印等の意味は，Chart No.1 で説明された内容と同じである。

第6章 コントロール・チャート・システムの展開 219

図表6－11 総投資・運転資本・永久的投資（Chart No.3）

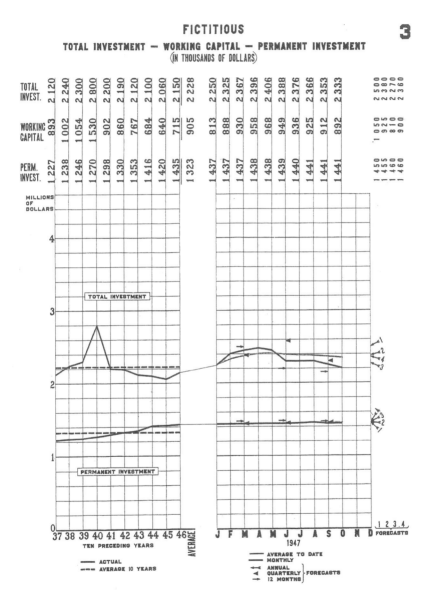

(出所) Records of E. I. du Pont, Box E-4, p.21.

220

　Chart No.4 では，図表 6 - 12 に示されるように，運転資本における実績値と標準値を比較するという形式によって表 (4^F) とグラフ (4^D) が示される。Chart No.1 から Chart No.8 までの解説・図表のなかで，この Chart No.4 だけが予測値ではなく，標準値という表現になっている。図表 6 - 12 の 4^F では，運転資本として，原材料，半製品，製品，総在庫，売掛金，そして現金が取り上げられ，1946 年 1 月から 12 月までの実績値，そして 1947 年 1 月から 10 月において，それぞれの実績値と標準値が比較されることによって，標準値からの過不足が表によって示されるが，その原表では，運転資本の実績値が標準値を上回った値は赤字，実績値が標準値よりも下回った値は緑字で表示されている。また，図表 6 - 12 の 4^D では，4^F の表に示される数値がグラフで表されるが，運転資本の実績値が実線で，標準値が点線で表示される。なお，Chart No.4 に示される現金は投資活動に投入される営業用現金であり，Chart No.4 を構成する諸項目は資本回転率の分析を完結させるものである[77]。

　1947 年の解説書によれば，Chart No.4 で登場する標準値は，原材料，半製品，製品のような棚卸資産の予測消費量・予測販売量に基づく適正在庫を測定・提示すると共に，実際売上高に対する売掛金をコントロールするために使用される基準を示している。そして，標準在庫は，予測営業量に基づいて，将来における月末の在庫に投資されるべき総額を決定する基準となるが，これらの標準値は，戦争や恐慌時における異常な経済状況等と共に，原材料のケースにみられるように，短期の市場状況に乗じて行われる購買政策による一時的な変動状態を除外して，通常の状況を前提とした月ごとの消費額として決定される[78]。

　そして，実績在庫が標準在庫を上回る場合には，その超過の程度に応じて資本回転率を押し下げ，その結果，投資利益率を減少させると共に，棚卸資産損失の発生可能性が大きくなる。一方，実績在庫が標準在庫を下回る場合には，原材料の不足によって，製造工程における諸活動，ひいては顧客へのサービス提供が妨害されることになる。また，売掛金の月末における標準値は，決済が延期される期間を反映しており，ある時点において未決済である最大受取額を示している。その際，実際売掛金残高が標準値以下である場合には，売掛金の回収が予定よりもうまくいっていることを示しており，実際売掛金残高が標準値以上である場合には，売掛金の回収が予定よりも遅れていることを表してい

る，と 1947 年の解説書では説明される[79]。

1947 年の解説書によれば，Chart No.5 では，図表 6 - 13 に示されるように，1937 年から 1946 年において，外部売上高に対する売上コストの割合である外部売上高売上コスト率（mill cost as % of outside sales），外部売上高に対する営業利益の割合である外部売上高営業利益率（operative earnings as % of outside sales），および生産操業度（production as % of capacity）がグラフで示され，生産操業度と製造コストの関係を把握できるようになっている[80]。

図表 6 - 13 では，左側のグラフの最上部から順に，売上コスト，外部売上高純利益率および外部売上高営業利益率の年間実績値が 1937 年から 1946 年まで，年ごとに数値で示され，その下に，外部売上高売上コスト率と外部売上高営業利益率のグラフが実線で表されている。また，左側の濃い点線のグラフでは，1937 年から 1946 年までの 10 年間の外部売上高売上コスト率と外部売上高営業利益率の平均値が示される。一方，右側のグラフの最上部から順に，売上高純利益率および売上高営業利益率の月間実績値が 1947 年の 1 月から 10 月まで，月ごとに数値で示され，その下の右側のグラフには，外部売上高売上コスト率および外部売上高営業利益率の月間実績値が年間ベースで換算され，濃い色の実線によって表されると共に，2 つの比率に関して，同年の当該日（月末）までの実績値が年間ベースで換算され，薄い色の実線によって記される。

また，図表 6 - 13 では，売上高売上コスト率と売上高営業利益率における予測は，Chart No.1 の場合と同様に，年間および四半期ごとに実施されるが，これらの予測比率は，図表 6 - 13 の右側のグラフに示される矢印等によって示される。そして，それらの矢印等の意味は，Chart No.1 で説明された内容と同じである。

図表 6 − 12 運転資本における実績値と標準値 (Chart No.4)

4 F

FICTITIOUS
WORKING CAPITAL COMPARED WITH STANDARD
(IN THOUSANDS OF DOLLARS)

RAW MATERIALS

MOS.	1946	1947	
		ACTUAL	EXCESS
JAN	100	116	11
FEB	105	140	11
MAR	100	145	4
APR	95	150	59
MAY	100	140	90
JUN	100	100	27
JUL	90	85	6
AUG	85	88	10
SEP	95	91	9
OCT	100	94	6
NOV	95		
DEC	100		

SEMI − FINISHED PRODUCT

1946	1947	
	ACTUAL	EXCESS
86	132	19
104	220	40
100	198	22
90	169	60
80	126	6
130	100	20
103	80	20
99	'75	5
125	50	50
113	55	26
118		
115		

FINISHED PRODUCT

MOS.	1946	1947	
		ACTUAL	EXCESS
JAN	220	200	36
FEB	260	220	49
MAR	251	260	84
APR	240	247	59
MAY	210	373	177
JUN	220	280	68
JUL	230	260	14
AUG	250	250	49
SEP	235	250	11
OCT	210	200	1
NOV	220		
DEC	215		

TOTAL INVENTORIES

1946	1947	
	ACTUAL	EXCESS
406	448	28
469	580	100
451	603	66
425	566	178
390	639	273
450	480	115
423	425	28
434	413	64
455	391	12
423	349	19
433		
430		

ACCOUNTS RECEIVABLE

MOS.	1946	1947	
		ACTUAL	EXCESS
JAN	145	148	24
FEB	132	150	35
MAR	141	152	31
APR	180	155	21
MAY	193	158	25
JUN	178	161	11
JUL	152	167	17
AUG	138	171	16
SEP	156	180	1
OCT	185	195	38
NOV	165		
DEC	143		

CASH

1946	1947	
125	113	
125	113	
125	113	
130	98	
130	98	
130	98	
120	133	
120	133	
120	133	
150	135	
150		
150		

FICTITIOUS
WORKING CAPITAL COMPARED WITH STANDARD

4D

RAW MATERIALS

HUNDREDS OF THOUSANDS OF DOLLARS

MOS. CONSUMPTION RAW MATLS.
1.0

2

1

0

D M J S D M J S D

SEMI-FINISHED PRODUCT

HUNDREDS OF THOUSANDS OF DOLLARS

MOS. CONSUMPTION SEMI-FIN.
1.0

2

1

0

D M J S D M J S D

FINISHED PRODUCT

HUNDREDS OF THOUSANDS OF DOLLARS

MOS. MILL COST OF SALES
2.0

2

1

0

D M J S D M J S D

TOTAL INVENTORIES

HUNDREDS OF THOUSANDS OF DOLLARS

6

4

2

0

D M J S D M J S D

ACCOUNTS RECEIVABLE

HUNDREDS OF THOUSANDS OF DOLLARS

MOS. OUTSIDE SALES
1.0

2

1

0

D M J S D M J S D

1946   1947

——— ACTUAL INVESTMENT

CASH

HUNDREDS OF THOUSANDS OF DOLLARS

MOS. AVG. FCST. COST OF SALES
1.0

2

1

0

D M J S D M J S D

1946   1947

······ STANDARD INVESTMENT

（出所）Records of E. I. du Pont, Box E-4, p.21.

図表6－13 売上高売上コスト率・売上高利益率 (Chart No.5)

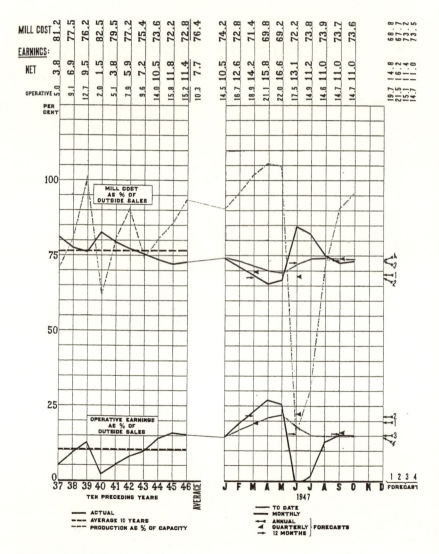

(出所) Records of E. I. du Pont, Box E-4, p.21.

第6章　コントロール・チャート・システムの展開　225

　1947 年の解説書によれば，Chart No.6 では，図表 6 - 14 で示されるよう
に，1937 年から 1946 年において，外部売上高に対する運送費，販売費，管理
費，およびその他全費用の割合が示され，Chart No.6 と Chart No.5 を合算し，
これらの資料と共に，売上高営業利益率を分析するための基礎資料を提供する
Chart No.2 を利用することにより，費用の発生傾向を知ることができる，と
説明される[81]。

　図表 6 - 14 では，左側のグラフの最上部から順に，外部売上高運送費率，
外部売上高販売費率，外部売上高管理費率，および外部売上高その他全費用
率の年間実績値が 1937 年から 1946 年まで，年ごとに数値で示され，これら 4
つの実績値のグラフが実線で表されている。また，左側の点線のグラフでは，
1937 年から 1946 年までの 10 年間における 4 つの比率の平均値が示される。
一方，右側のグラフの最上部から順に，外部売上高運送費率，外部売上高販売
費率，外部売上高管理費率，および外部売上高その他全費用率の月間実績値が
1947 年の 1 月から 10 月まで月ごとに数値で示され，その下の右側のグラフに
は，外部売上高売上コスト率および外部売上高営業利益率の月間実績値が年間
ベースで換算され，濃い色の実線によって表されると共に，2 つの比率に関し
て，同年の当該日（月末）までの実績値が年間ベースで換算され，薄い色の実
線によって記される。

　また，図表 6 - 14 では，外部売上高運送費率，外部売上高販売費率，外部
売上高管理費率，および外部売上高その他全費用率における予測は，Chart
No.1 の場合と同様に，年間および四半期ごとに実施されるが，これらの予測
比率は，図表 6 - 14 の右側のグラフに示される矢印等によって示される。そ
して，それらの矢印等の意味は，Chart No.1 で説明された内容と同じである。

図表6－14　外部売上高運送費率・外部売上高販売費率・外部売上高管理費率・外部売上高運送費率・外部売上高その他全費用率（Chart No.6）

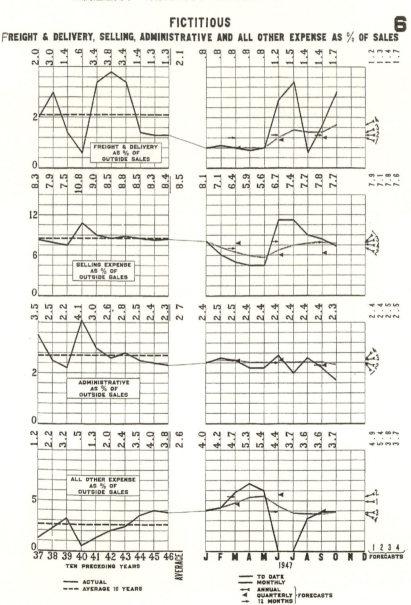

（出所）Records of E. I. du Pont, Box E-4, p.21.

第6章　コントロール・チャート・システムの展開　227

　Chart No.7 では，図表 6 - 15 に示されるように，外部売上高，営業利益，純利益がそれぞれ，1946 年と 1947 年の月々の数量・金額および累計数量・累計金額が表（7^F）によって表示され，1947 年の四半期および年間の予測が示されると共に，グラフ（7^D）によって，外部売上高，営業利益の 1947 年の実績額が実線で，1946 年の実績額が濃い点線で，および生産操業度が薄い点線で示される。また，外部売上高，営業利益における予測は，Chart No.1 の場合と同様に，年間および四半期ごと等で実施されるが，これらの予測値は，図表 6 - 15 の右側のグラフに示される矢印等によって示される。そして，それらの矢印等の意味は，Chart No.1 で説明された内容と同じである。

図表 6 - 15　外部売上高・営業利益・純利益 （Chart No.7）

7ᶠ FICTITIOUS
SALES — OPERATIVE EARNINGS — NET EARNINGS
(IN THOUSANDS OF DOLLARS)
OUTSIDE SALES

MOS.	MONTHLY UNITS 1946	1947	MONTHLY DOLLARS 1946	1947	CUMULATIVE UNITS 1946	1947	CUMULATIVE DOLLARS 1946	1947
JAN	1 220	1 240	122	124	1 220	1 240	122	124
FEB	1 290	1 150	130	115	2 510	2 390	252	239
MAR	1 500	1 210	152	121	4 010	3 600	404	360
APR	2 000	1 340	201	134	6 010	4 940	605	494
MAY	1 920	1 335	190	133	7 930	6 275	795	627
JUN	1 300	1 350	130	150	9 230	7 625	925	777
JUL	1 310	1 340	132	150	10 540	8 965	1 057	927
AUG	1 400	1 400	141	155	11 940	10 365	1 198	1 082
SEP	1 825	1 600	183	179	13 765	11 965	1 381	1 261
OCT	1 890	2 100	190	233	15 655	14 065	1 571	1 494
NOV	1 300		130		16 955		1 701	
DEC	1 100		109		18 055		1 810	

OPERATIVE EARNINGS / NET EARNINGS

MOS.	OPER. MONTHLY 1946	1947	OPER. CUMULATIVE 1946	1947	NET MONTHLY 1946	1947	NET CUMULATIVE 1946	1947
JAN	17	18	17	18	13	13	13	13
FEB	18	22	35	40	13	17	26	30
MAR	24	28	59	68	18	21	44	51
APR	28	36	87	104	21	27	65	78
MAY	23	34	110	138	17	26	82	104
JUN	20	2	130	136	15	2	97	102
JUL	22	2	152	138	17	2	114	104
AUG	21	20	173	158	16	15	130	119
SEP	25	27	198	185	19	20	149	139
OCT	27	35	225	220	20	26	169	165
NOV	22		247		16		185	
DEC	28		275		21		206	

PROD. & CAP. IN DOLLARS — FORECASTS 1947

MOS.	PRODUCTION MONTHLY	CAPACITY MONTHLY			OUTSIDE SALES UNITS	DOLLARS	SALES & TRANSFERS DOLLARS	OPERATIVE EARNINGS DOLLARS	NET EARNINGS DOLLARS
JAN			QUARTERLY	1	4 100	418		80	
FEB				2	8 500	755		168	
MAR				3	12 000	1 237		198	
APR				4	17 450	1 735		255	
MAY			ANNUAL	1	17 950	1 800		355	266
JUN				2	15 900	1 600		345	259
				3	16 600	1 655		250	188
JUL				4	17 450	1 735		255	191
AUG			12 MONTHS ENDING:						
SEP			12-31-47 — 1		17 950	1 800		355	
OCT			3-31-48 — 2		18 250	1 875		405	
NOV			6-30-48 — 3		19 000	1 890		297	
DEC			9-30-48 — 4		21 000	2 050		308	

第6章 コントロール・チャート・システムの展開 229

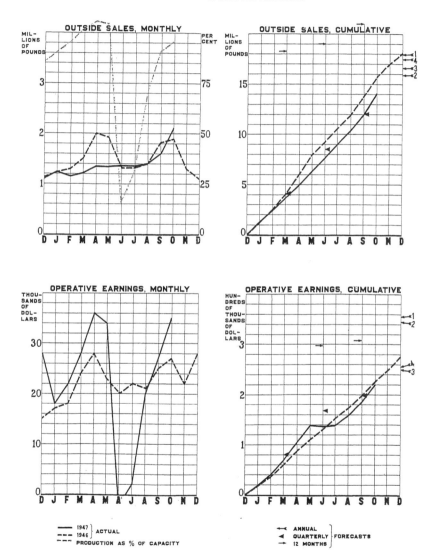

(出所) Records of E. I. du Pont, Box E-4, p.21.

Chart No.8 では，図表 6 - 16 に示されるように，上段の表には，外部売上高，運送費，販売費，売上コスト，管理費，営業利益，および純利益の実績値と予測値が，中段の表には，外部売上高に対するこれらの項目の割合の実績値と予測値が，1947 年の 1 月から 12 月まで，月ごとに示され，下段の表には，運転資本，固定的投資，および運転資本と固定的投資の合計として表される総投資の実績値と予測値が，1946 年の 12 月と 1947 年の 1 月から 12 月まで，月ごとに示される。1947 年の解説書によれば，Chart No.8 は，Chart No.7 の表（7^F）とグラフ（7^D）と共に，営業活動の分析に利用されるものである[82]。

図表6－16　外部売上高・投資（Chart No.8）

8 FICTITIOUS

OUTSIDE SALES — INVESTMENT
(IN THOUSANDS OF DOLLARS)

DIVISION OF OUTSIDE SALES

MOS. 1947	OUTSIDE SALES		FREIGHT & DELIVERY		SELLING EXPENSE		MILL COST		ADMINISTRATIVE		EARNINGS OPERATIVE		NET	
	ACTUAL	FORECAST	ACTUAL	FORECAST	ACTUAL	FORECAST	ACTUAL	FORECAST	ACTUAL	FORECAST	ACTUAL	FORECAST	ACTUAL	FORECAST
JAN	124	140	1	1	10	12	92	99	3	-3	18	25	13	19
FEB	115	135	1	1	7	10	82	98	3	3	22	23	17	17
MAR	121	143	1	1	6	11	83	96	3	3	28	32	21	24
APR	134	135	1	2	6	7	88	86	3	3	36	37	27	28
MAY	133	135	1	2	6	7	89	87	3	4	34	35	26	26
JUN	150	125	4	1	17	8	127	84	4	3	2	29	3	22
JUL	150	127	5	2	17	5	123	117	3	3	2	—	2	
AUG	155	163	1	2	14	10	116	123	4	3	20	25	15	19
SEP	179	170	3	2	15	11	130	116	4	4	27	37	20	28
OCT	233	220	7	3	17	11	170	145	4	4	35	57	26	43
NOV		150		2		11		103		4		30		23
DEC		104		7		13		96		5		17		13

AS % OF OUTSIDE SALES

MOS. 1947	OUTSIDE SALES		FREIGHT & DELIVERY		SELLING EXPENSE		MILL COST		ADMINISTRATIVE		EARNINGS OPERATIVE		NET	
	ACTUAL	FORECAST	ACTUAL	FORECAST	ACTUAL	FORECAST	ACTUAL	FORECAST	ACTUAL	FORECAST	ACTUAL	FORECAST	ACTUAL	FORECAST
JAN	100.0	100.0	.8	.7	8.1	8.6	74.2	70.7	2.4	2.1	14.5	17.9	10.5	13.6
FEB	—	—	.9	.7	6.1	7.4	71.3	72.7	2.6	2.2	19.1	17.0	14.8	12.6
MAR	—	—	.8	.7	5.0	7.7	68.6	67.1	2.5	2.1	23.1	22.4	17.3	16.8
APR	—	—	.7	1.5	4.5	5.2	65.7	63.7	2.2	2.2	26.9	27.4	20.2	20.7
MAY	—	—	.8	1.5	4.5	5.2	66.9	64.4	2.2	3.0	25.6	25.9	19.6	19.3
JUN	—	—	2.7	.8	11.3	6.4	84.6	67.2	2.7	2.4	1.3	23.2	1.3	17.6
JUL	—	—	3.4	1.6	11.3	3.9	82.0	92.1	2.0	2.4	1.3	—	1.3	
AUG	—	—	.6	1.2	9.0	6.1	74.9	75.5	2.6	1.8	12.9	15.3	9.7	11.7
SEP	—	—	1.7	1.2	8.4	6.5	72.6	68.2	2.2	2.4	15.1	21.8	11.2	16.5
OCT	—	—	3.0	1.4	7.3	5.0	73.0	65.9	1.7	1.8	15.0	25.9	11.1	19.5
NOV		—		1.3		7.3		68.7		2.7		20.0		15.3
DEC		—		6.7		12.5		92.3		4.8		16.4		12.5

INVESTMENT

MOS.	WORKING CAPITAL		PERMANENT INVESTMENT		TOTAL INVESTMENT	
	ACTUAL	FORECAST	ACTUAL	FORECAST	ACTUAL	FORECAST
1946 DEC	850		1 436		2 286	
1947 JAN	813	900	1 437	1 439	2 250	2 339
FEB	963	975	1 437	1 440	2 400	2 415
MAR	1 013	975	1 437	1 441	2 450	2 416
APR	1 041	1 200	1 439	1 439	2 480	2 639
MAY	1 009	1 270	1 441	1 443	2 450	2 713
JUN	859	1 334	1 441	1 444	2 300	2 848
JUL	855	800	1 445	1 450	2 300	2 250
AUG	847	750	1 453	1 483	2 300	2 233
SEP	812	650	1 438	1 483	2 250	2 133
OCT	759	700	1 441	1 463	2 200	2 163
NOV		750		1 500		2 250
DEC		750		1 500		2 250

（出所）Records of E. I. du Pont, Box E-4, p.21.

5 コントロール・チャート・システムにおける業績評価

　以上のように，1947 年の解説書によれば，図表 6 - 9 から図表 6 - 15 に示される Chart No.1 から Chart No.8 は，架空の会社が行った経営活動の成果を記すと共に，コントロール・チャートが経営実践において使用される際の役割・方法を説明している。例えば，Chart No.1 に示される数値によれば，投資営業利益率は過去 4 年間で 2 倍以上になっているが，このことは，回転率が62.5%から 84.2%に増加したこと，および売上高営業利益率がおおよそ 10%から 15%に増大したこと，に起因している。そして，生産性と外部売上高の増大および単位当たりコストの減少が営業利益を改善させた，と 1947 年の解説書では指摘される[83]。

　さらに，1947 年の解説書によれば，架空の会社が行った 1947 年の 1 年間の経営活動について，これを 1 月から 4 月までの困難期および 5 月から 10 月までの調整期に分けて分析が行われている。

5 - 1　1月から4月までの分析

　Chart No.1 の 1 月から 4 月において，投資営業利益率は前期末と比較して1 月には急激に減少しているが，4 月にはただちに増加に転じている。このことは，1947 年の 4 月までの営業利益が年間ベースで換算・算出され，その営業利益に基づいて計算された投資営業利益率（13.1%）が前期末の投資営業利益率（12.8%）よりも増加したことに起因すると指摘される。また，回転率は1 月に急に減少し 3 月まで下落しているが，同時期に，売上高営業利益率は 1月では前年末の 15.2%から 14.5%に僅かに減少しているものの，4 月には 21.1%まで急速に増加している。つまり，投資利益率が 4 月に好ましい数値になったのは，回転率の減少と売上高営業利益率の増加によってもたらされたものであることを確認できる[84]。

　また，Chart No.2 においては，1947 年の 1 月末に年間ベースで換算・算出された外部売上高は，1946 年末の売上高と比べて大幅に下落し，その状態は 4月まで低いレベルのまま維持されており，1947 年の第 1 四半期の予測値をか

第6章　コントロール・チャート・システムの展開　233

なり下回っているのに対して，営業利益はこの時期，急速に増加している。そ
して，この利益の増加と売上高の減少が Chart No.1 で示されるように，この
時期の売上高利益率を押し上げている。また，Chart No.3 では，1月から4月
まで固定的投資に変化のない状態の中で，運転資本の増加が総投資を増加させ
ているが，この総投資の増加と Chart No.2 で示される売上高の減少が回転率
を押し下げている。そして，Chart No.4 では，原材料，半製品，および製品
はこの時期に，標準値をかなり超過するほどに増加しているが，販売量が減少
しているにも係わらず，売掛金は減っていない，と1947年の解説書で説明さ
れる[85]。

　Chart No.5 では，売上高売上コスト率がこの期間に突如として下落する一
方で，利益は減少しているが，薄い点線で示されるように，生産操業度が1月
から着実に増大しており，4月末には既存の生産能力を超過するという状況
を呈している。このように，売上高が減少しているにも係わらず，生産量が
増えているのは，この時期の生産計画が Chart No.2 に示される実現できそう
にない売上予測に基づいて立てられているからである，と分析される。また，
Chart No.6 で示されるように，この時期においては，売上高にはほとんど変
化がないものの，販売費は減少傾向を示しており，調査が必要なこと，管理費
の分析は経営活動とのみ関連付けられて行われていること，およびその他の全
ての費用に関する分析はあまり重要でないこと，等が指摘されている[86]。

　つまり，1947年の解説書によれば，4月末には，投資営業利益率は前年より
もわずかに好転しているが，この原因は，回転率の減少と売上高営業利益率の
増加がもたらしたものである。その際，回転率の減少は，売上高の少なさと総
投資の多さに起因しており，総投資の多さの原因は，棚卸資産と売掛金が標準
値を超えるようなペースで増加したことによって，多額の運転資本を生み出し
たことにある。一方，売上高営業利益率の増加は，販売費と売上原価が少ない
ことに起因する売上高の少なさと利益の多さによるものである，と分析されて
いる[87]。

5－2　5月から10月までの分析

　1947年の解説書によれば，架空の会社においては，現在の状況が続く限り，

在庫（棚卸資産）の問題が重大になってくるということは，前述の分析で明らかであり，1947年5月に在庫が最大になっている。そして，Chart No.5 に示されるように，6月には生産操業度が最低水準にまで落ち込むことになるが，この現象は，営業利益の急激な減少と売上コストの突然の増加によってもたらされるものである，と分析される。また，この時期，Chart No.6 によれば，外部売上高販売費率の増加にみられるように，販売活動が急速に活発化し，Chart No.2 に示されるように，このことが外部売上高を増大させ，6月と9月には予測値に近い外部売上高を生み出していることが指摘される[88]。

Chart No.3 によれば，この時期には，総投資はほぼ変化なく一定を保っているが，運転資本に関しては，これがわずかな減少傾向を示している。また，Chart No.4 の 4^D では，原材料と半製品を生産活動に投入し，購買活動を最小限に抑えると共に，製品の販売量を増やすことによって，在庫（棚卸資産）をただちに減少させており，この時期の末には，在庫はほぼ標準値に近い値になっている，と分析される。さらに，過度の売掛金の存在によって引き起こされる問題は，売掛金が9月までに標準値の水準に回復していることからも明らかなように，すでに解決されている，と1947年の解説書では説明されている[89]。

そして，1947年の解説書によれば，この時期の上述のような状況が展開されることによって，Chart No.1 によって示されるとおり，外部売上高営業利益率は通常の水準まで減少していること，回転率は過去数年間の水準以上に回復していること，および投資利益率は満足できる値になっていること，といった結果がもたらされる，と分析されている[90]。

以上のように，コントロール・チャート・システムを活用する際には，個々のコントロール・チャートをばらばらに利用するのではなく，1つの連動された体系としてとらえることが重要であると考えられる。そして，1947年の解説書では，コントロール・チャート・システムは，過去の経営結果およびに予測される経営状況に照らして，現在の傾向を提示し，コントロール・チャートを視覚的に比較するという方法に基づいて，事業部制組織を擁する会社全体の経営活動をコントロールするためのマネジメント・ツールとして，経営執行委

員会によって使用される，と説明されている[91]。

　ただ，デュポン社で用いられたコントロール・チャート・システムについては，これが当時，GM 社等に対する対外的な株式投資のために利用された可能性があることも考えられる。しかし，この考え方に対しては，T. C. Davis は，デュポン社による GM 社への投資が，営業活動に係わる投資ではなく，財務的な保有に関する投資であり，コントロール・チャート・システムの役割には含まれていない，ということを指摘している[92]。また，田中隆雄氏は 1980 年2 月 21 日に，かつてデュポン社の財務部門担当者であり，その後，同社のアシスタント・ディレクターとなった Jim Garvin に，コントロール・チャート・システムが GM 社の株式投資に利用されたかどうかを質問した際に，このことが否定されたことを確認した上で，「デュポン・チャート・システムは製造部門（または事業部門 industrial department）の業績を評価するための手法であって，純粋な株式投資の結果を評価する手法ではない。しかるに，GM に対する投資は，証券投資である。それゆえ，チャート・システムと GM への投資は関係がない」と説明された[93]。

　つまり，これらの記述をあわせて考慮すれば，デュポン社で用いられたコントロール・チャート・システムは，1947 年の解説書において記されたように，経営管理組織を単一の職能部門別組織から複数事業部制組織に転換させたデュポン社において，投資利益率を軸とした経営管理活動のためのツールとしての役割を担ったと考えられる。

　しかし，前述したように，業績評価の技法としては，当時のデュポン社では，予算管理等が展開されていたことも確認されている[94]。また，同時期，デュポン社と同様に，多くの会社を吸収合併・買収し，その多角化した状況に適合するために，事業部制組織を構築した GM 社はデュポン社で考案されたようなコントロール・チャート・システムを用いていない。では，デュポン社で用いられたコントロール・チャート・システムの存在意義は何であったのであろうか。

　従来，管理会計では，業績評価のための会計機能という場合，予算値あるいは標準値を実績値と比較して，その差異分析を行い，実績値を予算値に近づけることを目的として経営管理が行われる。これに対して，デュポン社で用いら

れたコントロール・チャート・システムにおいては，標準値を用いて業績評価が行われているのは棚卸資産の場合のみであり，他の項目に関しては，これが予測値を用いて実施されている。しかし，予測値とは，企業活動をコントロールするために達成しようとする目標ではなく，現状および将来の状況を考慮した上で，多分こうなるであろうといった推測値に過ぎないわけであるから，予測値と実績値を比較することの意味は，実績値が予測値からどれだけ乖離しているかを観察・確認し，相互に関連するコントロール・チャートを連動させて分析することにより，その乖離の理由を計数的に明らかにすることであると考えられる。

1959年にデュポン社によって作成されたコントロール・チャート・システムに関する解説書によれば，予測は，経営者や管理者に対して，将来の営業活動に関する判断材料を提供するだけでなく，実績を最終的に評価する尺度としても役立つものである，と記されている[95]。つまり，この予測値と実績値を比較するということの主な目的は，実績の分析・説明であり，そのことによって得られた情報を，その後の経営活動に役立てることである。このことは，従来から認識されてきた予算値や標準値を用いる経営管理の方法とは，その主な目的が異なるものであり，業績評価の意味も違ったものになると考えられる。

また，前掲した図表6－9（Chart No.1），図表6－10（Chart No.2），図表6－11（Chart No.3），そして図表6－13（Chart No.5），において示されるように，当年の月々の実績が12倍されて年間ベースに換算されているが，これは，当年の各月における実績を過去の年間実績と比較することにより，当該月の実績を評価するための方法である。さらに，当年の当該日（月末）までの実績が年間ベースに換算され，この値が過去の年間実績と比較されているが，これは，当該日までの実績を評価するための措置である。つまり，コントロール・チャート・システムにおいては，当年あるいは当月の実績を過去の実績と比較することによって，現在の実績が評価されており，このことも，予算値や標準値を用いる経営管理活動のもつ意味合いとは異なるものであると考えられる。

ただし，棚卸資産の場合に限っては，実績値と比較されるのは過去の数値や予測値ではなく標準値である。つまり，この棚卸資産に関する業績評価の方法は，通常の業績評価という場合の考え方に基づいており，当時，デュポン社に

とって在庫管理の問題が重要であったことを認識させるものである。

そして，前述したように，投資利益率は，コントロール・チャート・システムにおいては，最終的な成果指標と考えられた。つまり，コントロール・チャート・システムの主な目的は，経営活動の結果として算定された投資利益率が，なぜそのような値になったのかを，投資利益率を構成する諸要因を視覚的な方法を用いて分析・検討することによって明らかにし，その分析・検討によって得られた情報を，その後の経営管理活動に活用させようとすることであったと考えられる[96]。

6　小　括

本章の目的は，20世紀初期のデュポン社において，経営管理組織が職能部門別組織から事業部制組織へ変更するという状況の中で，コントロール・チャートによる業績評価活動がなぜ行われたのか，そして，当時のデュポン社において開発されたコントロール・チャート・システムがいかなる構造をもち，コントロール・チャートによる業績評価が実際にどのようにして実施されていたのか，をできる限り一次資料に基づいて検証することであった。なぜなら，そのことが，当時のデュポン社における管理会計の特徴を抽出することにつながると考えられるからである。

20世紀初期のデュポン社において，コントロール・チャート・システムがTop Managementによる業績評価の手段として利用されていたことはよく知られている。しかし，当時のデュポン社では，業績評価の機能として，予算管理や標準原価管理が展開されていたことが確認されているものの，コントロール・チャート・システムの実態については，これまで十分に明らかにされてこなかった。そこで，本章では，デュポン社における事業部制組織構築直後，コントロール・チャートに基づく業績評価活動がいかに実施されたか，そして，1947年にデュポン社において作成されたコントロール・チャート・システムの解説書に基づいて，コントロール・チャート・システムのもつ構造と機能がどのようなものであったのかについて再検討を試みた。

そして，検証の結果，当時のデュポン社では，会社全体としての目標投資利

益率は設定されるものの，各事業部に対して，本社が目標投資利益率を課し，各事業部はこの目標値に基づいて，投資利益率の構成要因である回転率，売上高利益率，さらにはそれらを構成する売上高，投資，売上原価，利益，およびその他（棚卸資産を除く）全ての項目について，目標値を設定し，その目標値を実績値と比較することによって，各事業部の業績評価を行うという方法は用いられなかった。

なぜなら，もし，全事業部ごとの全ての項目に目標値を課して，業績評価を行うという方法を用いるとすれば，それは職能部門別組織を前提とした業績評価の場合と何ら変わらず，事業部制組織に独立性をもたせ，競争原理を取り入れて各事業部を競わせ，会社全体の活動能率を高めるという事業部制組織構築の最も重要な目的が達成されないことになるからである。ただ，その際，各事業部や各プロジェクト等に資金配分が行われる場合には，割当予算システムにおいて，目標投資利益率に基づいた資金配分が行われるので，各事業部は，その場合の目標投資利益率あるいは会社全体の目標投資利益率を意識して企業活動を実施することになる。

ゆえに，コントロール・チャートに基づく業績評価活動は，通常の職能部門別組織あるいは各事業部内の職能部門別組織において行われる予算管理や標準原価管理によって展開される業績評価活動とは異なり，本社の経営執行委員会等の Top Management が，経営活動の最終結果として算定された投資利益率がなぜそのような値になったのかを，投資利益率を構成する諸要因を実績値，予測値，標準値等を用いて，それらを相互に関連付けながら，これらの諸要因を視覚的な方法で分析・検討することによって，その原因を明らかにし，その分析・検討によって得られた情報を，その後の Top Management による経営活動に活用させようとしたものであったと考えられる。

【注】

1) Davis [1950]；田中 [1982], pp.188-226；高浦 [1992], pp.107-121.
2) 正確には，デュポン社の事業会社であったデュポン火薬会社において，業績評価の機能として，予算管理や標準原価管理の存在が一次資料に基づいて確認されて

いる（高梠［2004］，pp.215-271）。同火薬会社の管理会計機能については，Johnson
［1975］，高寺・醍醐［1979］（第10章，第11章），上總［1989］（第7章）におい
て考察されている。

3）高浦［1992］によれば，1930年代に，デュポン社のチャート・システムを含む管
理技術が外部に流出した可能性はあるとしながらも，「チャート自体は，デュポン社
の管理技術である蓋然性は高い」と分析されている（pp.117-118）。

4）Davis［1950］；Du Pont［1959］；Records of E. I. du Pont, Box E-4；T. C. Davis
はかつてデュポン社の財務担当責任者であり，彼の著した論文 "How the Du
Pont Organization Appraises its Performance," は，1950年に*AMA Financial
Management Series No.94* に掲載されたが，その内容はその後，1959年にデュポン
社の財務部門によって作成された解説書（Du Pont［1959］）の内容と全く同じであ
る。

5）デュポン社の1947年と1959年に財務部門によって作成された解説書によれば，
各々のコントロール・チャートは，予測，予算，あるいは実績報告のように，経営
者によって利用される通常の財務諸表に代替できるものではないが，財務諸表に対
する補足としての役割を有している，と記されている（Records of E. I. du Pont,
Box E-4, p.10；Du Pont［1959］，p.5 ）。

6）Records of E. I. du Pont, Accession 1662, Box 78, C-12；チャート・ルームに関
する詳細な分析は，田中［1982］（pp.190-200）においてなされている。

7）Records of E. I. du Pont, Accession 1662, Box 78, C-12（March 22, 1922），p.1；
1922年3月22日に，財務部長名の文書でチャート・ルーム立ち上げの説明を受け
た経営者は，以下の17名であった。F. D. Brown, H. F. Brown, W. S. Carpenter,
Jr., WM. Coyne, H. F. Du Pont, Irenee Du Pont, Lammot Du Pont, P. S. Du
Pont, H. G. Haskell, J. J. Raskob, W. C. Spruance, F. G. Tallman, R. R. M.
Carpenter, Hunter Grubb, C. A. Paterson, C. W. Phellis, F. W. Pickard

8）Records of E. I. du Pont, Accession 1662, Box 78, C-12（March 22, 1922），pp.1-
2.

9）Records of E. I. du Pont, Accession 1662, Box 78, C-12；財務部長名で提示され
たチャート・ルームへの案内状は，現時点において資料として確認されている文書
に限れば，1922年4月26日が最初で，その後，1922年11月16日，1923年の3
月10日，4月23日，5月26日，9月24日，11月10日，11月21日，1924年2月
28日，1925年6月23日のものが現存している。

10）Records of E. I. du Pont, Accession 1662, Box 78, C-12（April 26, 1922）；チ
ャート・ルームでの第1回目の会合に召集を受けたのは，以下の12名であった。
Irenee Du Pont, Lammot Du Pont, H. F. Brown, W. S. Carpenter, Jr., WM.

Coyne, W. C. Spruance, F. G. Tallman, F. D. Brown, P. S. Du Pont, H. F. Du Pont, H. G. Haskell, J. J. Raskob。

11) Records of E. I. du Pont, Accession 1662, Box 78, C-12.

12) Records of E. I. du Pont, Accession 1662, Box 78, C-12 (March 27, 1923), p.3.

13) Records of E. I. du Pont, Accession 1662, Box 78, C-12 (March 27, 1923), p.3.

14) Records of E. I. du Pont, Accession 1662, Box 78, C-12 (November 8, 1923), p.2.

15) Records of E. I. du Pont, Accession 1662, Box 78, C-12 (November 8, 1923), pp.2-3.

16) Records of E. I. du Pont, Accession 1662, Box 78, C-12 (November 8, 1923), p.3.

17) Records of E. I. du Pont, Accession 1662, Box 78, C-12 (November 8, 1923), p.3.

18) Records of E. I. du Pont, Accession 1662, Box 78, C-12 (November 8, 1923), p.3.

19) Records of E. I. du Pont, Accession 1662, Box 78, C-12 (January 11, 1924), p.1.

20) Records of E. I. du Pont, Accession 1662, Box 78, C-12 (January 11, 1924), p.1.

21) Records of E. I. du Pont, Accession 1662, Box 78, C-12 (February 21, 1924), p.3.

22) Records of E. I. du Pont, Accession 1662, Box 78, C-12 (February 21, 1924), p.3.

23) Records of E. I. du Pont, Accession 1662, Box 78, C-12 (September 4, 1923), p.1.

24) Records of E. I. du Pont, Accession 1662, Box 78, C-12 (September 4, 1923), p.1.

25) Records of E. I. du Pont, Accession 1662, Box 78, C-12 (November 8, 1923), p.4.

26) Records of E. I. du Pont, Accession 1662, Box 78, C-12 (November 8, 1923), p.4; Carpenter の文書では，チャコールを出荷する際に必要な多くの車両を調達するのは難しく，また，アルコールに対する注文を獲得するのも，いくぶん困難な状況である，と記されている。

27) Records of E. I. du Pont, Accession 1662, Box 78, C-12 (August 12, 1924), p.3.

28) Records of E. I. du Pont, Accession 1662, Box 78, C-12 (August 12, 1924), pp.3-4.

29) Records of E. I. du Pont, Accession 1662, Box 78, C-12 (August 12, 1924), p.4.

30) Records of E. I. du Pont, Accession 1662, Box 78, C-12 (July 7, 1923), p.1.

31) Records of E. I. du Pont, Accession 1662, Box 78, C-12 (July 7, 1923), p.1.

32) Records of E. I. du Pont, Accession 1662, Box 78, C-12 (October 10, 1923), p.1.

33) Records of E. I. du Pont, Accession 1662, Box 78, C-12 (October 10, 1923), p.1.

34) Records of E. I. du Pont, Accession 1662, Box 78, C-12 (October 10, 1923), pp.1-2.

35) Records of E. I. du Pont, Accession 1662, Box 78, C-12 (October 10, 1923), p.2.

36) Records of E. I. du Pont, Accession 1662, Box 78, C-12 (October 10, 1923), p.2.

37) Records of E. I. du Pont, Accession 1662, Box 78, C-12 (October 10, 1923), p.2.

38) Records of E. I. du Pont, Accession 1662, Box 78, C-12

第6章 コントロール・チャート・システムの展開 241

39）高梠 [2011]，pp.110-111.

40）Du Pont [1959]，p.5.

41）Records of E. I. du Pont，Box E-4，p.9.

42）Records of E. I. du Pont，Box E-4.

43）従来，主に紹介・検討されてきた資料は，Davis [1950] であったが，その内容は Du Pont [1959]，Du Pont [1963] と同じ内容であり，本書で参考にしている 1947 年の解説書（Records of E. I. du Pont，Box E-4）を修正・改訂したものである。もちろん，実際のコントロール・チャートにおいて用いられる数値や比率は年度が異なっているので，違った値になっている。

44）Records of E. I. du Pont，Accession 1662，Box 78.

45）Records of E. I. du Pont，Accession 1662，Box 78.

46）Records of E. I. du Pont，Box E-4，p.5.

47）Records of E. I. du Pont，Box E-4，p.5.

48）Records of E. I. du Pont，Box E-4，p.6.

49）Records of E. I. du Pont，Box E-4，p.6.

50）Records of E. I. du Pont，Box E-4，p.6.

51）1947 年の解説書で示される図表 6 - 7 では，department という表現が使われているが，これらを構成する各組織は，実質的には，事業部としての機能を有するものとして認識される。

52）Records of E. I. du Pont，Box E-4，p.7.

53）Records of E. I. du Pont，Box E-4，p.7.

54）Records of E. I. du Pont，Box E-4，p.7.

55）Records of E. I. du Pont，Accession 1662，Box 78.

56）Chandler [1980]，p.450，p.455.

57）デュポン社の経営管理に対する Hamilton MacFarland Barksdale の貢献に関しては，Dale and Meloy [1962] を参照。

58）Records of E. I. du Pont，Series Ⅱ，Part 2，Box 1010.

59）Brown [1957]，pp.26-27.

60）Brown [1957]，p.26.

61）Records of E. I. du Pont，Box E-4，p.10.

62）Records of E. I. du Pont，Box E-4，p.10; Davis [1950]；図表 4 - 1 および本章の注 43）を参照。

63）Records of E. I. du Pont，Box E-4，p.10.

64）Records of E. I. du Pont，Box E-4，pp.10-11.

65）Records of E. I. du Pont，Box E-4，p.11.

66) Records of E. I. du Pont, Box E-4, p.12.

67) 高梠 [1999]。

68) 高梠 [2004], pp.170-271.

69) Davis [1950]；田中 [1982], pp.188-225；高浦 [1992], pp.111-121.

70) 本章の注3）を参照；高梠 [2004], pp.272-332.

71) Records of E. I. du Pont, Box E-4, pp.12-19.

72) Records of E. I. du Pont, Box E-4, pp.12-13.

73) Records of E. I. du Pont, Box E-4, p.13.

74) Records of E. I. du Pont, Box E-4, p.14.

75) Records of E. I. du Pont, Box E-4, p.14.

76) Records of E. I. du Pont, Box E-4, p.14.

77) Records of E. I. du Pont, Box E-4, p.15.

78) Records of E. I. du Pont, Box E-4, p.15.

79) Records of E. I. du Pont, Box E-4, p.15.

80) Records of E. I. du Pont, Box E-4, p.16.

81) Records of E. I. du Pont, Box E-4, p.16.

82) Records of E. I. du Pont, Box E-4, p.16.

83) Records of E. I. du Pont, Box E-4, p.17.

84) Records of E. I. du Pont, Box E-4, p.17.

85) Records of E. I. du Pont, Box E-4, pp.17-18.

86) Records of E. I. du Pont, Box E-4, p.18.

87) Records of E. I. du Pont, Box E-4, p.18.

88) Records of E. I. du Pont, Box E-4, p.19.

89) Records of E. I. du Pont, Box E-4, p.19.

90) Records of E. I. du Pont, Box E-4, p.19.

91) デュポン社の1947年と1959年に財務部門によって作成された解説書によれば，各々のコントロール・チャートは予測，予算，あるいは実績報告のように，経営者によって利用される通常の財務諸表に代替できるものではないが，財務諸表に対する補足としての役割を有している，と記されている（Records of E. I. du Pont, Box E-4, p.10；Du Pont [1959], p.5 ）。

92) Davis [1950], p.22.

93) 田中 [1982], pp.189-190.

94) 高梠 [2004], pp.215-271.

95) Du Pont [1959], p.5.

96) Records of E. I. du Pont, Box E-4, p.10；Du Pont [1959], p.7；高梠 [2011]。

第7章

割引キャッシュ・フローの利用
—ベンチャー事業価値評価への適合—

1　序

　20世紀中期のデュポン社においては，その総合化学会社としての性格から，様々な化学製品を研究・開発・製造する必要性に迫られていたが，化学製品やその関連製品の研究・開発に長期間を要し，事業化できるかどうかが不確実な領域はベンチャー事業として計画・展開されており，同社は，いかなるベンチャー事業に投資するかどうかの意思決定をしなければならない状況にあった。そこで，当時，同社では，ベンチャー事業投資案の評価を行う場合に，割引キャッシュ・フロー（discounted cash flow）を利用することが1960年代に提唱され[1]，1970年代初頭には，割引キャッシュ・フローを含むベンチャー事業の現在価値を体系的・継続的に導出するための情報フレームワークが構築された。そして，同社では特に，割当予算システムにおいて，割引キャッシュ・フローがベンチャー事業投資案の評価を行う際の重要な指標とされた[2]。

　このような状況を考慮した場合，なぜ当時，デュポン社はベンチャー事業への投資という意思決定活動のために，割引キャッシュ・フローを利用しようとしたのであろうか。また，H. Thomas Johnson と R. S. Kaplan は1987年に著した *Relevance Lost* において，1925年から1980年まで，管理会計の発展はなかったと主張したが[3]，果たして，それは事実であろうか。

　そこで，本章では，当時のデュポン社において，情報フレームワークに基づいて導出される割引キャッシュ・フローを含むベンチャー事業の現在価値が，事業部制組織内で提案されるベンチャー事業投資案の評価のために，いかに算出・利用されようとしたかについて検証する。そして，同社を取り巻く企業環

境を考慮しながら，割引キャッシュ・フローやベンチャー事業の現在価値のもつ意義について検討すると共に，Johnson & Kaplan の主張する管理会計の適合性喪失の認識についても再検討を試みたい。なぜなら，割引キャッシュ・フローを含むベンチャー事業の現在価値の概念・計算方法が，管理会計の発展にいかなる役割を果たしたかを検証することは重要であり，そのことが，当時のデュポン社における管理会計の実態を抽出することにつながると考えられるからである。

　最初に，事業部制組織を前提として，20世紀中期のデュポン社において，ベンチャー事業がいかに展開されたかについて，同社を取り巻く企業環境を考慮しながら考察する。次に，同社がベンチャー事業投資案を評価する際に利用した割引キャッシュ・フロー法の意義・方法や問題点について検討する。そして，ベンチャー事業価値評価を体系的・継続的に実施するための情報フレームワークがどのようなものであったかを吟味し，その枠内で，その軸となる割引キャッシュ・フローを含むベンチャー事業の現在価値の計算がどのように展開されたか，および，同社のベンチャー事業に関する割当予算の申請・承認がいかに実施されていたか，をできる限り当時の一次資料に基づいて検証することにする。

2　デュポン社におけるベンチャー事業の展開

　第1章および第2章で考察したように，デュポン社は1902年に多くの火薬会社を寄せ集めて設立されたときには，単一の集権的な職能部門別組織を採用していたが，当初から，この組織形態によって多くの会社・部門を運営・管理するのは無理があったと考えられる。そこで，デュポン社は GM 社と同時期の1921年に，世界で最初に事業部制組織を構築・採用したが[4]，このことは，組織形態を現実の経営状態に合わせたといってもいいかもしれない。というのは，この当時，デュポン社では，すでに割当予算（appropriation）システムの構築・展開によって，各部門等から工場・設備の建設等に要する割当予算の申請が行われ，それに対する Top Management による投資利益率を用いた予算の承認・資金の配分が実施されていたからである[5]。

このように,デュポン社は,多くの会社を寄せ集めて設立されたために,職能部門別組織に基づく経営管理活動に支障が生じるようになった。そこで,同社は,1921年に事業部制組織を開発・導入し,この組織形態に基づいて経営管理活動を展開した。そして,管理会計の技法や概念も,職能部門別組織の場合とは異なる事業部制組織を前提とした経営管理活動を支援するものへと変革を迫られることになった。なお,図表7－1によって,デュポン社の事業部制組織の様式が示される。

図表7－1 デュポン社の事業部制組織の様式

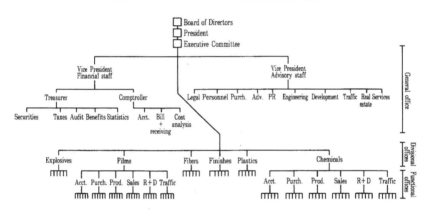

(出所) Chandler [1980], p.458.

デュポン社は元来,19世紀から20世紀初頭にかけては,爆薬等の製造・販売を主たる営業活動としており,第2次世界大戦中も,巨大な軍事用爆薬の製造・販売を継続して行っていた。それでも当時,レーヨン等の化学製品は,デュポン社の生産物の4分の3以上を占めており,大戦終了後には,全販売量に対する軍事用爆薬の販売量の割合は2%以下にまで低下した。そして,1965年当時のデュポン社では,軍事用爆薬の販売量の割合はさらに低下すると共に,平均従業員数が100,000人を超過し,アメリカ全体では,84の製造工場と100以上の研究開発部門,販売サービス部門,そして研究所が管理・運営された。また当時,同社では,賃金・給与の支払総額が850,000,000ドルを超えると共に,29の子会社が設立され,海外19ヶ国に関連会社をもつに至ったが,1,200

種類以上の化学製品が生産されており，多種類の靴や自動車を生産する会社と比較した場合でも，製品の種類はかなり多かった。というのは，総合化学産業は1つの原料から数多くの生産物を生むような，非常に多様化した活動を有していたからである[6]。

　また，1965年当時，デュポン社の株主数は250,000人を超えており，普通株式は46,000,000株以上，優先株式（1株当たり4.5ドルと3.5ドル）はおよそ2,400,000株が発行されたが，普通株式を所有する株主の90％は従業員50,000人を含む個人から構成され，残りの株主は保険会社，信託会社，不動産会社，銀行等によって構成された。そして，株主総会が年に1回，普通株式数のうち85％の割合の出席をもって開催が成立し，その株主総会において，通常30名の取締役が選出されたが，この取締役によって構成される取締役会が会社の営業活動を管理・運営し，財産を保全する権限を有した[7]。その際，デュポン社の事業部制組織に基づく経営管理活動を支えたのが，経営執行委員会（executive committee）と財務委員会（finance committee）を中心とした委員会組織であった。それは，図表7－2によって示される[8]。

　図表7－2によれば，経営執行委員会は，他の委員会が保有する機能を除く会社全体の管理業務や方針決定等に関して，取締役会の権限を行使し，事業部門（industrial department）と補助部門（auxiliary department）を統括する委員会である。また，財務委員会は，会社全体の財務活動の処理・管理に関して，経営執行委員会と同様に，取締役会の権限を行使し，財務部門（treasurer's department）と事務部門（secretary's department）を統括する委員会である。そして，本章での考察に特に係わりのある補助部門の中の開発部門（development department）は，通常の経営活動の範囲を超えて，会社の活動が多角化できるかどうかを調査し，会社全体あるいは諸部門に係わる専門的・技術的な調査・研究を実施していたが，その際の多角化とは，潜在的な経営活動を発掘するだけでなく，新しいベンチャー事業に着手することをも意味していた[9]。

　また，1961年6月20日に，デュポン社の開発部門から経営執行委員会に対して，"Du Pont Instrument Venture" と題する報告書（以下，1961年の報告書と略記）が提出された。同報告書によれば，当時のアメリカにおいて，工業用

図表7－2　デュポン社における委員会を中心とした組織

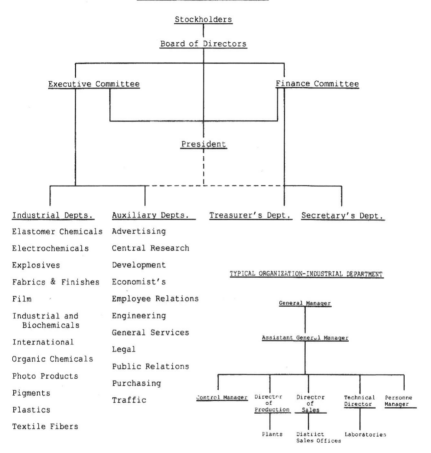

(出所) Du Pont [1966], pp.13-14.

の科学機器を製造・販売する領域は，年間売上高 5,000,000,000 ドルを超える主な成長産業であり，化学製品，石油，食品，医療，生命科学の分野に係わる測量用や制御用の機器に対する需要の増加が見込まれることもあり，1970年までに，年間売上高はおよそ 15,000,000,000 ドルに増大すると予測されていた。そして，当時でも，これらの科学機器を製造・販売する会社の平均投資利益率 (return on investment) は8％を超えており，化学産業の平均投資利益率6％を

上回っていたが，優良な科学機器の製造・販売会社に至っては，10 ～ 15 ％の投資利益率を達成していた[10]。

　デュポン社は，化学製品の製造・販売活動を主力としていたが，それ以外にも，工業用の科学機器を自ら製造・使用し，他の会社にも販売していた。そして，科学機器の開発能力においては，長くリーダー的存在であったが，その理由としては，会社全体の調査・研究活動の 5 ％が，測量・制御用機器の改良に振り向けられていたことが挙げられる。その結果，デュポン社では，多くの精巧な科学機器が発明され，工場や実験室でこれらが適切に使用されたが，さらに，この研究成果を積極的に営利目的に活用することによって，科学機器の製造・販売事業による年間売上高は 250,000,000 ドルに達すると予測された。そして，デュポン社に科学機器の分野で成功をもたらしたいくつかの要因について，1961 年の報告書では，以下のように説明されている[11]。

(1) 価値のある科学機器の発明が，これまでに継続して行われている。

(2) 研究プログラムを継続して実施することによって，新しい開発がもたらされる可能性がある。デュポン社の科学機器使用に関係する研究活動には，5,000,000 ドルが投入されており，その活動領域は，主な多くの科学機器の製造・販売会社の全研究活動領域よりもかなり広範囲にわたっている。

(3) 複雑な科学機器を実際に使用・制御できる優れた能力をもつ従業員が雇用されている。

(4) 科学機器を適用・利用する際に，特別な技術的知識が蓄積されている。

(5) デュポン社製の科学機器は，年間 12,000,000 ドルが外部に販売されている。

(6) 試験製造や実地テストを行うための設備や施設を備えている。

(7) 物理学や光学に関する基礎研究を行うための能力を独自に保有している。

　以上のような要因に基づいて，デュポン社は科学機器の製造・販売活動をこれまで以上に加速させ，自らの科学機器の開発能力を高めていったが，当時，同社では，化学製品とは異なる科学機器の製造・販売活動はベンチャー事業として行われていた。そして，ベンチャー事業は成長・発展して主要な営業活動

となることが可能であり，デュポン社の科学機器の中では，記録計器，磁気テープ，レコード，写真，蓄電器，コンピュータ記憶装置といった分野が同社の生産ラインとして変貌・発展を遂げることができる，と1961年の報告書で示されている[12]。

　20世紀中期，デュポン社の開発部門では，同社における多くの科学機器の再設計，製造，販売等に関係するベンチャー事業を自社の事業部制組織の中に組み込もうとしていたが，1961年の報告書によれば，そのような事業では，36ヶ月で年間売上高を1,000,000ドルの水準にまでもっていくことができると見積もられていた。当時，デュポン社が係わったベンチャー事業で取り扱っていた科学機器には，赤外線分析器，コンピュータを利用した比色計，粘土計，紫外線分析器，強度検査装置，等があったが[13]，これらの機器が保有する特許権は各製造部門の手を離れ，特許局（patent board）の認可を得てそれらの権利が保護されていた。その際，この科学機器に関するプロジェクトを実施するには，リエンジニアリング（re-engineering）と科学機器の開発，運転資本の投入，当該分野におけるポジションを確保する際のマーケティング活動の支援，等のために3年間で1,870,000ドルが必要であった[14]。

　そして，1961年の報告書によれば，科学機器に係わるプロジェクトをベンチャー事業としてスタートさせ，3年間で軌道に乗せるためには，開発部門によって，そのための組織づくりが行われ，デザイン（design）とリエンジニアリングに関する技術的支援は，これがエンジニアリング部門（engineering department）によって実施される必要がある。その際，さらに，多角化を視野に入れるとすれば，Wilmington・Philadelphia地区には，経験を積んだ，優れた請負製造業者が存在しており，例えば，レミントン銃器製造会社（the Remington Arms Company）は注目に値するが，デュポン社を発展させるための小売店として同製造会社を考えた場合には，これが十分なマーケティング機能を有していない，と指摘される。そこで，マーケティング活動は，デュポン社の熟練したセールス・エンジニアに託されることになり，そのマーケティング活動への支援は，デュポン社における事業部門内のマーケティング担当部局によって行われるので，会社全体の生産物の販売活動が，科学機器等のベンチャー事業の販売活動と連動することによって，会社全体のマーケティング機能

250

が高まる，と説明された[15]。

　そして，この科学機器に係わるベンチャー事業が成功すれば，36 ヶ月後には，年間販売額は 1,000,000 ドルに達することが予測され，その際には，デュポン社における製造設備の設置，販売活動の拡大，およびいくつかの会社の買収のために，第二段目のプロジェクトが提示されると考えられるが，その後も，このベンチャー事業による年間販売額は，1970 年までに 12,000,000 ドル，1980 年までに 250,000,000 ドルに拡大することが予測される。一方，この 3 年間にわたるベンチャー事業に投資される総コストは，1 年目が 600,000 ドル，2 年目と 3 年目の合計が 1,270,000 ドル，そして 3 年間の総計が 1,870,000 ドルになると予測される，と 1961 年の報告書で記されている[16]。なお，3 年間にわたるベンチャー事業に投資される総コストの発生状況の詳細は，図表 7 - 3 によって示される。

　図表 7 - 3 によれば，3 年間の科学機器に係わるベンチャー事業の 1 年目の総コストは，（労務費以外の）人件費が 150,000 ドル（人員 5 名），販売費が 50,000 ドル，製造コストが 0 ドル，技術費が 400,000 ドル，合計 600,000 ドル，2 年目は，（労務費以外の）人件費が 180,000 ドル（人員 6 名），販売費が 100,000 ドル，製造コストが 50,000 ドル，技術費が 200,000 ドル，合計 530,000 ドル，3 年目は，（労務費以外の）人件費が 240,000 ドル（人員 8 名），販売費が 200,000 ドル，製造コストが 100,000 ドル，技術費が 200,000 ドル，合計 740,000 ドルとなり，3 年間の総合計は 1,870,000 ドルと示される。

　また，同報告書では，3 年間にわたる科学機器の販売から得られる収益は，当該プロジェクトにクレジットされるが，コストを見積もる際には考慮されないことになっている。そして，このベンチャー事業が成功すれば，科学機器事業は 36 ヶ月後には自立することができ，4 年目から利益を獲得することが可能となり，1970 年までに，およそ 7,000,000 ドルの投資額に対し，年間 850,000 ドルの利益を得ることができると予測されている[17]。

　このように，1961 年の報告書によれば，当時のデュポン社では，将来性のある領域をベンチャー事業として発展させることができるかどうか，さらにベンチャー事業を自社の事業部制組織の中に組み込むことが可能かどうか，等についての調査・検討がなされた[18]。

図表7－3　科学機器ベンチャー事業におけるコスト・費用の発生状況（3年間）

Year	Personnel Number	Personnel $M	Sales Expense $M	Manufacturing Costs $M	Technical Expense $M	Total $M
1	5	150	50	--	400	600
2	6	180	100	50	200	530
3	8	240	200	100	200	740
						$1,870

（出所）Records of E. I. du Pont, Accession 2091, Box 16（1961），Exhibit B.

3　割引キャッシュ・フロー法の導入とその意義

3－1　割引キャッシュ・フロー法導入の背景

　20世紀中期，当時デュポン社の副社長であったG. E. Holbrookは，ベンチャー事業を分析・検討するための評価基準について模索しており，この問題を開発部門に検討するように依頼していた。そして，その返答として，1967年11月3日に，デュポン社の開発部門からHolbrookに，"Economic Criteria for Planning" と題する報告書（以下，1967年の報告書と略記）が提出された[19]。

　この1967年の報告書によれば，開発部門は，すでに実施していたベンチャー事業計画の総合的なフレームワークの構築に着手しており，これをさらに発展させようとしていたが，これらの活動は，過去数年間にわたって実施されたベンチャー事業を歴史的に分析し，そこから導出された妥当性に基づく理論をベースとした初期の概念化の段階から，最終的には，現在の新しいベンチャー事業を分析する準備段階へと移っていた。そして，この開発部門による分析成果は，200,000,000ドルを超える資本支出を伴う25の新しいベンチャー事業のために利用された[20]。

　この場合，ベンチャー事業分析の本質は，意思決定プロセスに重要な影響を与える全てのデータを利用・展開できるような組織的アプローチにあるが，そこで用いられるデータは，意思決定権限をもつ人々から得られるものであり，

重要な判断を委ねられた人々によって，様々な角度から検討される。そして，ベンチャー事業を分析した後の結果は，判断に注意を払わせるような方法で表示されるが，当該ベンチャー事業が成功であるか，あるいは失敗であるかを検討・判断する際に，建設的な話し合いを促進させることになると示される[21]。

1967年の報告書によれば，開発部門では，これまで，同部門によって提唱されたベンチャー事業の新しい評価方法である割引キャッシュ・フロー法が，事業部門において理解されつつあることが確認されているが，事業部門において，この方法に関心が高まれば，これから数週間以内に，この方法を試験的に公表することを目指して，包括的なマニュアルを準備する必要が生じる。その際，当該マニュアルは，ベンチャー事業を評価するために，マーケット・モデル，マーケティング・モデル，コスト・投資モデル，不確実性の数量化，不確実性の評価，意思決定分析，そしてベンチャー事業評価の報告と提示に係わるフレームワークを詳細に示すものでなければならない，と記される[22]。

そして，ベンチャー事業の評価手続きの検討を進めていくうちに，事業部門の従業員は，代替的活動に関する意思決定の問題にいくつも直面するが，その際，これまで利用されてきた投資利益率概念は，最も弾力性のある測定用具ではないということが明らかになった。つまり，マーケット調査水準の変動や数年間にわたる広告と直接販売に関係する代替的なマーケット戦略が発展することによって，単年度を基礎とする投資利益率概念はすでに，その状況に適合し得なくなったのである。そこで，開発部門では，代替的戦略を検討・選択する際に，ベンチャー事業のプランナーをキャッシュ・フロー（cash flow）の測定に基づく方法を用いて支援する必要が生じたため，ベンチャー事業の現在価値に関する評価基準が修正されてきた，と1967年の報告書で述べられている[23]。

1967年の報告書によれば，当初，新規のベンチャー事業を評価する場合に，キャッシュ・フローに基づく評価方法が，いかに役立つものであるかが主張されたが，同評価方法では，10年間における全ての現金収入と現金支出が見積もられ，これらに貨幣の時間価値を反映させて，ベンチャー事業価値が評価されるので，その収入と支出の値が割り引かれて表示される。したがって，この方法では，例えば，新しいベンチャー事業への支出と既存の設備を拡張するために提案された資本的支出（投資額）とを比べた場合，新しいベンチャー事業

が資本的支出よりも異常に多額の非資本的支出を必要としたとしても，非資本的支出と資本的支出をただちに合算することによって，両者を比較することができた。しかし，実際に，ベンチャー事業価値の概念が事業部門によって利用される場合には，財務部門によってこの概念が検討され，割引キャッシュ・フロー法を会社全体でより正しく理解することが必要である[24]。

　割引キャッシュ・フロー法は教育システムにおいてよく利用され，当時，その概念が大学院教育に導入されているものの，ベンチャー事業価値概念は，明らかに，割引キャッシュ・フロー法に親しみのない人々にとっては，理解困難な概念であった，そして，ベンチャー事業価値概念は，多くの成功企業において用いられている一方で，デュポン社における経営管理では現在，コミュニケーション・ツールとしてあまり使用されておらず，当時のデュポン社では，ベンチャー・プランナーがベンチャー事業におけるいくつかの代替的戦略の中から1つを選択するときに，ベンチャー事業価値概念がよく利用されているが，この概念の役割はこれから当該領域で重要になると考えられる，と1967年の報告書で指摘されている[25]。

　また，キャッシュ・フローに関するデータは，ベンチャー事業における戦略を練るのに必要とされる一方で，それ以外の目的については，投資利益率の方がよく利用されるかもしれないが，それは，投資利益率がこれまでに使用されてきたという事実と共に，会社の規模を考慮に入れているからである。つまり，デュポン社では，意思決定は利益だけの観点からなされることはほとんどなく，投資利益率はプロジェクト評価の一般的な指標（denominator）となっているからである。しかし，ベンチャー事業評価システムの最も重要な役割は，リスクを伴う投資活動に関する意思決定プロセスにとって不可欠な情報を測定・表示するための原則的・構造的アプローチにあり，ベンチャー事業価値は単に，この意思決定プロセスの中で利用される道具・概念の1つにすぎない，と説明される[26]。

　そこで，以下，当時のデュポン社のベンチャー事業価値評価において，割引キャッシュ・フロー法がいかなる機能・役割を有するのか，を開発部門によって作成された1967年の報告書に基づいて検証することにする。

3－2　割引キャッシュ・フロー法の機能

　1967年の報告書によれば，キャッシュ・フローは，インベストメント・セ
ンターやベンチャー事業に関連して生じる，開発費および資本支出から成るキ
ャッシュ・アウトフロー，そして利益および資金の支出を伴わない減価償却費
から成るキャッシュ・インフローから構成される[27]。そして，3年間にわた
るキャッシュ・アウトフローとキャッシュ・インフローの発生状況が，3つの
パターンに基づく1つの例として，図表7－4によって説明されている。

図表7－4　3年間にわたるキャッシュ・フローの発生状況

Example	Now	Cash Flow 1st year	Cash Flow 2nd year	Cash Flow 3rd year	Cumulative Net Cash Flow
A	-$10,000	+$8,000	+$8,000	+$2,000	+$8,000
B	- 10,000	+ 2,000	+ 4,000	+12,000	+ 8,000
C	- 10,000	+10,000	+ 3,000	+ 3,000	+ 6,000

（出所）Records of E. I. du Pont, Accession 2091, Box 16（1967），Exhibit A: A-1.

　図表7－4によれば，キャッシュ・アウトフローとキャッシュ・インフロー
の発生状況に関するA，B，Cという3つのパターンにおいて，それぞれの初
期投資額であるキャッシュ・アウトフローは，同一額の10,000ドルと設定さ
れるが，Aのパターンのキャッシュ・インフローは，1年目が8,000ドル，2
年目が8,000ドル，そして3年目が2,000ドル発生すると見込まれるので，3年
間におけるキャッシュ・インフローの合計額18,000（8,000＋8,000＋2,000）ド
ルから，キャッシュ・アウトフロー10,000ドルを差し引いた正味キャッシュ・
フローは8,000ドルと算出される。また，Bのパターンでは，キャッシュ・イ
ンフローは，1年目が2,000ドル，2年目が4,000ドル，そして3年目が12,000
ドルのキャッシュ・インフローが発生すると見込まれるので，3年間における
キャッシュ・インフローの合計額18,000（2,000＋4,000＋12,000）ドルから，キ
ャッシュ・アウトフロー10,000ドルを差し引いた正味キャッシュ・フローは，
Aのパターンと同様に8,000ドルと算出される。これに対し，Cのパターンで
は，キャッシュ・インフローは，1年目が10,000ドル，2年目が3,000ドル，
そして3年目が3,000ドルのキャッシュ・インフローが発生すると見込まれる

ので，３年間におけるキャッシュ・インフローの合計額 16,000（10,000 ＋ 3,000 ＋ 3,000）ドルから，キャッシュ・アウトフロー 10,000 ドルを差し引いた正味キャッシュ・フローは 6,000 ドルと算出されている。

よって，ＡとＢのパターンでは，３年間における正味キャッシュ・フローの年間平均額は 2,667（8,000 ÷ 3）ドル，初期投資額に対する正味キャッシュ・フローの割合（キャッシュ・フロー投資利益率）は 26.7％（2,667 ÷ 10,000）と計算されるが，Ｃのパターンでは，３年間における正味キャッシュ・フローの年間平均額は 2,000（6,000 ÷ 3）ドル，初期投資額に対する正味キャッシュ・フローの割合は 20％（2,000 ÷ 10,000）と計算される。そして，この例に基づいて，３つのパターンの中から１つのパターンを選択するとすれば，どのパターンが最も有利であるかが説明される。その際，正味キャッシュ・フローの年間平均額で判断すれば，ＣではなくＡとＢのパターンが選択される。さらに，ＡとＢのパターンを比較した場合には，初期投資額であるキャッシュ・アウトフローをできるだけ早く回収し，その分を他の投資機会に投入することができる，あるいは利子の支払いを減少させるため，その分を債務の返済に振り向けることができる，という観点から，Ａのパターンが選択される，と 1967 年の報告書では説明される[28]。

そして，1967 年の報告書によれば，割引キャッシュ・フロー法は，このキャッシュ・フローに基づく評価・選択を行うプロセスの中に，貨幣の時間価値概念を取り入れた方法であり，それには２つの利用の仕方がある。最初のものは正味現在価値を用いた方法であり，各年におけるキャッシュ・インフローの価値の評価に貨幣の時間価値を反映させるので，キャッシュ・インフローが割引率によって現在価値に割り引かれるが，その際，正味キャッシュ・フローの現在価値の大きい方が選択される[29]。それは，図表７－５によって説明される。

図表７－５によれば，前掲の図表７－４におけるＡとＢの２つのパターンに，割引率10％が適用されるが，Ａのパターンにおける１年目のキャッシュ・インフローの現在価値は 7,273（8,000 ÷ 1.1）ドル，２年目は 6,611（8,000 ÷ [1.1 × 1.1]）ドル，３年目は 1,503（2,000 ÷ [1.1 × 1.1 × 1.1]）ドルと算出され，割り引かれたキャッシュ・インフローの３年間の合計額 15,387（7,273 ＋ 6,611 ＋ 1,503）ドルから，キャッシュ・アウトフロー 10,000 ドルを差し引いた正味キ

ャッシュ・フローの現在価値は 5,387 ドルと計算される。一方，Ｂのパターン
では，1 年目のキャッシュ・インフローの現在価値は 1,818（2,000 ÷ 1.1）ドル，
2 年目は 3,306（4,000 ÷［1.1 × 1.1］）ドル，3 年目は 9,016（12,000 ÷［1.1 × 1.1 ×
1.1]）ドルと算出され，割り引かれたキャッシュ・インフローの 3 年間の合計
額 14,140（1,818 + 3,306 + 9,016）ドルから，キャッシュ・アウトフロー 10,000 ド
ルを差し引いた正味キャッシュ・フローの現在価値は 4,140 ドルと計算される。

　そして，このようなキャッシュ・フローの現在価値の評価については，Ａの
パターンにおける正味キャッシュ・フローの現在価値の方が，Ｂのパターンに
おける正味キャッシュ・フローの現在価値よりも大きいので，この場合も，Ａ
のパターンの方が選択されるが，現在価値の計算に用いられる割引率に関して
は，これを資金利用に役立つ代替案の問題に関連させて詳細に説明することが
重要である，と 1967 年の報告書で指摘される[30]。

図表 7 − 5　割引キャッシュ・フロー法の利用の仕方（1）

Time Period		Present Values	
		A	B
Now		-$10,000	-$10,000
1st-Year Value / 110%	=	+ 7,273	+ 1,818
2nd-Year Value / 110% x 110%	=	6,611	3,306
3rd-Year Value / 110% x 110% x 110%	=	1,503	9,016
Total Present Value		5,387	4,140

（出所）Records of E. I. du Pont, Accession 2091, Box 16（1967），Exhibit A: A-2.

　次に，割引キャッシュ・フロー法における 2 番目のものは，内部利益率を用
いた方法であり，正味キャッシュ・フローの現在価値が 0 になるように，様々
な割引率が試行錯誤しながら算出されるが，そこで算出される割引率は，投資
家へのキャッシュ・フローのリターン率であり，その値の大きい方が選択され
る。それは，図表 7 − 6 で示される[31]。

第7章　割引キャッシュ・フローの利用　257

　図表7－6によれば，図表7－4におけるAのパターンには割引率44.8%，
Bのパターンには割引率26.8%が適用されるが，これらの数値は，3年間で
正味キャッシュ・フローの現在価値が0になるように算出されたものである。
まず，Aのパターンにおける1年目のキャッシュ・インフローの現在価値は
5,525（8,000 ÷ 1.448）ドル，2年目は3,815（8,000 ÷ [1.448 × 1.448]）ドル，3年
目は660（2,000 ÷ [1.448 × 1.448 × 1.448]）ドルと算出され，割り引かれたキャ
ッシュ・インフローの3年間の合計額は10,000（5,525 + 3,815 + 660）ドルとな
り，この合計額から，キャッシュ・アウトフロー10,000ドルを差し引いた正
味キャッシュ・フローの現在価値は0と計算される。一方，Bのパターンでは，
1年目のキャッシュ・インフローの現在価値は1,580（2,000 ÷ 1.266）ドル，2
年目は2,495（4,000 ÷ [1.266 × 1.266]）ドル，3年目は5,925（12,000 ÷ [1.266 ×
1.266 × 1.266]）ドルと算出され，割り引かれたキャッシュ・インフローの3年
間の合計額は10,000（1,580 + 2,495 + 5,925）ドルとなり，この合計額からキャ
ッシュ・アウトフロー10,000ドルを差し引いた正味キャッシュ・フローの現
在価値は0と計算される。よって，投資家へのキャッシュ・フローのリターン
の割合（リターン率）については，Aのパターン（44.8%）の方がBのパターン
（26.6%）よりも大きいので，この場合も，Aのパターンが選択される[32]。

図表7－6　割引キャッシュ・フロー法の利用の仕方（2）

	A Present Value at 44.8%			B Present Value at 26.6%	
Now		-$10,000			-$10,000
1st Year:	$\frac{8,000}{144.8\%}$	= + 5,525		$\frac{2,000}{126.6\%}$	= + 1,580
2nd Year:	$\frac{8,000}{144.8\% \times 144.8\%}$	= + 3,815		$\frac{4,000}{126.6\% \times 126.6\%}$	= + 2,495
3rd Year:	$\frac{2,000}{144.8\% \times 144.8\% \times 144.8\%}$	= + 660		$\frac{12,000}{126.6\% \times 126.6\% \times 126.6\%}$	= + 5,925
Total		0		Total	0

（出所）Records of E. I. du Pont, Accession 2091, Box 16（1967），Exhibit A: A-2.

258

　以上のように，単一のキャッシュ・フローを用いれば，これらを調査・比較することによって，ただちに選択が可能となり，また，より複雑で長期のキャッシュ・フローの代替案を比較する際に，これらを単一の評価指数 (figure-of-merit) として比較することができるので，より簡単に適切な選択作業を手助けすることができる。つまり，割引キャッシュ・フロー法は，投資利益率法では識別できない代替案の中から 1 つを選択する場合に，投資利益率法を補完する方法として利用される，と 1967 年の報告書で指摘されている [33]。

3 - 3　ベンチャー事業価値評価の問題点

　デュポン社の開発部門によって作成された 1967 年の報告書において，ベンチャー事業価値の評価を行う場合に，割引キャッシュ・フロー法を用いる方法が提唱されたが，同報告書には，同社の財務部門によって指摘されたベンチャー事業価値評価を行う際に，留意しなければならない問題点が指摘・集録されている [34]。そこで，財務部門によって指摘された諸点に従って，以下，これを検討することにする。

　デュポン社の財務部門によって指摘された最初の問題点として，同社における割引キャッシュ・フロー法に基づいて測定されるベンチャー事業価値は，ベンチャー事業内で提案される様々な代替的戦略の選択を行うベンチャー・プランナーにとって有用なものであり，ベンチャー事業内の様々な代替的戦略をランク付けするベンチャー・プランナーを支援するために，数値として表されるものであるが，様々な代替案が異なった割合の投資リスクを含むとすれば，ベンチャー事業価値を用いたランク付けは不適切なものとなり，適度に高い割合のリスクを伴った巨額投資を要する代替案は，必ずしも好ましいものとは限らない，との見解が示される [35]。

　次に，ベンチャー事業価値概念に固有の重要な問題として，適切な割引率を選択できるかどうか，という点が指摘される。その際，低い割引率については，収益性を犠牲にして，より大きな投資を伴う代替案が選択される傾向にあるが，高い割引率については，長期における将来の潜在利益と比べて，開発費を投入した結果として生じる直近のキャッシュ・フローが重視される傾向にある。さらに，割引率を利用するのは，通常 10 年の長期間にわたって，デュポ

ン社に貨幣価値がもたらされるという考えが信じられているからであるが，会社内において，適切で合理的なものとして受け入れられる割引率は存在しないのではないか，との指摘がなされる[36]。

さらに，ベンチャー事業価値の評価を行う際に，他にもいくつかの問題点が財務部門によって提示された。例えば，ベンチャー事業価値は，より好ましい代替案を選択するのに重要であり，本当に役立つ場合があると考えられるが，そのような場合には，ベンチャー事業価値は利用されるはずである。しかし，今日まで，デュポン社において，そのような具体的証拠を確認したことはないし，ベンチャー事業価値が数学的に算出された客観的な数値であるという単なる理由で代替案を評価する場合，しっかりしたビジネス判断よりも，ベンチャー事業価値を信頼しすぎるという懸念があるために，ベンチャー事業価値は基礎的な見積もりの正確さをもっているものの，そのことだけでは，一般的な信頼を得られないような印象を与える，と述べられる[37]。

また，ベンチャー事業価値は経営者への報告の用具としてよりも，主にベンチャー・プランナーによって利用されるという考え方がある。この考え方は，もし計画が達成不可能であるような場合には，ベンチャー事業価値評価を行う場合に不都合を伴うと考えられる。つまり，ベンチャー事業価値は，これが計画段階で利用されるとすれば，経営者に報告される段階では，計画と実績とを比較し，その結果を分析・理解する際に混乱を招くことになる，と示される[38]。

そして，1967年の報告書によれば，当時，ベンチャー事業価値は理解するのが難しい概念であり，投資利益率は一般的に親しみがあるという理由だけで，ベンチャー事業価値よりも投資利益率の方が，デュポン社における経営者のためのコミュニケーション・ツールとしてよく利用されている，と記されている[39]。しかし，この点に関して，財務部門の見解によれば，一旦コミュニケーション問題が解決されれば，ベンチャー事業価値は投資利益率よりも好ましいものとなると解釈されるが，投資利益率は本来，ベンチャー事業価値とは異なる別の有用な機能をもっているものである，と指摘される[40]。

以上のように，ベンチャー事業価値評価に関して，ベンチャー事業の代替案が投資リスクを含む際に生じる問題，適切な割引率が存在するどうかの問題，ベンチャー事業価値に対する過度の信頼性，ベンチャー事業価値と投資利益率

260

との関係の理解，等について財務部門から指摘がなされた[41]。もちろん，財務部門によって指摘された問題点は無視できないものであるが，これらの諸問題が提示される背景として，会社内における開発部門と財務部門の役割・立場の違いが存在すると考えられる。

当時のデュポン社の委員会組織においては，前述したように，財務部門は事務部門と共に，財務委員会によって統括され，割当予算の配分等をその主な業務としており，財務部門は割当予算等の申請に関して，無駄なものはできるだけ排除しようとする立場にある。一方，開発部門は事業部門に所属する補助部門のなかの1つの部門で，経営執行委員会によって統括されており，ベンチャー事業を推進する立場にあった[42]。

ゆえに，デュポン社の開発部門は，ベンチャー事業に関する割当予算が申請される際に，投資利益率だけではなく，割引キャッシュ・フローを用いたベンチャー事業価値を利用することによって，相対的に，長期的視野をもったベンチャー事業投資案の採択を有利に展開させようとしたのではないかと考えられる。なぜなら，投資利益率は単年度，つまり短期的視点に基づく評価基準として用いられるのに対し，ベンチャー事業投資案は比較的長期にわたる観点からの評価を必要とするので，これを投資利益率だけを用いて評価した場合には採択されないものでも，割引キャッシュ・フローを用いてこれを評価すれば，採択されるものも出てくる可能性が生じるからである。

つまり，当時のデュポン社では，会社全体の経営戦略として，新規のベンチャー事業を活発に促進させる必要性があったので，投資利益率だけではなく，割引キャッシュ・フローを用いて，ベンチャー事業価値の評価を行うことが不可欠であったと考えられる。

4　情報フレームワークの構成要素と構造

20世紀中期のデュポン社においては，割当予算の申請・配分やデュポン・チャート・システム等を利用した経営管理活動に関して，伝統的に投資利益率が用いられており，割引キャッシュ・フロー法は用いられてこなかったと考えられてきた。そして，デュポン社がプロジェクトを評価する際に，1970年代まで，

投資利益率の利用に固執していた，と Johnson & Kaplan は指摘した[43]。

　しかし，デュポン社では1960年代から，ベンチャー事業投資案の評価について，割引キャッシュ・フロー法の導入が検討・提唱され[44]，1971年には，ベンチャー事業投資案をキャッシュ・フローに基づいて分析・評価するための手引書（以下，1971年の手引書と略記）が作成された[45]。そして，同手引書では，キャッシュ・フローを算出するのに必要となる情報フレームワークについて記されているが，情報フレームワークの初期の例として，デュポン社の投資利益率を軸としたフォーミュラ・チャートが取り上げられている。フォーミュラ・チャートは第6章の図表6-8で前記されているが[46]，回転率と売上高営業利益率を媒介として，投資利益率の変化の原因を直接的に解明することができる利点をもっている。さらに，このフォーミュラ・チャートは，情報フレームワークとして，各項目・各レベルの詳細な情報を確認できる全体的観点から把握できるものであったが，会社全体，事業部，あるいはベンチャー事業を対象として適用された[47]。

　そして，1971年の手引書によれば，ベンチャー事業投資案に関する調査・分析のための情報フレームワークは，フォーミュラ・チャート概念を理論的に拡充したものであり，同チャートにおける当初の関心は，第6章の図表6-8の右側のインプット項目にあったが，投資利益率に加えて，ベンチャー事業の有用性の基準について考慮するためには，アウトプットとして，キャッシュ・フローの概念を組み入れる必要があった[48]。さらに，1971年9月23日に，当時，デュポン社の社長であった Edwin A. Gee から経営執行委員会のメンバーに送られた報告書には，低い利益率に従うままでは，将来の企業成長を支える資金調達に支障をきたすことになるので，キャッシュ・フローが将来の計画を立てる際に重要な要因になると記されている[49]。そのキャッシュ・フローを軸とした情報フレームワークの考え方は，図表7-7によって示される。

　1971年の手引書によれば，図表7-7はキャッシュ・フロー・モデルと呼ばれ，キャッシュ・フローが導出されるプロセスを表している。図表7-7によれば，まず，キャッシュ・フローを導出するための情報フレームワークを構築する際に，黒枠で囲まれた4つのモデルが設定される。4つのモデルとは，マーケット・モデル（market model），マーケティング・モデル（marketing model), コスト・モデル (cost model), および投資モデル (investment model) である。同手引書によれば, モデルとは, 他の何かを表すために使用されるものであり, これを限定的にとらえれば, 所与のインプットから導き出される結果を再生・予測するために利用される情報の集積を表す用語として使用されるものである。そして, 本当に役に立つモデルは, その形態がどのようなものであれ, モデルの構成要素間の関係を明確に示すものであった[50]。

　図表7-7によれば, マーケット・モデルは, マーケット全体が生産物の最終消費項目ごとに適切に区分され, それらの区分ごとに, 横軸には年数が示され, 縦軸には, 生産物価格と消費者価値の関数として導出される市場規模の大きさ (opportunity;事業機会) が金額 (ドル) を用いてグラフとして示される。次に, マーケティング・モデルは, 横軸には年数が示され, 縦軸には, 競争価格や販売促進活動の存在を前提として, それらが工場, 卸売業者, 消費者の行動に与える影響を考慮した上で, 当該企業の市場浸透率 (penetration) がグラフとして表される。さらに, 投資モデルは, 横軸には年数が示され, 縦軸には, 様々な操業度とプロダクト・ミックスを考慮した投資額がグラフとして表示される。そして, コスト・モデルは, 横軸には年数が示され, 縦軸には, 特定の操業度に基づいて設備を利用する際に発生するコストがグラフとして示される。そして, これらのモデルの関係性の中から, キャッシュ・フローの現在価値 (割引キャッシュ・フロー) がアウトプットとして導出されるのである[51]。

第7章 割引キャッシュ・フローの利用 263

図表7-7 キャッシュ・フロー・モデル

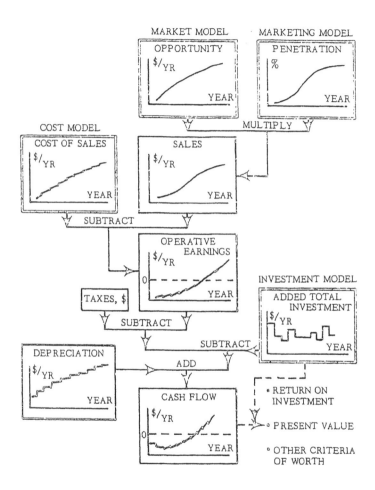

(出所) Du Pont [1971], p.8.

5 ベンチャー事業価値の計算

1971年の解説書には，割引キャッシュ・フローを体系的・継続的に導出するのに必要となる情報フレームワークについても検討・説明されており，当時，ベンチャー事業価値の評価を実施するための本格的な活動が開始されたと考えることができる[52]。その際，ベンチャー事業価値を構成する諸要素は，図表7−8によって示される。

図表7−8によれば，ベンチャー事業価値の重要な要因を占める割引キャッシュ・フローの構成要素が，点線で囲まれた部分で説明される。X年度の割引キャッシュ・フローは，キャッシュ・インフロー（減価償却費＋純利益）から，キャッシュ・アウトフロー（固定資産増加分＋運転資本増加分）を差し引いたX年度の正味キャッシュ・フローに，割引率（現価係数）を掛けて算出される。また，割引清算価値は，X年度から10年経過後における未償却固定資産と運転資本の合計額に，10年経過後の現価係数を掛けて計算されるが，これに，X年度から10年間にわたって発生が予測される割引キャッシュ・フローの合計額が加算されて，ベンチャー事業価値が算出される。さらに，このベンチャー事業価値から，回避可能開発費（将来発生が予測される開発費−事業化前に発生が予測される社外・社内の売上高からの収入）に，税金やその他の費用を考慮した割引率を掛けて算出される純回避可能開発費を差し引いて，正味ベンチャー事業価値が求められる[53]。

第7章 割引キャッシュ・フローの利用 265

図表7−8 ベンチャー事業価値の構成要素

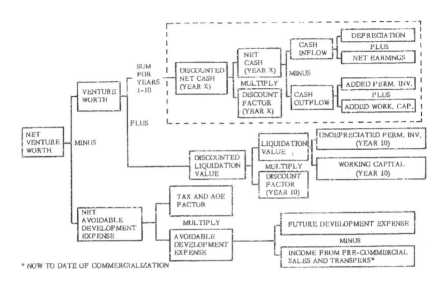

(出所) Du Pont [1971], p.60.

そして，1971年の解説書では，このようなベンチャー事業価値の構成要素に基づいて，ベンチャー事業の現在価値計算の様子が説明されている。それは，ベンチャー事業名がXYZ，ベンチャー事業を立ち上げる事業部名がABCという架空の事例を用いて，図表7−9で示される。図表7−9によれば，左側から右側にかけて，ベンチャー事業の現在価値を計算する各要素が記される。左側から，固定的投資（年平均額，増加額），運転資本（年平均額，増減額），減価償却費，純利益，キャッシュ・フロー（キャッシュ・インフロー，キャッシュ・アウトフロー，正味キャッシュ・フロー），割引率を10％とした現価係数，そして正味キャッシュ・フロー現在価値（正味キャッシュ・フロー×現価係数）が示される。一方，図表7−9の上側から下側にかけて，投資活動だけが行われる最初の年を0年目として，ベンチャー事業が開始される1年目（1999年）から10年目まで，ベンチャー事業の現在価値の計算が継続して行われている[54]。

図表7－9によれば，0年目には，投資活動だけが行われるので，左側から，固定的投資の増加額が10.00ドル，運転資本の増加額が1.00ドル，キャッシュ・アウトフローが11.00（10.00＋1.00）ドル，正味キャッシュ・フローが－11.00ドル，現価係数が1.000，そして正味キャッシュ・フローの現在価値が－11.00（－11.00ドル×1.000）ドルと示される。次に，ベンチャー事業が開始される1年目には，固定的投資の年平均額が10.00ドル，運転資本の年平均額が1.00ドル，減価償却費が0.80ドル，純利益が－1.00ドル，キャッシュ・インフローが－0.20（0.80－1.00）ドル，正味キャッシュ・フローが－0.20ドル，現価係数が0.909（1÷1.1），そして正味キャッシュ・フローの現在価値が－0.18（－0.20ドル×0.909）ドルと算出される。2年目には，固定的投資の年平均額が10.00ドル，運転資本の年平均額が1.00ドル，減価償却費が0.80ドル，キャッシュ・インフローが0.80ドル，正味キャッシュ・フローが0.80ドル，現価係数が0.826，そして正味キャッシュ・フローの現在価値が0.66（0.80ドル×0.826）ドルと算出される。3年目には，固定的投資の年平均額が10.00ドル，運転資本の年平均額が1.00ドル，減価償却費が0.80ドル，純利益が1.00ドル，キャッシュ・インフローが1.80ドル，正味キャッシュ・フローが1.80ドル，現価係数が0.751，そして正味キャッシュ・フローの現在価値が1.35（1.80ドル×0.751）ドルと算出される。

　また，4年目には，新たな固定的投資と運転資本が追加されるので，永久的投資の年平均額が10.00ドル，固定的投資の増加額が10.00ドル，運転資本の年平均額が1.00ドル，運転資本の増加額が1.00ドル，減価償却費が0.80ドル，純利益が2.00ドル，キャッシュ・インフローが2.80ドル，キャッシュ・アウトフローが11.00ドル，正味キャッシュ・フローが－8.20（2.80－11.00）ドル，現価係数が0.683，そして正味キャッシュ・フローの現在価値が－5.60（－8.20ドル×0.683）ドルと算出される。5年目には，固定的投資の年平均額が20.00ドル，運転資本の年平均額が2.00ドル，減価償却費が1.60ドル，純利益が2.00ドル，キャッシュ・インフローが3.60ドル，正味キャッシュ・フローが3.60ドル，現価係数が0.621，そして正味キャッシュ・フローの現在価値が2.24（3.60ドル×0.621）ドルと算出される。6年目には，固定的投資の年平均額が20.00ドル，運転資本の年平均額が2.00ドル，減価償却費が1.60ドル，純

第7章　割引キャッシュ・フローの利用　267

利益が 3.00 ドル，キャッシュ・インフローが 4.60 ドル，正味キャッシュ・フローが 4.60 ドル，現価係数が 0.565，そして正味キャッシュ・フローの現在価値が 2.60（4.60 ドル × 0.565）ドルと算出される。

　さらに，7 年目には，また新たな固定的投資と運転資本が追加されるので，永久的投資の年平均額が 20.00 ドル，固定的投資の増加額が 10.00 ドル，運転資本の年平均額が 2.00 ドル，運転資本の増加額が 1.00 ドル，減価償却費が 1.60 ドル，純利益が 3.00 ドル，キャッシュ・インフローが 4.60 ドル，キャッシュ・アウトフローが 11.00 ドル，正味キャッシュ・フローが － 6.40（4.60 － 11.00）ドル，現価係数が 0.513，そして正味キャッシュ・フローの現在価値が － 3.28（－ 6.40 ドル × 0.513）ドルと算出される。8 年目には，固定的投資の年平均額が 30.00 ドル，運転資本の年平均額が 3.00 ドル，減価償却費が 2.40 ドル，純利益が 3.00 ドル，キャッシュ・インフローが 5.40 ドル，正味キャッシュ・フローが 5.40 ドル，正味キャッシュ・フローの現価係数が 0.467，そして正味キャッシュ・フローの現在価値が 2.53（5.40 ドル × 0.467）ドルと算出される。9 年目には，固定的投資の年平均額が 30.00 ドル，運転資本の年平均額が 3.00 ドル，減価償却費が 2.40 ドル，純利益が 4.00 ドル，キャッシュ・インフローが 6.40 ドル，正味キャッシュ・フローが 6.40 ドル，現価係数が 0.424，そして正味キャッシュ・フローの現在価値が 2.72（6.40 ドル × 0.424）ドルと算出される。最後の 10 年目には，固定的投資の年平均額が 30.00 ドル，運転資本の年平均額が 3.00 ドル，減価償却費が 2.40 ドル，純利益が 5.00 ドル，キャッシュ・インフローが 7.40 ドル，正味キャッシュ・フローが 7.40 ドル，現価係数が 0.386，そして正味キャッシュ・フローの現在価値が 2.86（7.40 ドル × 0.386）ドルと算出される。

　そして，図表 7 － 9 によれば，最終結果として，固定的投資額が 30.00 ドル，運転資本額が 3.00 ドル，減価償却累計額が 15.20 ドル，純利益累計額が 22.00 ドル，キャッシュ・インフロー累計額が 37.20 ドル，キャッシュ・アウトフロー累計額が 33.00 ドル，正味キャッシュ・フロー累計額が 4.20 ドル，そして正味キャッシュ・フローの現在価値累計額が － 5.10 ドル，と各項目の合計が算出された上で，純投資額 14.80 ドル（固定的投資額 30.00 ドル － 減価償却累計額 15.20 ドル）と運転資本額 3.00 ドルおよび正味キャッシュ・フロー累計額 4.20 ドルが合計されて，10 年目の純キャッシュ額が 22.00 ドルと計算されると共に，この

268

当該期間全体におけるベンチャー事業の現在価値は，正味キャッシュ・フローの現在価値累計額 - 5.10 ドル，純投資額の現在価値 5.71（純投資額 14.80 ドル×0.386）ドル，および運転資本の現在価値 1.16（運転資本額 3.00 ドル×0.386）ドルの合計額である 1.77 ドルと算出されている。

つまり，この事例の場合，ABC 事業部が申請したベンチャー事業 XYZ は，10 年間で 1.77 ドルの事業価値を生み出すことになる。よって，経営執行委員会は，この事業価値を基にして，申請時に各事業部から提示された投資利益率等の評価指標を考慮した上で，各ベンチャー事業に対する割当予算の評価・承認を実施したと考えられる。

図表 7 - 9 ベンチャー事業価値の計算プロセス

YR.	Permanent Investment		Working Capital		Depreci-ation	Net Earnings	Cash Flows			Present Value	
	Year's Average (1)	Additions * (2)	Year's Average (3)	Changes * (4)	(5)	(6)	In (5) + (6) (7)	Out (2) + (4) (8)	Total (7) - (8) (9)	Factor at 10% (10)	Results (9)x(10) (11)
0	XXXX	10.00	XXXX	1.00	XXXX	XXXX	XXXX	11.00	(11.00)	1.000	(11.00)
1	10.00	-	1.00	-	0.80	(1.00)	(0.20)	-	(0.20)	0.909	(0.18)
2	10.00	-	1.00	-	0.80	0.00	0.80	-	0.80	0.826	0.66
3	10.00	-	1.00	-	0.80	1.00	1.80	-	1.80	0.751	1.35
4	10.00	10.00	1.00	1.00	0.80	2.00	2.80	11.00	(8.20)	0.683	(5.60)
5	20.00	-	2.00	-	1.60	2.00	3.60	-	3.60	0.621	2.24
6	20.00	-	2.00	-	1.60	3.00	4.60	-	4.60	0.565	2.60
7	20.00	10.00	2.00	1.00	1.60	3.00	4.60	11.00	(6.40)	0.513	(3.28)
8	30.00	-	3.00	-	2.40	3.00	5.40	-	5.40	0.467	2.53
9	30.00	-	3.00	-	2.40	4.00	6.40	-	6.40	0.424	2.72
10	[a]30.00	XXXX	[c]3.00	XXXX	2.40	5.00	7.40	XXXX	7.40	0.386	2.86
Totals	30.00	XXXX	3.00	3.00	[b]15.20	22.00	37.20	33.00	[d]4.20	XXXX	[g](5.10)

1999 ← Commercialization Year

Net Plant [a] - [b] | [e]14.80 | 0.386 | [h]5.71
Working Capital [c] | [f]3.00 | 0.386 | [i]1.16
Net Cash, 10th Yr [d] + [e] + [f] | 22.00 | XXXX | XXXX

VENTURE WORTH, [g] + [h] + [i] | 1.77

* Values for (2) and (4) are obtained for year indicated by subtracting respective year's average, (1) or (3), from the succeeding year's average.

（出所）Du Pont [1971], p.62.

6　ベンチャー事業における割当予算システムの展開

6－1　割当予算の要求・申請

　1975年7月18日に，デュポン社のコントローラーであった W. E. Buxbaum は，「研究開発費に関するルール，およびその管理運用手続き」と題するコントロールや分析を担当する経営管理者のための報告書（以下，1975年の報告書と略記）を作成した。その後，この1975年の報告書は，1977年6月20日に取締役会の資料として提出され，同年7月12日には，当時の副社長であった R. E. Heckert によって，各事業部長に送付されたが，同報告書には，デュポン社の各事業部がベンチャー事業を立ち上げるための割当予算を要求・申請する際の手続き等が記されていた[55]。

　各事業部は，ベンチャー事業に関する割当予算を要求・申請する際には，現在の活動状況を説明すると共に，新しいベンチャー事業を立ち上げることの重要性を示さなければならなかったが，具体的には，割当予算を申請する各事業部は，割当予算を要求するための申請書において，新しいベンチャー事業の種類・性質・内容，またそれを取り巻く市場条件，原材料の供給，主な不確実性の要因，開発計画，組織，財務状況，等について記述する必要がある，と1975年の報告書に記されている[56]。

　そして，1975年の報告書によれば，各事業部は，ベンチャー事業自体の内容について，予期される事業の特質や戦略がどのようなものであるか，ベンチャー事業が事業部の諸目的といかに関連しているか，現在のプロジェクトを新しいベンチャー事業のレベルに引き上げることがいかに重要であるか，および生産物の内容や製造方法がどのようなものであるか，を申請書において説明し，申請書に記述されない技術的問題を議論すると共に，生産物のコストが他の企業と十分に競争できる低い値になることを明らかにする必要があったが，ベンチャー事業を支援する様々な要因や当時の競争的な企業環境についても記さなければならなかった。さらに，市場条件については，主要市場の活用状況，計画価格に基づく市場規模の大きさ，予期されるマーケット・シェア，使用価値に対する最低価格あるいは期待価格の割合が概説されると共に，マーケ

ット・プランの試案および長期のマーケット・プラン，マーケティング戦略を示すことが要求され，他の事業部との係わり方の時期と程度についてのコメントが求められた[57]。

また，1975年の報告書によれば，各事業部は，原材料の供給について，製造活動において使用される主要な原材料調達の必要性・可能性を示し，もし原材料が別の事業部から中間生産物として十分に供給されるようであれば，最終生産物を担当する事業部は，コスト，利益，タイミングに関連して，他の事業部のもつ適切な情報を把握し，それに関する適切なコメントを行う必要があった。また，主な不確実性の要因については，新しいベンチャー事業を開始する際に，前述の原材料に関する情報は，非常に大きな不確実性をもつものの，特別な代替案の選択時期において，最適の見積もりを提供できる可能性があることから，ベンチャー事業に関連する主な不確実性，および特別な財務的目標を達成する際の不確実性によって生じる影響，について概説する必要があった[58]。

さらに，開発計画について，各事業部は，次年度の状況と計画を概説することになるが，事業化に先立って発生する新しいベンチャー事業開発に要する年ごとの費用，および予期される建設承認日と新しい設備の見積コストを示す必要があった。また，組織に関しては，事業部組織とベンチャー事業組織との関連性を説明し，研究開発事業部長，製造事業部長，販売事業部長，あるいは新しいベンチャー事業部長のような重要な責任者を確認する一方で，次年度のベンチャー事業における非技術人員の平均人数，および研究，製造，マーケティングの諸機能への適正配分人数を記述すると共に，適性・技能をもつ人員を補充した際にもたらされる成功あるいは諸問題についての内容を記さなければならない，と1975年の報告書では指摘される[59]。

そして，1975年の報告書によれば，新しいベンチャー事業開発における各事業部からの割当予算の要求は，事業化を承認してもらうことを目的として，最終的には，経営執行委員会に対してなされるが，それは，事業部長によってベンチャー事業開発の承認を得た後に実施される。その際，割当予算申請書において，文面では説明できない財務的局面に関する項目については，これが，図表7－10で示される新しいベンチャー事業開発に対する要求書によって示

第7章　割引キャッシュ・フローの利用　271

される[60]。

　図表7－10によれば，最初に，当該ベンチャー事業の意義とその承認の必
要性が各事業部によって示される。そして，この要求書の左側には，当該ベン
チャー事業開発が実施されるまでに見積もられる予備調査費の全額，新しいベ
ンチャー事業開発に要する費用（前年の年次報告書に記される予測額，今年度の見
積額），および事業が開始されると見込まれる日付，利益獲得が可能になると
見込まれる日付を記載する。また，要求書の右側には，利益獲得が可能になる
以前に発生が予測される（今年度以降の）追加的総支出額として，開発費，営
業損失，固定的投資額がそれぞれ見積もられる。次に，利益獲得が可能になっ
た1年目および5年目における固定的投資と運転資本の額，および投資利益率
が見積もられる。最後に，要求書の下部には，最初に事業部長，次にコントロー
ラー，そして最後に経営執行委員会の文書部長という承認の手続きの順番に，
それぞれの署名とその署名された日付が記される[61]。

　そして，1975年の報告書によれば，この新しいベンチャー事業開発に対する
要求書には，事業部長がベンチャー事業の内容を申請先に，より明確に理解さ
せようとする場合には，これに役立つ追加情報を自由に記述できるようになっ
ているが[62]，図表7－10で示されるように，投資利益率の見積値が最後に記
されている[63]。この投資利益率は，これまで本書で考察したように，20世紀
初頭以来，デュポン社でその開発・利用が推し進められてきた指標であり，同
要求書でも，その最後に示されることが要求されていることから判断して，割当
予算要求の中心的指標として記されなければならないものと考えることができる。

　このように，各事業部がベンチャー事業に関する割当予算を要求する際に
は，投資利益率等の評価指標が申請用紙に記入され，これが，最終的には経営
執行委員会に提出された。

　これに対し，Top Management の側は，ベンチャー事業価値を評価する際に，
割引キャッシュ・フローを算出し，これを軸としたベンチャー事業価値を導出
する方法を熟知していた。つまり，ベンチャー事業開発に係わる割当予算シス
テムにおいては，割当予算申請時には，投資利益率等の評価指標が各事業部等
によって用いられ，その評価・承認時には，割引キャッシュ・フローを軸とし
たベンチャー事業価値が Top Management によって利用されたと考えられる。

272

図表 7 - 10　新しいベンチャー事業開発における割当予算の要求書

Date

TO:　EXECUTIVE COMMITTEE

FROM:　　　　　　DEPARTMENT

NEW VENTURE DEVELOPMENT REQUEST
_____

　　　We have concluded that _____(title of venture)_____ should be
commercialized and that New Venture Development work toward such end
should now begin.　Accordingly, we request authorization to proceed with
such work and to identify the program as New Venture Development
effective _____(date)_____.

Summary Data and Projections:

Exploratory Research expense
　for this activity cumulative
　to (NVD eff. date) totals　　$____MM

New Venture Development expense
　for the activity during 19__
　(current year):
　　As forecast in latest
　　　Annual Report　　　　$____MM
　　Present estimate　　　$____MM

Venture estimated to:
　Reach commercialization .... (date)
　Become profitable .... (date)

Estimated total additional
　expenditures, beyond
　current year, before
　reaching profitability:
　New Venture
　　Development expense $____MM
　　Operating losses　　$____MM
　　Permanent investment $____MM

Estimated permanent
　investment and working
　capital:
　　1st year of
　　　profitability　　$____MM
　　5th year　　　　　$____MM

Estimated net return on
　investment:
　　1st year of
　　　profitability　　　____%
　　5th year　　　　　　____%

Date

....
　　　　Department Head

Approved as to form, accounting
　aspects, and Rules compliance:　　Authorized:

....　　...................... ....
　Comptroller　　　(date)　　　Executive Committee
　　　　　　　　　　　　　　　　　Secretary

(出所) Records of E. I. du Pont, Accession 2091, Box 15, B-45.

7 小 括

本章の目的は，20世紀中期のデュポン社において，割引キャッシュ・フロー法がベンチャー事業投資案の評価のために，いかに利用されようとしたかについて，同社を取り巻く企業環境を考慮しながら検証することにより，管理会計の発展における割引キャッシュ・フロー法のもつ意義と機能について再検討することであった。なぜなら，そのことが，当時のデュポン社における管理会計の特徴を抽出することにつながると考えられるからである。

従来，20世紀中期のデュポン社においては，割当予算の申請・配分やデュポン・チャート・システム等を利用した経営管理活動に関して，伝統的に投資利益率が用いられており，割引キャッシュ・フローが用いられていたという検証はなされてこなかった。また，Johnson & Kaplan は，デュポン社がプロジェクトを評価する際に，1970年代まで投資利益率の利用に固執していたと指摘した[64]。

しかし，本章で検証したように，デュポン社では1960年代から，ベンチャー事業の投資案の評価について，割引キャッシュ・フロー法の導入が検討・提唱された[65]。そして，1970年代初頭には，ベンチャー事業の現在価値が，財務情報フレームワークに基づいて，その事業活動によって生み出される割引キャッシュ・フロー，および純投資と運転資本の現在価値を合計することによって算出された。ただ，その現在価値計算は，ベンチャー事業を対象としたものに限定されており，当時のデュポン社においては，加重平均資本コスト等を考慮するような，企業全体を対象とした企業価値計算はまだ実施されていなかった[66]。

そして，当時のデュポン社においては，貨幣の時間価値を考慮せず，単年度ごとに算出・予測される投資利益率は，1～2年程度の比較的短期間を対象とした割当予算やプロジェクト等が申請される際に，それらの評価・判定の指標として利用された[67]。これに対して，ベンチャー事業投資案の評価・判定に関しては，ベンチャー事業に対象が限定されているものの，通常，10年がその評価・判定の期間として要求されており[68]，貨幣の時間価値を考慮した割引キャッシュ・フローを含む現在価値は，その成果を見積・測定するのに，少

なくとも数年間を要するベンチャー事業の投資案の評価・判定に適した指標で
あったと考えることができる。

ゆえに，本章で検証された事実を踏まえれば，Johnson & Kaplan が 1925 年
から 1980 年まで管理会計の発展はなかったという適合性喪失の指摘，特に管
理会計実務に関して何の貢献もなかったという見解に対して，再検討を必要と
するのではないかと考えられる。つまり，この適合性喪失の指摘に関しては，
製造間接費の配賦に係わる考え方・技法が企業環境の変化に適合していなかっ
たという側面は否定できないものの[69]，割引キャッシュ・フローを含むベン
チャー事業の現在価値を利用した割当予算システムにおける意思決定に関し
て，これが当時の事業部制組織構築といった企業環境に適合して実施されてお
り，Johnson & Kaplan の指摘は，管理会計機能全体に該当するものではない
と考えることができる。

【注】

1 ）Records of E. I. du Pont, Accession 2091, Box 16.

2 ）Du Pont [1971].

3 ）Johnson and Kaplan [1987].

4 ）Chandler [1980], pp.456-463；田中 [1982], pp.146-170；井上 [1987], pp.113-116；
　　高浦 [1992], p.110.

5 ）Du Pont [1901]；高梠 [2004], pp.170-214.

6 ）Du Pont [1966], p.2.

7 ）Du Pont [1966], pp.2-3.

8 ）Du Pont [1966], pp.4-7；デュポン社の委員会を中心とした組織は，第 6 章の図表
　　6 － 7 でも示されたが，それは，1947 年の解説書（Records of E. I. du Pont, Box
　　E-4）に記されたものである。一方，図表 7 － 2 は，それとは異なる 1966 年の備
　　忘録（Du Pont [1966]）に基づくものである。

9 ）Du Pont [1966], pp.4-12.

10）Records of E. I. du Pont, Accession 2091, Box 16, (1961), p.1；1961 年の報告
　　書の最後の箇所には，同報告書の送り手である開発部門の J. Johnston, Jr. と J.C.
　　Yacoe, および当時の経営執行委員会の副委員長であり，同報告書の受け手である
　　E.A.Gee, のそれぞれの署名がなされている。

第7章　割引キャッシュ・フローの利用　275

11）Records of E. I. du Pont, Accession 2091, Box 16,（1961）, pp.1-2.

12）Records of E. I. du Pont, Accession 2091, Box 16,（1961）, p.2.

13）Records of E. I. du Pont, Accession 2091, Box 16,（1961）, Exhibit A.

14）Records of E. I. du Pont, Accession 2091, Box 16,（1961）, p.2.

15）Records of E. I. du Pont, Accession 2091, Box 16,（1961）, p.3.

16）Records of E. I. du Pont, Accession 2091, Box 16,（1961）, pp.3-4.

17）Records of E. I. du Pont, Accession 2091, Box 16,（1961）, p.4.

18）Records of E. I. du Pont, Accession 2091, Box 16,（1961）.

19）Records of E. I. du Pont, Accession 2091, Box 16,（1967）.

20）Records of E. I. du Pont, Accession 2091, Box 16,（1967）, p.1.

21）Records of E. I. du Pont, Accession 2091, Box 16,（1967）, p.1.

22）Records of E. I. du Pont, Accession 2091, Box 16,（1967）, pp.1-2.

23）Records of E. I. du Pont, Accession 2091, Box 16,（1967）, p.2.

24）Records of E. I. du Pont, Accession 2091, Box 16,（1967）, p.3.

25）Records of E. I. du Pont, Accession 2091, Box 16,（1967）, p.3.

26）Records of E. I. du Pont, Accession 2091, Box 16,（1967）, p.3.

27）Records of E. I. du Pont, Accession 2091, Box 16,（1967）, Exhibit A, A-1.

28）Records of E. I. du Pont, Accession 2091, Box 16,（1967）, Exhibit A, A-1.

29）Records of E. I. du Pont, Accession 2091, Box 16,（1967）, Exhibit A, A-2.

30）Records of E. I. du Pont, Accession 2091, Box 16,（1967）, Exhibit A, A-2.

31）Records of E. I. du Pont, Accession 2091, Box 16,（1967）, Exhibit A, A-2.

32）Records of E. I. du Pont, Accession 2091, Box 16,（1967）, Exhibit A, A-3.

33）Records of E. I. du Pont, Accession 2091, Box 16,（1967）, Exhibit A, A-3.

34）Records of E. I. du Pont, Accession 2091, Box 16,（1967）, Exhibit B.

35）Records of E. I. du Pont, Accession 2091, Box 16,（1967）, Exhibit B, B-1.

36）Records of E. I. du Pont, Accession 2091, Box 16,（1967）, Exhibit B, B-1.

37）Records of E. I. du Pont, Accession 2091, Box 16,（1967）, Exhibit B.

38）Records of E. I. du Pont, Accession 2091, Box 16,（1967）, Exhibit B, B-2.

39）Records of E. I. du Pont, Accession 2091, Box 16,（1967）, p.3.

40）Records of E. I. du Pont, Accession 2091, Box 16,（1967）, Exhibit B, B-2.

41）Records of E. I. du Pont, Accession 2091, Box 16,（1967）, Exhibit B.

42）Du Pont［1966］, pp.4-12；高梠［2004］, pp.170-214.

43）Johnson and Kaplan［1987］, p.165.

44）Records of E. I. du Pont, Accession 2091, Box 16,（1967）；高梠［2011］。

45）Du Pont［1971］；武井［2005］では, Du Pont［1971］に基づいて, デュポン社

276

におけるキャッシュ・フローを用いた事業評価法が分析・検討されている。

46) Records of E. I. du Pont, Box E-4, p.9.

47) Du Pont [1971], pp.5-7.

48) Du Pont [1971], p.7.

49) Records of E. I. du Pont, Accession 2232, Box 2, (1971), p.5.

50) Du Pont [1971], p.7.

51) Du Pont [1971], pp.7-9.

52) Du Pont [1971].

53) Du Pont [1971], pp.59-61.

54) Du Pont [1971], pp.61-62.

55) Records of E. I. du Pont, Accession 2091, Box 15.

56) Records of E. I. du Pont, Accession 2091, Box 15, B-46.

57) Records of E. I. du Pont, Accession 2091, Box 15, B-46, B-47.

58) Records of E. I. du Pont, Accession 2091, Box 15, B-47.

59) Records of E. I. du Pont, Accession 2091, Box 15, B-47, B-48.

60) Records of E. I. du Pont, Accession 2091, Box 15, B-47, B-48.

61) Records of E. I. du Pont, Accession 2091, Box 15, B-45.

62) Records of E. I. du Pont, Accession 2091, Box 15, B-48, B-49.

63) Records of E. I. du Pont, Accession 2091, Box 15, B-45.

64) Johnson and Kaplan [1987], pp.165.

65) Records of E. I. du Pont, Accession 2091, Box 16, (1967).

66) Du Pont [1971].

67) Du Pont [1910]; 高梠 [2004], pp.170-214.

68) Records of E. I. du Pont, Accession 2091, Box 16, (1967), p.3.

69) Johnson and Kaplan [1987], pp.125-151.

終　章

管理会計における発展の特徴と仮説の検証

　本書では，経営管理組織が職能部門別組織から事業部制組織に変化するとい
った企業環境の変化に適合して，管理会計がいかに発展していったかを，でき
る限り一次資料に基づいて検証しようとした。そして，その検証結果に基づい
て，できる限り管理会計の本質への認識・理解を深め，現在における疑問や課
題および未解決問題等に対処できるような論理構築を行うことに少しでも貢献
することが，本書の目的であった。

　そこで，本章では，本書のこれまでの考察を基にして，まず，世界で最初に
事業部制組織を構築したデュポン社と GM 社を事例として，管理会計が事業
部制組織に適合しながら，どのように発展したかを分析する。次に，序章で提
示した管理会計発展史に関する仮説を，本書での一次資料による研究成果に基
づいて検証する。

　そして，本章では，管理会計の発展を事業部制組織と係わらせながら検討す
るので，管理会計の生成期の内容にもふれながら，その主な考察対象期間は，
デュポン社および GM 社において事業部制組織が構築された 1921 年から開始
して，H. Thomas Johnson と R. S. Kaplan が指摘した，企業環境に対して管
理会計の適合性が喪失していたとされる期間である 1925 年から 1980 年までを
含むものとする[1]。なぜなら，Johnson & Kaplan が主張した，企業環境に対
する管理会計の適合性喪失が，果たして，事実であったかどうかも考察の対象
としたいからである。

1　アメリカ管理会計における発展の特徴

　本章では，従来の管理会計に関する歴史研究の穴を埋めるべく，20世紀初頭アメリカのデュポン社において，職能部門別組織をベースとして生成した本格的な管理会計が，1921年に世界で最初に構築された事業部制組織に適合しながら，いかに発展していったかを，できる限り一次資料に基づいて検証する。そして，この発展（企業環境への適合）の検証を行う場合，アメリカにおける管理会計の発展を，戦略計画，マネジメント・コントロール，オペレーショナル・コントロールという経営管理の体系に対応させて考察する[2]。なぜなら，序章で述べたように，デュポン社の経営管理活動を事業部制組織との関係から考察する場合，経営管理活動を，計画と統制，あるいは意思決定と業績評価等として認識するよりも，戦略計画，マネジメント・コントロール，そしてオペレーショナル・コントロールとしてとらえた方が，経営管理階層によって計画および統制を行う内容や方法が異なるという視点をより明確に説明できると考えられるからである[3]。

1－1　戦略計画のための管理会計の発展
1－1－1　職能部門別組織における割当予算システムの展開
　前述したように，20世紀初頭，デュポン火薬会社は持株会社であるデュポン社の事業会社として設立され，職能部門別組織に基づいて管理・運営がなされた。そして，当時，デュポン火薬会社における戦略計画のための管理会計の代表的技法として挙げられるのが，割当予算システムであった。それは，主に各部門等が戦略的な資金を獲得するために，同社の Top Management である経営執行委員会等にその申請をし，経営執行委員会等は，その審査・判定を行わなければならないという仕組みになっていた。

　1910年4月12日から16日まで，デュポン火薬会社の高性能爆薬（ダイナマイト）部門の工場長会議が New York で開催されたが，William G. Ramsay はこの会議の中で，同社の各部門に資金を体系的に割り当てることのできる割当予算システムについての詳細な内容を説明した[4]。また，爆薬製造部門では，

終　章　管理会計における発展の特徴と仮説の検証　279

1916 年から 1917 年にかけてのプロジェクトに必要な割当予算を申請する際に，1. 現在の設備能力とその限界，2. 現在の状況下での年間損失，3. 提案される作業の種類，4. 追加的な設備および製品，5. 達成が予測されるコストの見積節約額，6. 割当予算申請時の意見・注意，といった内容の記述が求められている[5]。

　そして，1911 年 6 月 23 日には，当時，コントローラーであった R. H. Dunham は総括経営管理者補佐の Irenee du Pont に報告書を提出したが，その報告書には，Carney's Point 工場への追加投資額，当該工場で製造される火薬綿のコストと価格等に関する見積もりが記され，基準となる投資利益率 (return on investment) に基づいて，この工場への追加投資に必要な割当予算が妥当なものであるかどうかの審査内容が記録されている[6]。

　ここで，職能部門別組織を前提とした割当予算システムについて考えてみると，割当予算を申請する側である各部門は，コスト責任は負うものの，利益に関する会計情報を与えられておらず，利益責任まで負うことはできないので，割当予算を申請する際には，コストの見積節約額が提示できる唯一の会計情報であった。これに対し，割当予算を審査・判定する側である経営執行委員会等の Top Management は，デュポン火薬会社で作成される全ての会計情報を入手することが可能であり，当時，審査の際に利用される投資利益率は，管理会計情報として最も重要であった。

　そこで，20 世紀初頭のデュポン火薬会社で利用されていた投資利益率がどのような内容・構造をもつものであったかは，第 1 章の図表 1 - 3 の事例で確認できる[7]。図表 1 - 3 によれば，投資利益率はダイナマイトのコストと工場への投資額との関係を分析するために利用されているが，G は投資額に対する売上高の割合である資本（純投資）回転率，g は売上高に対する利益の割合である売上高利益率を示しており，投資利益率はこの G と g の積として表されている。そして，投資利益率の内容・構造や利用の仕方は，各時代における企業の要請によって変化していった[8]。

　このように，20 世紀初頭のデュポン火薬会社で構築された割当予算システムにおいては，割当予算を申請する側である各部門等は，さまざまな情報と共に，会計情報としては，コストの見積節約額等を提示したが，割当予算を審査・判定する側である経営執行委員会等の Top Management は，申請側から

提示されるさまざまな情報やコストの見積節約額だけでなく，審査基準であった投資利益率に基づいて割当予算の審査・判定を行った。

1－1－2　事業部制組織における割当予算システムの確立

　前述したように，デュポン社は反トラスト法違反により，1915年に持株会社から事業会社に変更され，新しいデュポン社が分割されたデュポン火薬会社を買収する形で事業会社として設立された。しかし，職能部門別組織のままの経営管理活動には無理があり，1921年に事業部制組織が構築された[9]。そこで，次に，割当予算システムがプロフィット・センターを擁する事業部制組織に適合して，いかに機能したかを検討する。

　デュポン社では，1921年に職能部門別組織が事業部制組織に変更されたことにより，割当予算の申請・判定の手続きは，当初，プロフィット・センターである事業部を対象としたものに適合していくように工夫されたものの，ルーチン化されない状態で実施されていたと考えられる。そして，この状態をルーチン化するために，新しい割当予算システムの実施マニュアルが作成されたが，このマニュアルは，1929年3月20日に経営執行委員会で承認され，同年4月1日に財務委員会で最終的に認可された（以下，1929年のマニュアルと略記）[10]。

　1929年のマニュアルには，事業部や部門等が割当予算を要求・申請する場合の留意事項が記載されている。同マニュアルによれば，割当予算を申請する際には，その目的を示すと共に，同マニュアルに記載される申請項目や申請方法および手続き等に従って，申請書が作成されなければならないと記されるが，割当予算要求のためには，コストや費用の見積節約額や投資利益率の表示が重要であった。そして，投資利益率は，期待利益を割当予算として要求される予定投資額（予定支出額と見積運転資本額の合計）で割って求められるものであった。その際，プロジェクトを申請する場合には，エンジニアリング部門と事業部門が協力する必要があるので，両者への適正な資本の割り当てが重要であり，また，会社全体にサービスを提供する際に発生する共通費の配賦も考慮されなければならないと記されるが，投資利益率を軸とした割当予算要求書の様式は，第5章の図表5－2で示される[11]。

終　章　管理会計における発展の特徴と仮説の検証　281

このように，部門が割当予算を要求する場合には，自ら算出したコストや費用の節約額を表示した要求書を，また，事業部が割当予算を要求する場合には，この要求書と共に，投資利益率を記した要求書（図表5-2）を含む申請書を経営執行委員会等の Top Management に提出しなければならなかった。一方，Top Management は，割当予算の審査・判定を行う場合，各部門や各事業部から提出された申請書に基づいて，各部門や各事業部と何度も交渉・やり取りを繰り返しながら，審査・判定を実施した[12]。

その際，職能部門別組織における部門はコスト・センターであり，そこで入手・計算できる会計情報は主にコストのみであったのに対し，事業部制組織における事業部はプロフィット・センターであり，利益やコストそして投資等の会計情報に基づいて投資利益率を算出できる環境にあった。つまり，1929年の割当予算マニュアルは事業部制組織に対応したものであり，割当予算システムは，職能部門別組織に基づいて生成し，事業部制組織に適合して発展したと考えることができる。

1-2　マネジメント・コントロールのための管理会計の発展
1-2-1　職能部門別組織における予算管理の展開
(1)　予算編成の実施

20世紀初頭のデュポン火薬会社において，主に各部門におけるマネジメント・コントロールのための管理会計の代表的技法として挙げられるのが予算であり，予算を用いた管理が予算管理である。そして，予算管理は予算編成と予算統制から構成される。そこで，当時，職能部門別組織を前提とした予算編成と予算統制がいかに実施されたかを検証する。

当時のデュポン火薬会社の巨大化・複雑化した事業体を統一的・体系的に管理運営していくためには，どうしても予算を用いた管理が必要であった。そして，同社の場合には，予算を編成する際に見積もられる数値は，単に前年度の実績を参考にして算出されるのではなく，投資利益率を考慮して予定されるものであったが，第1章の図表1-5では，1912年頃の高性能爆薬（ダイナマイト）部門に関する製品の種類別・等級別の営業予算の編成について示される[13]。

図表1－5によれば，同社では，製品として5種類の高性能爆薬－
Nitroglycerin Dynamite，L. F. N. G. Dynamite，Ammonia Dynamite，L.
F. Ammonia Dynamite，Gelatin Dynamite－を製造しており，例えば，
Nitroglycerin Dynamite についてみると，図表1－5の最上部の27％，35％，
40％，60％という数値はこの製品の等級を示している。そして，この予算編
成では，投資利益率が10％，15％と設定され，それを達成できるようなコ
スト，費用および販売価格が見積もられたが，これらの数値は，企業活動が
予定どおりに実施されたかどうかを評価するための基準であった[14]。

(2)　予算統制の実施

　1912年4月10日に，当時，デュポン火薬会社の副社長であった Chas. L.
Patterson が，総括経営管理者であった Hamilton M. Barksdale に提出した
報告書には，Duluth Office において展開された製品種類別の予算統制に係わ
る数値が，第1章の図表1－6で示される。この Patterson の報告書によれ
ば，Duluth Office では，1912年2月に，4種類の高性能爆薬－ Nitroglycerin
Dynamite，Ammonia Dynamite，L. F. Ammonia Dynamite，Gelatin
Dynamite－についての予算統制が展開され，各工場の項目ごとの実際値と
見積値の差異が算出され，その差異の原因が分析・指摘されている[15]。

1－2－2　事業部制組織におけるコントロール・チャートの利用

(1)　コントロール・チャートの初期の利用

　デュポン社は1921年に経営管理組織を事業部制組織に変更したことによ
り，各事業部をコントロールすることが必要となった。そして，当時，原価
責任のみを負う部門ではなく，主に事業部を対象としたマネジメント・コン
トロールの技法として挙げられるのが，コントロール・チャートである。そ
こで，当時，部門と比べて経営の自由度を増し，利益責任を負う事業部の業
績評価を行うために，コントロール・チャートがいかに利用されたかを検証
する。

　コントロール・チャートとは，20世紀初頭のデュポン社で考案され，財
務部長を中心とする財務部門によって作成された投資利益率を軸としたチ

終　章　管理会計における発展の特徴と仮説の検証　283

ャート（図表）形式の会計情報である。デュポン社では，事業部制組織が構築された翌年の 1922 年 3 月 22 日に，チャート・ルームという財務資料を常設した会議室が設置され，このコントロール・チャートを用いた経営執行委員会等の Top Management による業績評価が，主に事業部やプロジェクト等を対象として開始された。1924 年 1 月 11 日に財務部長名で作成された文書によれば，爆薬製造に用いられる染料の中間原料の製造・販売に係わる業績評価が，売上高利益率，回転率，投資利益率等の財務比率に基づいて作成されたチャートを利用して実施されている。また，その他の事例でも，会計数値の予測値や標準値に基づいて作成されたチャートを用いた業績評価が，主に事業部を対象として行われた[16]。

(2)　コントロール・チャート・システムの確立

　デュポン社では，コントロール・チャートを用いた業績評価が 1922 年頃から行われていたが，会社全体の観点から，複数あるコントロール・チャートを連動させて，業績評価を統一的・体系的に実施するために，1947 年に *Executive Committee Control Charts* と呼ばれる解説書が作成された（以下，1947 年の解説書と略記）。1947 年の解説書では，チャートの中で使用される用語や概念，およびそれらの役割・相互関係が，表やグラフ等を用いて詳細に説明されたが，同解説書の作成によって，コントロール・チャート・システムが構築されたと考えられる。その際，業績評価の軸となるのはフォーミュラ・チャートと呼ばれるもので，回転率と売上高利益率を媒介として，投資利益率の変化の原因を直接的に解明することができたが，それは，第 6 章の図表 6 - 8 で示される[17]。

　1947 年の解説書によれば，コントロール・チャートは Chart No.1 から Chart No.8 まであった。Chart No.1 では，投資利益率，回転率，外部売上高利益率，Chart No.2 では，外部販売による売上高，営業利益および純利益，Chart No.3 では，総投資，運転資本および固定的投資，Chart No.4 では，運転資本における実績値と標準値，Chart No.5 では，外部売上高売上コスト率，外部売上高営業利益率，生産操業度，Chart No.6 では，外部売上高に対する運送費，販売費，管理費，およびその他の全費用の割合，Chart

No.7 では，2 年間にわたる外部売上高，営業利益，純利益の月々の数量・金額および累計数量・累計金額，そして四半期および年間の予測値，Chart No.8 では，外部売上高，運送費，販売費，製造コスト，管理費，営業利益，および純利益の実績値と標準値，そして運転資本，固定的投資，総投資の月々の実績値と標準値，について，それぞれの数値に基づきながら，各項目およびそれらの相互関係が，時系列の表やグラフ等を用いて説明された[18]。

このように，デュポン社では，職能部門別組織におけるマネジメント・コントロールは，予算を用いて，各部門をコントロールする予算管理によって実施されたが，事業部制組織におけるマネジメント・コントロールは，コントロール・チャートを利用して，主に各事業部をコントロールするという方法で展開された。その際，事業部制組織において，各事業部のコントロールを行うのは，本社の経営執行委員会等の Top Management であるが，事業部を構成する各部門のコントロールを行うのは，事業部長を中心とする Middle Management であり，事業部内の各部門では，職能部門別組織の場合と同様に，予算を用いた予算管理が実施された。つまり，投資利益率を軸としたコントロール・チャート・システムは事業部制組織に対応したものであり，マネジメント・コントロールに役立つ管理会計の技法・概念は，職能部門別組織に基づいて生成し，事業部制組織に適合して発展したと考えることができる。

1－3 オペレーショナル・コントロールのための管理会計の発展

20 世紀初頭のデュポン火薬会社において，オペレーショナル・コントロールのための管理会計の代表的技法として挙げられるのが標準原価計算であり，標準原価計算を用いたコントロールが標準原価管理である。そこで，当時，同社の職能部門別組織に基づいて，標準原価計算が標準原価管理のために，いかに実施されたかを検証する。

当時のデュポン火薬会社では，直接材料費や加工費等に関する標準原価管理が展開されているが，同社で 1913 年に開催された高性能爆薬部門の第 35 回工場長会議の議事録（以下，1913 年の議事録と略記）には，加工費をコントロールする原価部門によって作成された報告書が収録されている。この 1913 年の議

終　章　管理会計における発展の特徴と仮説の検証　285

事録によれば，同社の原価部門では，加工費を費目別・工場別にコントロールするために，標準（standard）を用いた原価差異分析が展開された。その際，コントロールの対象とされる加工費は，燃料費，工場消耗品費，修理作業賃金，および営業賃金から構成されているが，加工費のコントロールは，これらの費目別および工場別に実施されている。具体的には，同社の高性能爆薬部門には12の工場があるが，例えば，Louviers 工場では，生産設備の82％が使用され，ニトログリセリンの含有割合が平均26.5％（実際には26.2％）の火薬100ポンドを製造するのに要する加工費が，費目別に，燃料費13.91セント，工場消耗品費18.13セント，修理作業賃金14.19セント，営業賃金42.18セント，および発電所で発生する間接費（部門共通費）配賦額10.66セント，と算出される[19]。

　そして，1913年の議事録によれば，この12の工場を，硫酸の製造能力を備えた同レベルの工場とみなされる，Louviers, Barksdale, Du Pont, Repauno, Hercules の5工場とその他の7工場に分類し，さらに7工場を工場の能力に応じて2つのグループに分けて，各工場における燃料費，工場消耗品費，修理作業賃金，および営業賃金の4つの費目について，原価差異分析が展開された。そして，硫酸の製造能力を備えた5工場についての原価差異分析は，第1章の図表1－7で示される[20]。

　1913年の議事録によれば，例えば，第1章の図表1－7に示される Louviers 工場における燃料費の4.9セントの有利差異の原因について，そのうちの3％が発電所における節約分であり，1911年に比べて生産量が6％増加したにも係わらず，発電所における石炭の消費量が18％減少（1,400トン）したことによるものと分析され，工場消耗品費の1.4セントの不利差異については，硝酸製造の際に生じた原料の浪費が原因とされる。さらに，修理作業賃金の1.1セントの有利差異の原因については，ダイナマイト・ラインや清掃作業等における能率の改善が挙げられ，営業賃金の1.2セントの不利差異については，発電所の活動量そのものの増加がその原因であると分析された[21]。

　このように，職能部門別組織に基づくデュポン火薬会社でのオペレーショナル・コントロールは，コスト・センターである各部門をコントロールする標準原価管理によって実施されたが，事業部制組織を擁するデュポン社においては，当然，プロフィット・センターである事業部そのものを標準原価管理によ

ってコントロールすることはできなかった。つまり，標準原価計算を用いた標準原価管理は部門を対象として実施される機能であり，1つの会社としての形態をとる事業部は標準原価管理の直接的な対象とならないことから，オペレーショナル・コントロールに役立つ管理会計の技法・概念に関しては，経営管理組織が職能部門別組織から事業部制組織に変更したとしても，その発展はなかったと考えられる。

　以上のように，アメリカ管理会計における発展の特徴を検証すれば，管理会計は，1925年から1980年まで，企業環境に対する適合性を喪失していたとするJohnson & Kaplanの主張に反して，実際には，管理会計は職能部門別組織から事業部制組織への変更という企業環境の変化に適合して発展した。なぜなら，本書での分析に基づけば，1925年から1980年の間において，Lower Managementによって利用される標準原価計算等のオペレーショナル・コントロールのための管理会計技法については，その発展状況を確認することはできなかったが，戦略計画およびマネジメント・コントロールのための管理会計に関しては，事業部制組織に適合した割当予算システムの構築，およびTop Managementによって利用されるコントロール・チャートや割引キャッシュ・フロー等の管理会計技法の存在・利用等を検証・確認できるからである。

2　アメリカ管理会計発展史における仮説の検証

　本章は，以上のようなアメリカ管理会計の発展の特徴を踏まえた上で，一次資料の考察に基づいて，アメリカ管理会計発展史研究における未解決問題等を解明し，管理会計の論理構築に少しでも貢献しようとするものである。そこで，今一度，アメリカ管理会計発展史を検討する際に，序章で設定した4つの仮説を要約し，これまでの研究成果に基づいて，これらを検証することにする。

① 　割当予算システムおよび投資利益率は，職能部門別組織と事業部制組とでは，その利用方法および利用対象が異なった。

② 　体系的・本格的な管理会計は，20世紀初頭のデュポン火薬会社において職能部門別組織に基づいて生成し，事業部制組織に適合して発展した。

終 章 管理会計における発展の特徴と仮説の検証 287

③ 投資利益率は，その生成当初から，株式投資のためではなく，意思決定や
業績評価という経営管理のために利用されたが，事業部制組織構築後に
おいても，それは主に同様の目的で利用された。

④ 管理会計は，1921年の事業部制組織構築以降，主に，戦略計画および
マネジメント・コントロールの領域で発展し，オペレーショナル・コン
トロールの分野では発展しなかった。

2-1 仮説①の検証

仮説①は，より具体的に説明すれば，次のような内容である。20世紀初頭
のデュポン火薬会社においては，意思決定や業績評価のために投資利益率が利
用されたが，この投資利益率は主に，経営執行委員会等の Top Management
が各部門や各事業体から要求される割当予算やプロジェクト等を評価・判定す
る際に利用されると共に，営業予算を編成する場合等にもその基準として用い
られた[22]。そして，1921年の事業部制組織構築以降のデュポン社においては，
投資利益率は，上記の目的に加えて，コントロール・チャート・システムに基
づいて，各事業部の評価のためにも利用されるようになった。よって，本書の
第6章での考察により，投資利益率を軸としたフォーミュラ・チャートと8つ
のコントロール・チャートといった管理会計技法が，職能部門別組織から事業
部制組織への変更という企業環境の変化に適合したことを検証できると考えら
れる[23]。

この点については，これまで，前述の Johnson & Kaplan によって著された
Relevance Lost の第4章において，少し記述がなされているが，前述したよう
に，その分析には，全て二次資料が使用されており，事業部制組織と投資利益
率との関係は明確に検証されていない[24]。また，高浦忠彦氏によって1992年
に著された『資本利益率のアメリカ経営史』の第3章では，デュポン社のチャー
ト・システム（chart system）について考察されているが，投資利益率（同書で
は資本利益率と表示）を事業部ではなく，部門の業績評価基準として分析され，
投資利益率を事業部制組織との関係から検討するという視点はなかった[25]。

そこで，本書の第5章での考察によれば，職能部門別組織における部門はコ
スト・センターであり，そこで入手・計算できる会計情報は主にコストのみで

あったのに対し，事業部制組織における事業部はプロフィット・センターであり，利益やコストそして投資等の会計情報に基づいて投資利益率を算出できる環境にあったので，前述のような事業部制組織に基づく割当予算システムが機能したのである。ゆえに，仮説①を職能部門別組織と事業部制組織との観点から考察すれば，本書の第5章で考察した1929年の割当予算マニュアルは事業部制組織に対応したものであり，割当予算システムは，職能部門別組織に基づいて生成し，事業部制組織に適合して発展したと考えることができる[26]。

そして，仮説①に関しては，コントロール・チャート・システムが，事業部制組織に適合したものであり，同システムでは，投資利益率が職能部門別組織の場合には存在しなかった事業部の評価に利用された点を取り上げなければならない。コントロール・チャートとは，本書の第6章で考察したように，20世紀初頭のデュポン社で考案され，財務部長を中心とする財務部門によって作成された投資利益率を軸としたチャート（図表）形式の会計情報であり，デュポン社では，事業部制組織が構築された直後の1922年3月22日に，経営執行委員会等の Top Management がコントロール・チャートを用いて，主に事業部やプロジェクト等を対象として業績評価が行われた[27]。さらに，1947年には，*Executive Committee Control Charts* と呼ばれる解説書が作成されたが，各事業部の業績評価を行う8つあるチャートの軸となるのは，フォーミュラ・チャートと呼ばれるもので，それは，回転率と売上高利益率を媒介として投資利益率の変化の原因を直接的・体系的に解明することができるものであり，この解説書の登場によって，本格的なコントロール・チャート・システムが構築されたと考えられる[28]。

2-2　仮説②の検証

高梠［2004］の考察において，20世紀初頭のデュポン火薬会社において，予算と標準原価計算といった管理会計技法を軸に登場した体系的・本格的な管理会計は，Top Management から Lower Management までを網羅して，職能部門別組織に基づいて生成したと分析された[29]。そして，仮説②は，事業部制組織に適合するために，予算と標準原価計算に加えて，新たに，内部振替価格，基準価格，割当予算，コントロール・チャート，割引キャッシュ・フロー

終　章　管理会計における発展の特徴と仮説の検証　289

等の管理会計技法が登場し，これらが管理会計を発展させたというものである。そこで，これらの管理会計技法の発展は，本書の第3章から第7章において考察されているので，以下，これらを再確認することによって，仮説②は検証されるものと考えられる[30]。

　第3章では，事業部制組織の構築によって，GM社の事業部間取引において発生する諸問題，内部振替価格概念に対する認識について検討され，内部振替価格制度がどのようにして構築されたかを，1921年にAlfred P. Sloan, Jr. によって作成された報告書に基づいて考察すると共に，当時，内部振替価格制度を構築する際に，同制度内で用いられる利益，コスト，および投資といった概念がいかに認識されていたかについて検討した[31]。第3章での検証の結果，GM社においては，本格的な事業部制組織が導入される以前から，事業部間取引のあり方や内部振替価格等に関する詳細な分析・検討が行われたこと，および，その分析・検討によって抽出された基本方針や原則が，事業部制組織に適合した内部振替価格制度を構築する際に，重要な役割を果たしたことを確認することができる。

　第4章では，事業部制組織構築以降のGM社において展開された価格設定政策において，投資利益率を軸とした基準価格がいかに利用されたかを検証する際に，まず，それを実施する前提を考察し，その前提に基づいて，価格設定政策の具体的方法と実施状況を検討することによって，その特徴を導出しようとした[32]。第4章での検証の結果，GM社の価格設定政策は，長期的視点をもつものであったが，短期的な現実の製品価格は変動するとしても，それと比較される基準価格に基づいて，現実の価格設定に指針や方向性を与える長期的な方針であり，無計画な現実の価格設定を防止するものであった。そして，価格設定政策は，基準価格を軸として，現実に生じる操業度の変化が投資利益率にいかなる影響を及ぼすかを分析することによって，事業部制組織における現実の価格設定の状況に対応していたことを確認することができる。

　第5章では，デュポン社とGM社およびGMリサーチ社において，事業部制組織を前提とした新しい割当予算システムがどのように展開されたかを，できる限り一次資料に基づいて検証しようとした。具体的には，事業部制組織構築後に，デュポン社とGM社およびGMリサーチ社において作成された割当

予算システムに基づいて，割当予算の申請・要求，割当予算の評価・判定がいかに実施されていたかを検証しようとした[33]。第5章での検証の結果，職能部門別組織における割当予算システムとは異なる，事業部制組織に適合した割当予算システムが構築・展開されていたことを確認することができる。

第6章では，事業部制組織構築後のデュポン社において開発されたコントロール・チャート・システムがいかなる構造および機能をもっていたか，そして同システムに基づいて，コントロール・チャートが同社のTop Managementによる各事業部の業績評価のために，どのように利用されていたかを検証しようとした[34]。第6章での検証の結果，コントロール・チャートに基づく業績評価活動は，職能部門別組織や各事業部内において展開される予算管理や標準原価管理による業績評価活動とは異なり，事業部制組織における本社のTop Managementが，投資利益率を軸として導出される8つのチャート形式の会計情報を関連付けながら，各事業部の業績評価を行うものであり，その後の経営活動に，その分析結果を利用しようとしたものであったことを確認することができる。

第7章では，事業部制組織構築後のデュポン社において，情報フレームワークに基づいて導出される割引キャッシュ・フローを含むベンチャー事業の現在価値が，事業部制組織内で提案されるベンチャー事業投資案の評価のために，どのように算出・利用されたかを検証すると共に，事業部制組織という企業環境の中で，割引キャッシュ・フローやベンチャー事業の現在価値のもつ意義について検討した[35]。第7章での検証の結果，貨幣の時間価値を考慮した割引キャッシュ・フローを含むベンチャー事業の現在価値は，貨幣の時間価値を考慮せず，単年度ごとに算出される投資利益率とは異なり，その立ち上げおよび成果を上げるのに時間を要するベンチャー事業の投資案の評価・判定に適合した会計情報であったことを確認することができる。

2－3　仮説③の検証

仮説③をより具体的に説明すれば，次のような内容である。投資利益率は，19世紀中期の鉄道会社，19世紀後期の鉄鋼会社，および20世紀初頭の火薬会社において利用された当初から，株式投資のためではなく，意思決定や業績評

価という経営管理のために利用された[36]。そして，投資利益率は，1921 年の事業部制組織構築後，さらに，Johnson & Kaplan によって，企業環境に対する管理会計の適合性喪失が指摘された 1925 年から 1980 年に至る時期においても，その適用範囲が財務領域にも拡張されてきたが，それでも，主に経営管理のために利用されたという仮説である[37]。

仮説③は，仮説①と仮説②を検証することによっても確認することができるが，それらの検証結果から派生的に導出されるものである。そして，投資利益率は，時代背景や企業環境の影響を受けながら，その分母と分子の内容が変化しており[38]，企業環境の大きな変化をもたらした 1921 年の事業部制組織構築後も，意思決定や業績評価のために利用されたことを，一次資料に基づいて検証することができると考えられる。

2－4　仮説④の検証

仮説④は，本章の 1 で検証した，アメリカ管理会計における発展の特徴を考察することによって確認することができる。前述したように，デュポン社における事業部制組織を前提として考えた場合，経営管理活動を，計画と統制，あるいは意思決定と業績評価等として認識するよりも，戦略計画，マネジメント・コントロール，そしてオペレーショナル・コントロールとしてとらえた方が，経営管理階層によって計画および統制を行う内容や方法が異なるという視点をより明確に説明できる[39]。そこで，この体系に対応させて，管理会計の発展について考察すれば，本書で検証したように，1921 年の事業部制組織構築以降に展開された，内部振替価格制度の構築，価格設定政策の展開，割当予算システムの進展，コントロール・チャート・システムの構築，割引キャッシュ・フローの利用は全て，戦略計画のための管理会計，およびマネジメント・コントロールのための管理会計の発展状況を示しており，標準原価計算のようなオペレーショナル・コントロールのための管理会計技法の発展はなかった，ということを検証することができると考えられる。

以上のように，本章では，アメリカ管理会計発展史に関する疑問・課題や未解決問題を掘り起こし，仮説を設定し，その仮説を一次資料に基づいて検証・

分析するという方法に基づいて考察が行われたが，この研究プロセスを繰り返すことによって，事実をより正確に認識できるようになり，そのことが，堅固な論理の構築をもたらすことにつながると考えられる。そして，このような研究方法を用いることによって，今後も，管理会計はタイムラグを生じながらも，企業環境の変化（本書では職能部門別組織から事業部制組織への変更）に適合するということを確認することができると考えられるが，そのことが確認できれば，このような変化への適合こそが，管理会計発展の本質であるということを認識できるのである。

　そして，最後に，残された課題をいくつか記しておきたい。本書では，事例として，主に一次資料を入手することができたデュポン社と GM 社の資料に基づいて検証・考察を行ったが，本書での論理および仮説の検証結果を頑健なものにするためには，今後，ここで取り扱った企業以外の事例についても，一次資料の入手に尽力し，同様の検証を引き続き実施することによって，本書で導き出された結論にできる限り一般性を付与することが求められる。また，本書では，企業環境の変化を，職能部門別組織から事業部制組織への変更という要因に限定して，管理会計の発展（つまり企業環境への適合）の検証を行ったが，それ以外の企業環境に関する諸要因も考慮した考察が必要であろう。

　さらに，今後，本書の研究対象期間（Johnson & Kaplan の指摘した企業環境に対する適合性喪失期を含む）以降の 1980 年代から現代に至るまで，管理会計がその境界領域からの影響を受け（あるいはこれらを巻き込み），場合によっては，境界領域に影響を与えながら，さらに複雑性を増した企業環境に適合して，どのように発展していったかを，引き続き一次資料に基づいて検証・考察することが不可欠であると考えられる。なぜなら，本書の序章でも述べたように，管理会計の領域においても，課題や未解決問題等の全くない時代はないので，それらが存在する限り，歴史研究は継続して行われる必要があるが，目の前の問題を解決するための「苦しいときの歴史頼み」といった視点からの歴史研究だけではなく，さらに，そこで得られた諸成果を取り込み，それらを再構成することによって，管理会計とは何かを認識するための，堅固な論理構築に役立つ歴史研究が必要不可欠であるからである。

【注】

1) Johnson and Kaplan [1987].

2) Anthony [1965].

3) 高寺・醍醐 [1979], pp.181-182.

4) Du Pont [1910], pp.208-217.

5) Records of E. I. du Pont, Series Ⅱ, Part 2, Box 1003-A.

6) Records of E. I. du Pont, Series Ⅱ, Part 2, Box 1018.

7) Records of E. I. du Pont, Series II, Part 2, Box 1010.

8) Davis [1950], pp.6-21; 高浦 [1992]。

9) Chandler [1980], pp.456-463.

10) Records of Pont, Accession 2091, Series Ⅷ, Box 15, p.1.

11) Records of E. I. du Pont, Accession 2091, Series Ⅷ, Box 15, pp.2-7.

12) Records of E. I. du Pont, Accession 2091, Series Ⅷ, Box 15, pp.7-11.

13) Records of E. I. du Pont, Series Ⅱ, Part 2, Box 1011.

14) 高梠 [2004], pp.216-221; 高梠 [2011], pp.125-128.

15) Records of E. I. du Pont, Series Ⅱ, Part 2, Box 1011; 高梠 [2004], pp.221-222; 高梠 [2011], pp.128-130.

16) Records of E. I. du Pont, Accession 1662, Box 78.

17) Records of E. I. du Pont, Box E-4.

18) Records of E. I. du Pont, Box E-4.

19) Du Pont [1913], p.99; 高梠 [2004], p.260.

20) Du Pont [1913], pp.131-135; 高梠 [2004], p.261.

21) Du Pont [1913], pp.131-132; 高梠 [2004], pp.261-262.

22) 高梠 [2004], pp.170-271.

23) Records of E. I. du Pont, Box E-4.

24) Johnson and Kaplan [1987], pp.84-87.

25) 高浦 [1992], pp.73-129.

26) Records of E. I. du Pont, Accession 2091, Series Ⅷ, Box 15, pp.1-11.

27) Records of E. I. du Pont, Accession 1662, Box 78.

28) Records of E. I. du Pont, Box E-4.

29) 高梠 [2004]。

30) 仮説②は仮説①の検証によって部分的には確認できるが，仮説②を検証するためには，本書の第3章から第7章を再確認する必要がある。

31) Box 123（87-11. 7-206).

32) Brown [1924].

33) Records of E. I. du Pont, Accession 2091, Box 15; Box 121 (87-11. 7-126); Box 159 (87-11.20-167); Box 159 (87-11. 20-168); Box 121 (87-11. 20-130).

34) Records of E. I. du Pont, Accession 1662, Box 78, C-12; Records of E. I. du Pont, Box E-4.

35) Records of E. I. du Pont, Accession 2091, Box 15; Records of E. I. du Pont, Accession 2091, Box 16; Du Pont [1971].

36) 高梠 [1999]; 高梠 [2004]。

37) Johnson and Kaplan [1987], pp.175-177.

38) 高浦 [1992]。

39) 高寺・醍醐 [1979], pp.181-182.

参考文献

（日本語文献）

青木茂男［1984］『現代管理会計論〔新版〕』国元書房。

青木茂男［2012］『要説　経営分析〔四訂版〕』森山書店。

足立　浩［1996］『アメリカ管理原価会計史－管理会計の潜在的展開過程－』晃洋書房。

石内孔治［2011］『経営分析の新展開』森山書店。

伊丹敬之［1986］『マネジメント・コントロールの理論』岩波書店。

市川弘勝［1941］『アメリカ鐵鋼業の發展』科學主義工業社。

伊藤　博［1992］『管理会計の世紀』同文舘出版。

井上昭一［1987］『GM 社の研究－アメリカ自動車経営史－』ミネルヴァ書房。

大樹光雄［1941］『化學工業の原価計算』タイヤモンド社。

岡本　清［1969］『米国標準原価計算発達史』白桃書房。

小澤勝之［1986］『デュポン経営史』日本評論社。

加登　豊［1989］『管理会計研究の系譜』税務経理協会。

上總康行［1989］『アメリカ管理会計史』（上巻・下巻）同文舘出版。

上總康行［1993］『管理会計論』新世社。

河野二男［1998］『管理会計一般理論』税務経理協会。

高梠真一［1999］『アメリカ鉄道管理会計生成史－業績評価と意思決定に関連して－』同文舘出版。

高梠真一［2004］『アメリカ管理会計生成史－投資利益率に基づく経営管理の展開－』創成社。

高梠真一［2008］「アメリカ巨大企業における管理会計の生成」『會計』（森山書店）第 173 巻第 2 号。

高梠真一［2011］「デュポン社のチャート・ルームにおける業績評価の展開」『會計』森山書店，第 179 巻第 4 号。

高梠真一［2012a］「デュポン社における割引キャッシュ・フロー法の提唱とその意義」『原価計算研究』日本原価計算研究学会，Vol.36，No.1。

高梠真一［2012b］「デュポン社におけるベンチャー事業価値の計算と役割」『會計』森山書店，第 182 巻第 6 号。

高梠真一［2015］「経営管理組織に適合した管理会計システムの生成と発展－デュポン社の事例を中心として－」『会計史学会年報』日本会計史学会，第 33 号。

高梠真一［2016］「業績評価に役立つ管理会計の生成と発展－デュポン社の経営管理組織

への適合‐」『會計』森山書店，第189巻第5号。

高梠真一［2017a］「企業環境に適合した投資利益率の利用」『會計』森山書店，第191巻第2号。

高梠真一［2017b］「アメリカ管理会計史研究における一次資料の重要性‐投資利益率の考察を中心として‐」『産業経理』産業経理協会，Vol.77，No.3。

高梠真一［2018］「アメリカ管理会計の発展に関する一考察」『會計』森山書店，第193巻第4号。

國部克彦［1994］『アメリカ経営分析発達史‐財務比率を中心とする歴史的発展動向に関する研究‐』白桃書房。

小林袈裟治［1981］『アメリカ企業経営史研究』有斐閣。

小林健吾［1987］『予算管理発達史‐歴史から現在へ‐』創成社。

小林康助（編著）［1987］『企業管理の生成と展開』ミネルヴァ書房。

斎藤雅通［2005］「1920-30年代GMにおける成長戦略とマーケティング管理の確立‐管理会計とマーケティング管理の統合の観点から‐」『立命館経営学』第44巻第4号。

斎藤雅通［2006］「1920年代GMにおける管理会計の確立‐予算管理を中心に‐」『立命館経営学』第45巻第3号。

櫻井通晴［2000］『管理会計（第二版）』同文舘出版。

塩見治人［1978］『現代大量生産体制論‐その成立史的研究‐』森山書店。

下川浩一［1968a］「事業部制の成立と財務管理（1）‐GM社の財務管理方式の歴史的検討を中心に‐」『富大経済論集』第13巻第1号。

下川浩一［1968b］「事業部制の成立と財務管理（2）‐GM社の財務管理方式の歴史的検討を中心に‐」『富大経済論集』第14巻第2号。

下川浩一［1977］『米国自動車産業経営史研究』東洋経済新報社。

高浦忠彦［1992］『資本利益率のアメリカ経営史』中央経済社。

高寺貞男・醍醐聰［1979］『大企業会計史の研究』同文舘出版。

武井敦夫［1995］「現代経営におけるセグメント情報モデルの構築〜GIS（地理情報システム）による財務情報モデルの可能性を含めて〜」『経営情報科学』第8巻第2号。

竹田範義・相川奈美（編著）［2014］『会計のリラティヴィゼーション』創成社。

田中隆雄［1982］『管理会計発達史‐アメリカ巨大製造会社における管理会計の成立‐』森山書店。

谷　武幸［1976］『事業部業績評価会計』千倉書房。

谷口明丈［2002］『巨大企業の世紀‐20世紀アメリカ資本主義の形成と企業合同‐』有斐閣。

辻　厚生［1971］『管理会計発達史論』有斐閣。

鳥羽欽一郎［1982］『企業発展の史的研究‐アメリカにおける企業者活動と経営管理‐』ダイヤモンド社。

仲田正樹［1985］『現代アメリカ管理論史』ミネルヴァ書房。

中野常男［1992］『会計理論生成史』中央経済社。

参考文献　297

廣本敏郎［1993］『米国管理会計論発達史』森山書店。

廣本敏郎［2008］「経営システムとしての管理会計 – 管理会計とミクロ・マクロ・ループ
の形成 – 」『會計』森山書店，第 173 巻第 2 号。

藤森三男［1979］「デュポンシステムの再検討」『三田商学研究』第 22 巻第 2 号。

門田安弘（編著）［2003］『組織構造と管理会計』税務経理協会。

（英語文献）

American Accounting Association ［1959］，"Report of Committee on Management
Accounting"，*The Accounting Review*，Vol. 34.（青木茂男 監修・櫻井通晴 訳著
『A.A.A. 原価・管理会計基準』中央経済社，1979 年）。

American Iron and Steel Association ［1897］，*The Armor Plate Question. A Short
Account of Congressional Legislation regarding the Price to be paid for Armor for
United States Naval Vessels*: Philadelphia.

Anthony R.N.［1965］，*Planning and Control System, A Framework for Analysis*，
Harvard University Press.（高橋吉之助 訳『経営管理システムの基礎』ダイヤモン
ド社，1968 年）。

Beyer, R.［1963］，*Profitability Accounting for Planning and Control*，The Ronald Press
Company.

Box 121（87-11.7-126），Kettering Archives Collection.

Box 123（87-11.7-206），Kettering Archives Collection（Sloan, Alfred P., Jr., "Re: Matter
of Inter-Divisional Business," June 8, 1921）.

Box 123（87-11.7-206），Kettering Archives Collection（Beardslee, L. R., "Advice of
Action: Interdivisional Business," June 10, 1921）.

Box 123（87-11.7-206），Kettering Archives Collection（Sloan, Alfred P., Jr., "Re: Matter
of Inter-Divisional Prices," June 10, 1921）.

Box 123（87-11.7-206），Kettering Archives Collection（Sloan, Alfred P., Jr., "A Study on
Inter-Divisional Business Relations," June 10, 1921）.

Brown, Donaldson［1924］，*Pricing Policy in Relation to Financial Control, printed from
Management and Administration*，February, March and April.

Brown, Donaldson［1957］，*Some Reminiscences of an Industrialist*，Hagley Museum and
Library.

Carr, E. H.［1990］，*What is History ?, The George Macaulay Trevelyan Lectures
Delivered in the University of Cambridge, January-March 1961*: Second edition
1987, edited by R.W. Davis, England, reprinted in Penguin Books 1990.（清水幾太
郎 訳『歴史とは何か』〔第 81 刷〕岩波書店，2013 年）。

Chandler, Alfred D., Jr.［1980］，*The Visible Hand: The Managerial Revolution in
American Business*，The Belknap Press of Harvard University Press: Boston.（鳥

羽欽一郎・小林裂裟治 訳『経営者の時代－アメリカ産業における近代企業の成立－』〔上巻・下巻〕東洋経済新報社，1981年)。

Chandler, Alfred D., Jr. [1986], *Strategy and Structure: Charters in the History of the American Industrial Enterprise*, Cambridge, Massachusetts: The M.I.T.Press.

Chandler, Alfred D., Jr. and Stephen Salsbury [1971], *Pierre S. du Pont and the Making of the Modern Corporation*, Harper & Row, Publishers: New York.

Chatfield, M. [1977], *A History of Accounting Thought*, Huntington, New York: Robert E. Krieger Publishing Company. (津田正晃・加藤順介 訳『チャットフィールド会計思想史』文眞堂，1979年)。

Dale, Ernest and Charles Meloy [1962], "Hamilton MacFarland Barksdale and the Du Pont Contributions to Systematic Management," *Business History Review*, Volume XXXVI, Number 2, (Summer), pp.127-152.

Davis, T. C. [1950], "How the du Pont Organization Appraises its Performance, A Chart System for Forecasting, Measuring and Reporting the Financial Results of Operations," *American Management Association, Financial Management Series*, Number 94, : New York.

Dean, Joel [1951], *Capital Budgeting: Top-Management Policy on Plant, Equipment, and product Development*, New York and London, Columbia University Press.

Du Pont de Nemours Powder Company, E. I. [1903a], *By-Laws of the E. I. du Pont de Nemours Powder Company, organized under the Laws of New Jersey.*

Du Pont de Nemours Powder Company, E. I. [1903b], *Charter of the E. I. du Pont de Nemours Powder Company, organized under the Laws of New Jersey.*

Du Pont de Nemours Powder Company, E. I. [1910a], *Annual Report*, Wilmington, Delaware.

Du Pont de Nemours Powder Company, E.I. [1910b], *Minutes of H.E.O.D. Superintendents' Meeting No.32, at New York, N. Y., April 12th-16th*: New York.

Du Pont de Nemours Powder Company, E. I. [1911], *Minutes of H.E.O.D. uperintendents' Meeting No.33, at New York, N. Y., April 20th-26th*: New York.

Du Pont de Nemours Powder Company, E.I. [1913], *Minutes of H.E.O.D. Superintendents' Meeting No.35, at Wilmington, Del., April 17th-23th*: Wilmington.

Du Pont de Nemours Powder Company, E.I. [1919], *Annual Report*, Wilmington, Delaware.

Du Pont de Nemours (E.I.) and Company (Treasurer's Department) [1959], *Executive Committee Control Charts, A Description of the Du Pont Chart System for Appraising Operating Performance*, Wilmington, Delaware.

Du Pont de Nemours (E.I.) and Company (Treasurer's Department) [1963], *Executive Committee Control Charts, A Description of the Du Pont Chart System for Appraising Operating Performance*, Wilmington, Delaware.

Du Pont de Nemours（E.I.）and Company, [1966], *Memorandum on the Organization of the Du Pont Company*, Wilmington, Delaware: Hagley Museum and Library.

Du Pont de Nemours Powder Company, E. I.（Education & Applied Technology Division）[1971], *Du Pont Guide to Venture Analysis, A Framework for Venture Planning*, Wilmington, Delaware.

Du Pont de Nemours（E. I.）& Company, *Du Pont Company Subsidiaries*, Box 2, Hagley Museum and Library.

Du Pont de Nemours（E. I.）& Company, *Organization Chart, Administrative, October 1, 1970*, Accession 1410, Hagley Museum and Library.

Du Pont de Nemours（E. I.）& Company, *Organization Charts, Departments A-F*, Accession 2101, Box 1, Binder No. 9, Hagley Museum and Library.

Garner, Paul S. [1954], *Evolution of Cost Accounting to 1925*, Alabama: The University of Alabama Press（品田誠平・米田清貴・園田平三郎・敷田礼二 共訳『原価計算の発展 − 1925 年まで −』一粒社版, 1958 年）。

General Motors Corporation [1921], *Report of General Motors Corporation for the Fiscal Year ended December 31, 1920*: Detroit, Michigan.

General Motors Corporation [1922], *Report of General Motors Corporation for the Fiscal Year ended December 31, 1921*: Detroit, Michigan.

General Motors Corporation [1923], *Report of General Motors Corporation for the Fiscal Year ended December 31, 1922*: Detroit, Michigan.

General Motors Corporation [1929a], *General Motors Corporation: Executive Training Program, Economics of Industry, Session No.8–Cost Elements in Produntion*, Copyright, 1929 by General Motors Institute of Technology, Detroit Public Library: National Automotive History Collection.

General Motors Corporation [1929b], *General Motors Corporation: Executive Training Program, Economics of Industry, Session No.15–Budgetary Control*, Copyright, 1929 by General Motors Institute of Technology, Detroit Public Library: National Automotive History Collection.

General Motors Corporation [1929c], *General Motors Corporation: Executive Training Program, Economics of Industry, Session No.16–Organization for Budgetary Control*, Copyright, 1929 by General Motors Institute of Technology, Detroit Public Library: National Automotive History Collection.

General Motors Corporation [1929d], *General Motors Corporation: Executive Training Program, Economics of Industry, Session No.17–Budgetary Procedure*, Copyright, 1929 by General Motors Institute of Technology, Detroit Public Library: National Automotive History Collection.

General Motors Corporation [1929e], *General Motors Corporation: Executive Training Program, Economics of Industry, Session No.18–The Breakdown of the Budget,*

Copyright, 1929 by General Motors Institute of Technology, Detroit Public Library: National Automotive History Collection.

General Motors Corporation [1929f], *General Motors Corporation: Executive Training Program, Economics of Industry, Session No.19–Departmental Budgets*, Copyright, 1929 by General Motors Institute of Technology, Detroit Public Library: National Automotive History Collection.

Gregory, H. E. [1928], *Accounting Reports in Business Management : Use of Financial and Operating Statements, together with a System of Standards and Performance Records, in Maintaining Efficient Management and Control*, The Ronald Press Company.

Harrison, G. C. [1918], "Cost Accounting to Aid Production- II : Standards and Standard Costs," *Industrial Management*, pp.391-398.

Hayes, M. V. [1929], *Accounting for Executive Control*, Harper & Brothers Publishers.

Hounshell, David A. [1985], *From the American System to Mass Production, 1800-1932, the Development of Manufacturing Technology in the United States*, The Johns Hopkins University Press.

James, Marquis [1941], *Alfred I. du Pont, the Family Rebel*, New York: The Bobbs-Merrill Company.

Johnson, H. Thomas [1972], "Early Cost Accounting for Internal Management Control: Lyman Mills in the 1850's," *Business History Review*, XLVI (Winter).

Johnson, H. Thomas [1975], "Management Accounting in an Early Integrated Industrial: E. I. du Pont de Nemours Powder Company, 1903-1912," *Business History Review*, Vol. XLIX, (Summer).

Johnson, H. Thomas [1978], "Management Accounting in an Multidivisional Organization: General Motors in the 1920s," *Business History Review*, LIII (Winter), pp.490-517.

Johnson H. Thomas and Robert S. Kaplan [1987], *Relevance Lost: The Rise and Fall of Management Accounting*, Harvard Business School Press: Boston. (鳥居宏史 訳『レレバンス・ロスト－管理会計の盛衰－』白桃書房, 1992年)。

Johnson, H. Thomas [1992], *Relevance Regained: from top-down control to bottom-up empowerment*, New York: Macmillan, Inc. (辻厚生・河田信 訳『米国製造業の復活 － [トップダウン・コントロール] から [ボトムアップ・エンパワメント] へ－』中央経済社, 1994年)。

Littleton, A. C. [1933], *Accounting Evolution to 1900*, New York: American Institute Publishing Company (片野一郎 訳著『会計発達史』同文舘出版, 1973年)。

Livesay, Harold C. [1975], *Andrew Carnegie and the Rise of Big Business*, Boston: Little, Brown and Company, Inc.

Longwood Manuscripts, The-Group 10, Series A, Papers of P. S. du Pont, File 624, 1937-

参考文献　301

1950, Box 982, Hagley Museum and Library.

Mathias, P. [1969], *The First Industrial Nation: An Economic History of Britain, 1700-1914*, London: Methuen & Co., Ltd.

McFarland, W. B. [1966], *Concepts for Management Accounting*, New York: National Association of Accountants（染谷恭次郎 監訳, 高橋正昭・竹森代嘉 訳『管理会計の基礎』日本生産性本部, 1967 年）。

McKinsey, J. O. [1922], *Budgetary Control*, The Ronald Press Company.

McKinsey, J. O. [1924], *Managerial Accounting*, Vol.1, The University of Chicago Press.

Pound, Arthur [1934], *The Turning Wheel, the Story of General Motors through twenty-five years 1908-1933*: Garden City, New York, Doubleday & Company, Inc.

Previts, Gary John and Barbara Dubis Merino [1979], *A History of Accounting in America*, John Wiley & Sons, Inc.（大野功一・岡村勝義・新谷典彦・中瀬忠和 訳『プレヴィッツ＝メリノ アメリカ会計史』同文舘出版, 1983 年）。

Records of E. I. du Pont de Nemours & Co., *Du Pont Company Subsidiaries*, Box 2, Hagley Museum and Library.

Records of E. I. du Pont de Nemours & Co., Executive Committee, Accession 2091, Series Ⅷ, Box 15, Hagley Museum and Library.

Records of E. I. du Pont de Nemours & Co., Executive Committee, Accession 2091, Series Ⅷ, Box 16 (1961), Hagley Museum and Library.

Records of E. I. du Pont de Nemours & Co., Executive Committee, Accession 2091, Series Ⅷ, Box 16 (1967), Hagley Museum and Library.

Records of E. I. du Pont de Nemours & Co., Office of the President, Accession 1662, Box 6, Hagley Museum and Library.

Records of E. I. du Pont de Nemours & Co., Office of the President, Accession 1662, Box 78, Hagley Museum and Library.

Records of E. I. du Pont de Nemours & Co., Pamphlet File, Box E-4, Hagley Museum and Library.

Records of E. I. du Pont de Nemours & Co., Series Ⅱ, Part 2, Papers of Hamilton MacFarland Barksdale, Box 1002, Hagley Museum and Library.

Records of E. I. du Pont de Nemours & Co., Series Ⅱ, Part 2, Papers of Hamilton MacFarland Barksdale, Box 1003-A, Hagley Museum and Library.

Records of E. I. du Pont de Nemours & Co., Series Ⅱ, Part 2, Papers of Hamilton MacFarland Barksdale, Box 1010 (File 282), Hagley Museum and Library.

Records of E. I. du Pont de Nemours & Co., Series Ⅱ, Part 2, Papers of Hamilton MacFarland Barksdale, Box 1011 (File 103), Hagley Museum and Library.

Records of E. I. du Pont de Nemours & Co., Series Ⅱ, Part 2, Papers of Hamilton MacFarland Barksdale, Box 1018 (File 60-1-A-3), Hagley Museum and Library.

Senate [1896], *Prices of Armor for Naval Vessels, Investigation by the Committee on*

Naval Affairs of the United States Senate in relation to Prices paid for Armor for Vessels of the Navy: Washington.

Senate [1897], *Prices of Armor for Naval Vessels, 54th Congress, 2d Session, Report No.1453*: Washington.

Sloan, Alfred P., Jr. [1964], *My Years with General Motors*: Garden City, New York, Doubleday & Company, Inc.

Wall, Joseph Frazier [1970], *Andrew Carnegie*, New York: Oxford University Press.

Western Railroad Corporation [1836], *First Annual Report of the Directors of the Western Rail-Road Corporation, with the Act of Incorporation, the Aid of the Western Rail-Road, and By-Laws*: Boston.

Western Railroad Corporation [1838a], *A Brief Statement of Facts in relation to the Western Rail Road*: Boston.

Western Railroad Corporation [1838b], *Reports of the Engineers of the Western Rail Road Corporation, made to the Directors, in 1836-1837*, Springfield.

Western Railroad Corporation [1839], *A Brief Statement of Facts in relation to the Western Rail Road*: Boston.

Western Railroad Corporation [1842], *Seventh Annual Report of the Directors of the Western Rail Road Corporation to the Stockholders*: Boston.

Wren, Daniel A. [1994], *The Evolution of Management Thought*, 4th Edition: New York, John Wiley & Sons. (佐々木恒男 監訳『マネジメント思想の進化』文眞堂, 2003 年)。

初出一覧

　本書は主に，以下の諸論文に基づいて構成されているが，一冊の書物としての観点から全体的な統一性を図るために，新しい資料が補足され，大幅な加筆・修正がなされると共に，新しい論文等が加えられている。

1. 「20世紀初頭GM社における価格設定政策の展開」『久留米大学商学研究』（久留米大商学会）第11巻第4号，2006（平成18）年3月。

2. 「デュポン火薬会社における管理会計の生成と展開」『会計史学会年報』第24号，2006（平成18）年3月。

3. 「GM社のリサーチ活動における割当予算システムの展開」『久留米大学商学研究』（久留米大学商学会）第12巻第1号，2006（平成18）年7月。

4. 「20世紀初頭GM社における割当予算管理の展開」『會計』（森山書店）第171巻第2号，2007（平成19）年2月。

5. 「20世紀初頭GMリサーチ社における予算編成の展開」『久留米大学商学研究』（久留米大学商学会）第12巻第4号，2007（平成19）年3月。

6. 「経営管理システムとしての管理会計の生成」『久留米大学商学研究』（久留米大学商学会）第13巻第1号，2007（平成19）年6月。

7. 「アメリカ巨大企業における管理会計の生成」『會計』（森山書店）第173巻第2号，2008（平成20）年2月。

8. 「GM社における内部振替価格制度の生成に関する一考察」『久留米大学商学研究』（久留米大学商学会）第14巻第1号，2008（平成20）年6月。

9. 「内部振替価格制度における利益・コスト・投資に対する認識と検討－20世紀初頭GM社の事例を中心として－」『久留米大学商学研究』（久留米大学商学会）第14巻第3号，2009（平成21）年1月。

10. 「GM社における内部振替価格制度の構築」『會計』（森山書店）第175巻第2号，2009（平成21）年2月。

11. 「コントロール・チャート・システムの構造と役割－デュポン社の事例を中心として－」『久留米大学商学研究』（久留米大学商学会）第15巻第1号，2009（平成21）年6月。

12. 「デュポン社におけるコントロール・チャート・システムの展開－その構造と役割－」『會計』（森山書店）第176巻第5号，2009（平成21）年11月。

304

13.「コントロール・チャートに基づく業績評価の展開－デュポン社の事例を中心として－」『久留米大学商学研究』（久留米大学商学会）第 16 巻第 1 号，2010（平成 22）年 9 月。

14.「デュポン社のチャート・ルームにおける業績評価の展開」『會計』（森山書店）第 179 巻第 4 号，2011（平成 23）年 4 月。

15.「デュポン社におけるベンチャー事業投資案の評価に関する一考察」『久留米大学商学研究』（久留米大学商学会）第 17 巻第 1 号，2011（平成 23）年 10 月。

16.「デュポン社における割引キャッシュ・フロー法の提唱とその意義」『原価計算研究』（日本原価計算研究学会）Vol.36 No.1，2012（平成 24）年 3 月。

17.「財務情報フレームワークに基づくベンチャー事業価値評価の展開－デュポン社の事例を中心として－」『久留米大学商学研究』（久留米大学商学会）第 18 巻第 1 号，2012（平成 24）年 8 月。

18.「デュポン社におけるベンチャー事業価値の計算と役割」『會計』（森山書店）第 182 巻第 6 号，2012（平成 24）年 12 月。

19.「デュポン社における割当予算システムの構築と展開－ベンチャー事業に関連して－」『久留米大学商学研究』（久留米大学商学会）第 18 巻第 3・4 合併号，2013（平成 25）年 3 月。

20.「デュポン社における投資利益率と割引キャッシュ・フローの利用－戦略・組織に適合した割当予算システムの展開－」『會計』（森山書店）第 184 巻第 6 号，2013（平成 25）年 12 月。

21.「経営管理組織に基づく割当予算システムの構築」『久留米大学商学研究』（久留米大学商学会）第 19 巻第 3・4 合併号，2014（平成 26）年 3 月。

22.「デュポン社における業績評価会計の変遷－戦略・組織への適合－」『久留米大学商学研究』（久留米大学商学会）第 20 巻第 3・4 合併号，2015（平成 27）年 3 月。

23.「経営管理組織に適合した管理会計システムの生成と発展－デュポン社の事例を中心として－」『会計史学会年報』（日本会計史学会）第 33 号，2015（平成 27）年 9 月。

24.「アメリカにおける投資利益率概念の変遷－19 世紀中期から 20 世紀中期まで－」『久留米大学商学研究』（久留米大学商学会）第 21 巻第 2 号，2016（平成 28）年 3 月。

25.「業績評価に役立つ管理会計の生成と発展－デュポン社の経営管理組織への適合－」『會計』（森山書店）第 189 巻第 5 号，2016（平成 28）年 5 月。

26.「企業環境に適合した投資利益率の利用－管理会計の生成・発展に関連して－」『會計』（森山書店）第 191 巻第 2 号，2017（平成 29）年 2 月。

27.「アメリカ管理会計発展の基盤に関する一考察－デュポン社と GM 社の事業部制組織を中心として－」『久留米大学商学研究』（久留米大学商学会）第 22 巻 1・2 合併号，2017（平成 29）年 3 月。

28.「アメリカ管理会計史研究における一次資料の重要性－投資利益率の考察を中心とし

－」『産業経理』（産業経理協会）Vol.77 No.3，2017（平成 29）年 10 月。

29.「アメリカ管理会計発展史研究の意義と視座」『久留米大学商学研究』（久留米大学商学会）第 23 巻第 2 号，2018（平成 30）年 3 月。

30.「アメリカ管理会計の発展に関する一考察」『會計』（森山書店）第 193 巻第 4 号，2018（平成 30）年 4 月。

31.「アメリカ管理会計史研究の役割」『会計史学会年報』（日本会計史学会）第 36 号，2018（平成 30）年 12 月。

索　引

【和文索引】

ア

アメリカ海軍省……………… 18
アメリカ会計学会…………… 3
アメリカ合衆国海軍………… 17
アメリカ管理会計史………… 9
———研究……………… 19
アメリカ管理会計の発展… 286
アメリカ管理会計発展史
………………… 286, 291
———研究………3, 22, 286
アメリカ機械技師協会……… 11
アメリカ巨大鉄道会社……… 84
アメリカ経営管理協会…… 186
アメリカ鉄鋼会社の経営管理
………………………… 18
アメリカ鉄鋼協会………… 17
アメリカ鉄道会社……… 7, 15,
　　　　　　19, 206, 211
アメリカにおける管理会計の
　発展 ………………… 278
アメリカ連邦議会………… 17
委員会制度……………… 106
委員会組織……………… 246
委員長…………… 157, 160
意思決定……… 1, 5, 20, 22, 37,
　　　　　　99, 243, 287
———会計………5, 19
———活動……………… 104
———と業績評価… 278, 291
———プロセス…… 251
———分析……………… 254
———目的……………… 7
———や業績評価……… 290
イースタン・ダイナマイト社
………………………… 30
委託手数料……………… 117
一次資料……… 14, 15, 19〜21,
　　　　　　50, 99, 291, 292
———に基づく管理会計史
　研究……………… 14
———の分析……………… 23
一般間接費………… 169, 171

———の内容……………… 171
インダストリアル部門
………………… 187, 205, 210
インベストメント・センター
………………………… 78, 254
ウェスタン鉄道……… 7, 15, 17
ウェスティングハウス電気製造
　会社 ………………… 12
ウォルサム型アメリカ綿工業
　会社 ………………… 10
受取勘定…………… 107, 209
受取手形……………… 114
売上価格……………… 117
売上（総）原価
………………… 91, 108, 209, 210
売上工場原価……………… 109
売上コスト……………… 210
売上総原価………… 108, 209
売上高…………… 108, 209
———営業利益率
…… 209, 212, 221, 232, 233
———純利益率………… 221
———利益率……… 35〜37,
　　　104, 108, 144, 191, 207,
　　　208, 211, 212, 218, 233,
　　　238, 279, 283, 288
売上品製造コスト……… 209
売掛金……… 37, 108, 114, 131
運営委員会…………… 81, 83
運送費……………… 283
———および配達費…… 209
運賃設定……………… 104
運転資本……… 19, 37, 93〜95,
　　　107, 108, 114, 120, 121, 131,
　　　208, 209, 211, 218, 220, 230,
　　　233, 264, 265, 283
営業活動……………… 139
営業事業部……………… 162
営業資金……………… 37
営業賃金………… 47〜49, 285
営業費……… 110, 116, 128, 143
———勘定……………… 139
———の節約額……… 132
———の節約表……… 128
営業比率……………… 17

営業報告書……………… 208
営業予算……… 21, 42, 211
———の作成……… 212
営業利益……… 209, 227, 283
エラストマー製品事業部…… 66
エンジニアリング・サービス
　部門 …………… 169, 174
エンジニアリング・スタッフ
………………………… 154
エンジニアリング部門…… 31,
　　131, 154, 164, 206, 249, 280
オペレーショナル・コントロール
………… 1, 4, 5, 22, 37, 50,
　　　278, 285〜287, 291
———のための管理会計技法
………………………… 291
オペレーションズ・リサーチ… 7

カ

買入部品………………… 122
会計システム… 80, 83, 99, 186
会計情報………… 3, 7, 9, 104,
　　　180, 279, 287
会計帳簿……………… 152
会計の基礎知識………… 128
会計部門……………… 172
階層的管理会計システム…… 13
回転率…………192, 209, 213,
　　232〜234, 238, 283, 288
開発費……………… 254, 258
開発部門… 31, 206, 246, 251, 260
回避可能開発費………… 264
会費・出版費………… 171
外部売上高………225, 227, 232,
　　　234, 283
———売上コスト率
………………… 221, 225, 283
———運送費率……… 225
———営業利益率
………………… 221, 225, 234, 283
———管理費率……… 225
———純利益率……… 221
———販売費率…… 225, 234
外部の競争者………… 97, 99
外部の製造業者……………… 98

外部販売……… 193, 209, 212, 216
───による売上高…… 283
化学関連制御部門………… 169
科学機器……………… 248
───事業……………… 250
化学産業……………… 247
化学製品……… 243, 246, 248
価格設定………17, 104, 107
───政策…105～107, 109,
112, 117, 122～124, 289, 291
───方針……………… 106
化学調査実験部門…………… 31
科学的管理………… 6, 10, 11
化学部門長………… 135
価格分析…… 111, 119, 122, 124
角材の外部販売…………… 193
過去………………………… 1
加工費……… 18, 46, 47, 49, 284
───の管理…………… 47
加重平均資本コスト……… 273
上總康行…… 3, 6, 9, 20
活動基準原価計算……… 8
カナディアン・グループ… 53
カーネギー・スティール社
……… 6, 15, 17, 104
株式投資…… 22, 235, 287, 290
株式売買………… 57
株主総会…… 62, 66, 248
貨幣の時間価値
……… 252, 255, 273, 290
───概念…………… 255
火薬工業協会…………… 30
火薬事業…………… 29
関係会社………… 76
監査委員会………66, 203, 205
監査役…………… 31
間接試作費………… 169
───の一部………… 169
間接費………………47, 85,
90～92, 167, 169, 285
───のグループ……… 169
間接費の適正配賦…… 128, 130
───率………… 128
間接費の配賦………… 91
───方法………… 91
間接労務費………… 169, 171
完全な（本格的な）事業部制
組織……………… 81
管理会計……… 1～3, 7, 19, 50,
181, 201, 277, 286, 288, 292
───概念……… 80, 99, 186
管理会計機能…………… 2
管理会計技法…… 126, 286, 288
───の発展………… 22
───の歴史研究…… 13, 20

管理会計史………… 1, 13
管理会計史研究
………… 1, 3, 9, 14, 15, 23
───の目的………… 9
管理会計システム
……6, 8, 13, 19, 60, 105, 123
管理会計実務…… 2, 5, 7, 11～13
───の発展…… 7, 13, 20
管理会計実務の発展史……… 5
───研究……… 3, 22
管理会計実務の萌芽……… 10
管理会計史の発展段階モデル
………………… 9
管理会計の技法・概念の発展
………………… 52
管理会計の実体………… 4
管理会計の生成………… 77
───から発展への考察… 37
───期………… 10, 21
───・発展の歴史……… 13
管理会計の体系………… 4
管理会計の通史………… 9
管理会計の定義………… 3, 4
管理会計の適合性喪失
……………… 20, 22, 244
───期………… 7, 20
管理会計の特徴………… 273
管理会計の発展…… 4, 6, 22,
127, 181, 244, 273, 274, 291
───期………… 10, 99
管理会計のフレームワーク… 2
管理会計の歴史的展開……… 9
管理会計発展期………… 186
管理会計発展史……… 9, 23
───研究………… 14
管理会計発展の基盤…… 52, 77
管理会計発展の本質……… 292
管理可能費……… 111, 112
管理事業部………… 132
管理者………… 202
管理費… 40, 107, 109, 209, 283
───勘定………… 152
───の分析………… 233
管理不能費……… 111, 115
管理部門………… 172
顔料事業部………… 66
顔料・染料製造部………… 189
完了報告書………… 161
機械エンジニアリング部門… 169
機械類………… 93
企業環境………… 7, 277
───に対する管理会計の
適合性喪失 …… 277, 291
企業環境に対する適合性
……………… 7, 286

───喪失………… 6
企業環境の変化……… 2, 8, 19,
22, 286, 292
企業環境への適合
……… 2, 4, 181, 278
───性………… 8
企業の戦略・組織……… 127
技術委員会………… 160
技術担当主任……… 155, 160
基準価格…… 21, 22, 110～112,
116～119, 122～124, 288
───設定………… 116
───の設定方針……… 115
議事録……… 38, 47, 284
規制緩和………… 8
期待売上高………… 130
期待利益……… 106, 130, 280
───率………… 131
寄付金………… 171
キャッシュ・アウトフロー
……………… 254, 265
キャッシュ・インフロー
……………… 254, 265
キャッシュ・フロー
……… 252, 254, 265
───投資利益率……… 255
───に基づく評価・選択
……………… 255
───の現在価値……… 262
───のリターン率…… 256
───・モデル……… 261
給料委員会………… 156
供給業者……… 85, 86
供給事業部………… 87
業績評価…… 1, 5, 20, 22, 42,
84, 187, 201, 206,
236, 283, 287, 288
───会計……… 5, 19
───活動………… 185
───基準……… 21, 287
───の手段…… 185, 212
───のための会計機能
……………… 235
競争価格………… 130
競争コスト………… 130
業務担当主任…… 155, 161, 163
業務担当副社長…… 140, 142,
145, 146
業務部門の全般管理者…… 133
業務予算………… 180
巨大化学会社………… 12
巨大軍需企業………… 13
巨大食品会社………… 12
巨大鉄道会社……… 10, 15
巨大電機機器製造会社…… 11

索　引　309

偶発費……………………… 40
繰越利益……………………… 94
繰延資産…………………… 131
繰延費用……………… 139, 143
────勘定………………… 146
グループ経営者……… 99, 140,
　　　　　144, 145
軍艦装甲用鋼鉄板………… 17
────トン当たり契約価格
　………………………… 18
────の契約価格………… 17
軍需用火薬販売部門………… 31
軍事用爆薬………………… 245
経営管理… 4, 7, 9, 11, 22, 78,
　104, 201, 287, 291
────階層…… 5, 278, 291
────活動… 5, 235, 237, 245
────システム………… 41
────指標……………… 84
────者………………… 207
────制度……………… 106
────組織…… 37, 60, 76,
　77, 126, 127, 136,
　179, 181, 235, 277
────の体系………… 4, 22
────のための原価計算… 8
────方法…… 202, 212, 236
経営執行委員会… 20, 31, 37,
　38, 41, 56, 62, 66, 71,
　106, 127, 132～135,
　137, 140, 146, 156, 160,
　187～192, 194, 198, 203,
　238, 246, 260,
　278～280, 287, 288
────の文書部長… 145, 271
経営者…………… 155, 202
────証券会社……… 57
経営戦略……………… 12
経営方針……………… 106
計画…………………… 1, 5
────と統制……… 278, 291
経済コスト……………… 109
経済的資本コスト……… 118
経済的利益…………109, 115, 116,
　118, 122, 123
経常予算………………… 161
経費の節約可能性…… 39, 40
系列会社………………… 76
月次建設経過報告書……… 152
月次報告書…… 153, 161, 164
ケミカル部門……………… 206
限界原価…………………… 7
原価管理………………… 5, 37
原価計算………………… 19
────システム……… 6, 8

現価係数…………… 265, 267
原価差異分析……… 47, 285
減価償却…… 17, 92, 94, 139
────費………91, 93, 111,
　128, 143, 171, 254, 265
────引当金……… 139, 211
原価責任………………… 282
原価部門………… 47, 284
研究開発事業部長……… 270
研究開発費……………… 268
研究開発部門…………… 245
研究所…………………… 245
現金……… 108, 114, 131, 209
────および現金同等物
　………………………… 93, 95
────支出……………… 252
────収入……………… 252
────前貸……………… 95
現在…………………………… 1
現在価値………………… 256
────計算……………… 273
原材料… 37, 114, 115, 200, 209
────の原価…………… 84
────の内部振替価格
　………………………… 86, 87
────費… 110, 111, 115, 128
検査部門………………… 172
建設仮勘定……………… 152
建設指図表……………… 152
建設資金割当予算……… 11
高価格政策……………… 119
工業会計システム……… 10
工業用生化学薬品事業部… 66
工場会計システム……… 11
工場監督費……………… 128
工場コスト……… 42, 90
工場指図表……………… 152
工場従業員の給料……… 111
工場出荷価格…………… 42
工場出荷コスト………… 42
工場消耗品費……47, 48, 169,
　169, 171, 285
工場設備価値…………… 91
工場・設備勘定………… 152
工場長会議……………… 38
────の議事録………… 46
工場への投資額………… 35
高性能爆薬…… 38, 42, 45,
　278, 281, 282
────部門…… 31, 46, 285
購入指図書……………… 152
光熱費…………………… 111
購買・受入・発送・輸送部門
　………………………… 172
購買事業部………89, 90, 96～98

購買部門………………… 31
広報委員会……………… 62
子会社… 138, 142, 144, 145, 165
────の社長…………… 145
────発行の有価証券… 93
国際向け製品事業部…… 66
黒色火薬………………… 30
────部門……………… 31
コスト………………88, 287, 289
────概念……………… 90
────削減……………… 37
────情報……………… 18
────・センター… 281, 285
────・投資モデル… 252
────・ドライバー…… 8
────の見積節約額… 279
────・モデル……… 262
固定資産………… 138, 139, 143
固定資本…………93, 94, 96
────支出勘定……… 152
────の使用価値……… 94
固定的製造間接費……… 12
固定的投資……19, 37, 108,
　114, 120, 208, 209, 211,
　218, 230, 233, 265, 283
固定費………………… 111, 112
コミュニケーション・ツール
　………………………… 259
コントローラー
　……… 31, 40, 269, 271, 279
コントロール・チャート… 21,
　22, 187, 201, 203, 208, 209,
　212, 282～284, 286～288, 290
コントロール・チャート・
　システム……… 20, 185, 202,
　208, 212, 234, 235, 237,
　283, 284, 287, 288, 290, 291
────の機能……… 212
コントロール・チャートに
　基づく業績評価活動
　………………… 180, 238, 290
コンピュータを利用した統合
　生産システム …………… 8

サ

在庫……………………… 234
最高経営執行者………… 140
在庫管理…………… 202, 237
在庫品・出納部門……… 172
最終生産物……………… 87
最終予算………………… 180
再生産価値…………… 91, 92
再調達価値……………… 91
最適の操業度…………… 92
差異分析………………… 201

財務委員会…… 31, 61, 62, 66,
　71, 105, 106, 127, 132,
　137, 140, 146, 152, 156, 187,
　203, 205, 246, 260
───の文書部長……… 145
財務会計…………………… 7
財務会計史………………… 13
───研究………………… 15
財務コントロール…… 106, 123
財務次長………………… 37, 208
財務諸表………………… 208
財務資料………………… 187
財務政策………… 11, 13, 122
財務比率…… 189, 190, 192, 201
財務部……………… 61, 66
───長……… 31, 38, 66,
　84, 156, 187, 188, 201,
　205～208, 282, 288
───門
　…… 246, 258, 260, 282, 288
財務報告…………………… 7
───書………………… 208
材料検査費……………… 111
材料取扱費……………… 111
材料費…………………… 92
雑費……………… 93, 171
サービス・ガレージ部門…… 172
サービス担当管理者……… 187
サービス部品費勘定……… 152
サービス部門……………… 206
───長……………… 135
参加型予算管理…………… 12
産業革命………………… 19
ジェネラル・モーターズ・
　グループ ……………… 53
仕掛品…………… 37, 114, 115
事業会社……… 2, 28, 30, 32,
　37, 50, 53, 56, 60,
　179, 211, 278, 280
事業価値………………… 268
事業機会………………… 262
事業部……… 21, 71, 84, 95, 97,
　98, 107, 138, 142, 144,
　145, 166, 180, 269, 270,
　280, 283, 285, 287
事業部間取引
　……80～82, 84, 96, 100, 289
───の価格設定の方法… 82
事業部業績の評価……… 85, 87
事業部制会計…………… 82

事業部制組織…… 2, 4, 5, 8, 12,
　21, 34, 37, 52, 60, 61, 76～78,
　80～82, 105, 124, 126, 136,
　137, 179, 181, 185, 202, 234,
　235, 238, 244, 245, 277, 280,
　281, 284～287, 289, 290
───の構築……………… 19
事業部組織……………… 270
事業部長
　……… 107, 135, 269, 271, 284
事業部の業績評価……… 282
事業部の全般経営管理者… 145
事業部門
　…66, 131, 235, 246, 260, 280
───の全般管理者……… 134
試験研究費……………… 40
試験工場調査研究部門…… 169
試験走行場の主任……… 164
市場価値………………… 90
市場浸透率……………… 262
実際価格……… 118, 123
実際消費額……………… 48
実際製造間接費配賦額…… 122
実際操業度……………… 112
実際値…………………… 122
実際投資額……………… 168
実際比率………………… 122
実績在庫………………… 220
実績値…… 201, 220, 235, 238, 283
支払勘定……… 95, 96
支払手形……… 95, 96
シボレー・グループ……… 53
資本回転率……107, 119, 207,
　211, 218, 220, 279
資本金…………………… 53
───利益率……………… 206
資本支出………………… 254
資本的支出……………… 252
資本投資……………… 6, 90
資本の生産性……… 118, 119
資本の利用可能性……… 118
資本予算……………… 7～13
資本利益率……… 21, 287
事務所建設部門………… 206
事務部門………………… 246
写真事業部……………… 66
ジャストインタイム……… 8
社長……… 31, 66, 71, 156, 205
従業員交通費…………… 171
集権的経営管理………… 12
修正差異………………… 175
修正予算案…… 177, 178, 180
集中管理………………… 77
州法……………………… 16
修理作業賃金……… 47, 48, 285

修理費…………………… 128
授権資本金…………… 16, 30, 57
受託手数料……………… 111
需要の弾力性…………… 118
純回避可能開発費……… 264
純資産…………………… 94
純利益……… 227, 265, 283
小規模プロジェクト……… 134
蒸気力費……… 169, 171
証券投資………………… 235
硝石部…………………… 200
情報経済学………………… 7
情報フレームワーク
　……… 247, 265, 268, 294
正味キャッシュ・フロー
　………………………… 25
───現在価値…… 256, 265
正味現在価値…………… 255
正味ベンチャー事業価値… 264
消耗工具費……… 169, 171
賞与・給与委員会…… 203, 205
初期投資………………… 84
───額……… 123, 254
職長……………………… 12
職長帝国………………… 11
───の崩壊…………… 11
職能部門別組織…… 2, 5, 21, 28,
　31, 34, 37, 50, 52, 60, 61, 77,
　78, 126, 136, 179, 181, 202,
　235, 238, 244, 245, 277, 280,
　281, 284～287, 290
ジョンソン社…………… 30
資料収集………………… 15
新計画委員会…… 157, 161
進捗状況報告書………… 161
垂直統合企業…………… 10
水平的企業連合体……… 30
スクラントン工場………… 202
スタッフ部門…… 66, 180
ストルザース・ウェルズ商会
　………………………… 11
正確な原価計算………… 90
税金……………… 111, 171
生産曲線………………… 119
生産計画……… 107, 233
生産事業部……………… 98
生産性…………………… 232
生産操業度……… 191, 221, 227,
　233, 234, 283
製造間接費
　…… 8, 110～112, 169, 171
───の配賦…………… 274
───の不適切な配賦… 20
───配賦差異勘定…… 112
───配賦超過………… 120

索引 311

―――配賦不足………… 120
―――配賦法…………… 8
―――配賦前純利益…… 120
製造計画……………… 194
製造原価……………… 210
製造工場……………… 245
製造工程……………… 220
製造コスト…… 42, 107, 110,
　111, 116, 187, 197, 221
製造事業部長………… 270
製造直接費…………18, 110, 111
製造費用勘定………… 146
製造部………………… 63
―――門………… 63, 235
製品………… 37, 114, 209
―――価格……… 117, 124
製品原価……………… 6, 8
―――計算…………… 6
製品在庫……………… 122
製品在庫投資………… 195
―――の標準………… 198
製品の等級…………… 282
製品ライフサイクル… 8
責任会計論…………… 12
設備投資……………… 211
―――意思決定……… 20
設立特許状…………… 15
ゼネラル・エレクトリック社
　……………………… 11
セールス・エンジニア…… 249
セルロース関連製品製造… 63
繊維製品事業部……… 66
1929年のマニュアル … 127
1923年の報告書…… 169
1922年のマニュアル … 137
1922年の割当予算マニュアル
　…………………… 139, 142
潜在的な競争力……… 118
全社の品質管理……… 8
全般管理者… 31, 106, 132, 133,
　　　135, 142, 187, 206
全般的管理…………… 203
全般副管理者……… 187, 206
全部原価計算………… 12
全部原価法…………… 104
戦略計画…… 1, 4, 5, 22, 37, 50,
　278, 286, 287, 291
―――のための管理会計
　…………………… 291
染料の中間原料部… 191, 192
染料部………………… 63
―――門の販売……… 192
総売上高……………… 187
―――売上コスト率
　……………… 189, 190, 192

―――対総コスト率…… 36
総括経営管理者……… 45, 207
―――補佐…………… 279
操業度… 91, 107, 109, 111, 262
―――の変化
　…… 109, 110, 119, 120, 124
総原価………………… 209
総合化学会社………… 243
総合化学産業………… 246
総合技術委員会…… 154, 160
―――の委員長…… 161, 163
―――の文書次長…… 164
総コスト…………… 42, 110
総資本……………… 37, 114
―――（投資）回転率
　……………… 35～37, 208
―――利益率………… 206
総主任………………… 155
総製造コスト………… 210
総投資… 108, 213, 218, 233, 283
―――額……… 131, 209
総務部………………… 63
―――門…………… 172
走路建設プログラム… 168
訴訟コスト…………… 162
損益計算書…………… 120
損益分岐点図表……… 12
損益分岐点分析……… 12

タ

第1次世界大戦……… 56
体系的管理…………… 11
代替案……………… 258, 270
―――評価技法……… 13
ダイナマイト… 38, 42, 278, 281
―――のコスト…… 35, 207
高浦忠彦……………… 287
多角化………………… 246
棚卸資産… 91, 93, 95, 107, 108,
　114, 131, 202, 234, 236
田中隆雄……… 3, 14, 15, 20, 235
樽製作用版の内部販売… 193
単位当たりコスト…… 111
単一の集権的職能部門別組織
　…………………… 81
チーフエンジニア…… 135
チャート（図表）形式の財務
　資料……………… 187
チャート・システム…… 21, 287
チャート・ルーム
　……………… 187, 206, 283
長期的な方針………… 117
長期利益計画………… 13
調査研究活動に要する割当予算
　…………………… 134

調査研究に要する予算…… 134
調査研究用ガレージ部門… 169
調査研究予算………… 134
直接加工費…………… 6
直接原価計算……… 12, 13
直接材料費
　………… 18, 46, 90, 169, 284
直接費………………… 169
―――のグループ… 169
直接労務費………8, 85, 90,
　110～112, 115, 169
賃貸用スクラップ等に対する
　債権回収見込額…… 171
低価格政策…………… 119
適合性………………… 8
―――回復…………… 8
―――喪失期………… 14
―――喪失の指摘…… 274
適正在庫……………… 220
適正な投資利益率…… 90, 93
適正利益………… 88, 89, 93
鉄鋼会社……………… 15
鉄鋼価格……………… 17
鉄道運賃……………… 16
―――政策…………… 11
―――の設定………… 211
鉄道管理区………… 15, 84
鉄道管理会計………… 19
鉄道建設に要した投資額…… 16
鉄道建設の基礎工事に要する
　投資額……………… 16
鉄道建設の基礎工事に要する
　見積投資額………… 17
鉄道ルート…………… 15
―――の選定…… 206, 211
デュポン火薬会社………2, 5, 7,
　11, 19～21, 28, 30～32, 35,
　37, 38, 41, 45, 50, 52, 60, 78,
　84, 104, 126, 137, 179, 202,
　207, 211, 278, 281, 286～288
―――の経営管理… 15
デュポン社…… 1, 2, 5, 7, 21,
　28, 29, 32～35, 37, 50, 52,
　53, 56, 57, 60～62, 77, 78,
　126, 136, 185, 201, 202, 211,
　235, 243, 244, 261, 273, 277,
　287～289, 292
―――の委員会組織
　……………… 203, 260
―――の開発部門… 246, 258
―――の財務部門…… 186
電気関連調査研究部門…… 169
電気発破カプセル…… 191
―――・補助材料部… 190
電子化学製品事業部……66

電力費·········169〜171
電話電信費·········171
投下資本·········84
当座資産·········114
投資·········187, 288, 289
───意思決定·········6
───営業利益率
·········212, 232, 233
───家·········256, 257
───概念·········93〜95
投資額·········252
───対総コスト率·········36
投資機会·········255
投資計画·········41
投資効率·········84, 104
投資コスト·········17
投資純利益率·········212
投資の諸概念·········88
投資モデル·········262
当初業務予算案·········178
投資予測·········195
当初予算案·········169, 174, 180
───の修正·········176
投資利益·········18
投資利益率······6, 7, 11, 12, 15, 16, 19〜21, 35〜37, 40, 41, 84, 89, 94, 104, 108, 116, 119, 121, 123, 130〜132, 136, 144, 179, 180, 187, 192, 202, 206, 207, 211, 212, 234, 235, 237, 244, 259, 271, 273, 279, 280, 282, 283, 287, 291
───概念··· 35, 37, 207, 252
───に基づく目標利益··· 13
───に基づく割当予算
システム·········179
───法·········258
───を基にした価格設定
·········88
統制·········1, 5
───委員会·········155, 156, 160
動力費·········111, 128
特別調査研究部門·········169
土地・建物·········93
特許局·········249
特許権·········93, 94, 96
───訴訟·········162
特許セクション··· 157, 161, 162
トップ・マネジメントのための
会計·········11
トップ・マネジメントのための
管理会計技法·········12
取締役会·········62, 66, 71, 106, 203, 246
塗料部門·········194

ナ

トレジャラー部門
·········187, 188, 205, 206
───費·········210
トン・マイル当たり営業費·········11
トン・マイル当たりコスト
·········6, 17

内部販売·········193
内部振替価格·········20〜22, 78, 83〜85, 98, 192, 193, 288
───概念·········80, 100, 289
内部振替価格制度···78, 80〜83, 96, 98, 100, 126, 289, 291
───の構築·········80, 83, 99
内部利益率·········256
二次資料·········20, 21, 287
───に基づく歴史研究·········14
ニトロヴェン·········190
ニトログリセリン·········285
荷役費·········111
ニューヨーク・エリー鉄道··· 10
年間ベース·········212
燃料調査研究部門·········169
燃料費·········47, 48, 285
農作業用機械エンジニアリング
部門·········169
暖簾·········93, 94, 96

ハ

配当利益計算·········10
爆薬事業部·········66
爆薬製造部（門）·········39, 63
爆薬部門·········190〜192
───の Du Pont 雷管部
·········198
───の硝石部·········200
───のチャコール部··· 195
爆薬用ボックス製造部·········192
ハザード火薬会社·········30
発送費·········111
発破カプセル·········189
払戻金·········197
半製品·········209
ハンディサイド建設会社··· 166
反トラスト法·········32, 280
───違反·········60
販売員の給料·········111
販売価格·········40, 192
販売サービス部門·········245
販売事業部·········82, 90, 96, 97
───長·········270
販売費·········107, 109, 196, 209, 283
───および一般管理費
·········110, 197, 209

───勘定·········152
販売部門·········31
非資本的支出·········253
必要運転資本額·········115
ビュイック・モーター社·········52
評価基準·········251
評価指標·········268
費用勘定·········153
標準·········47, 287
───原価管理·········46, 185, 237, 238, 284〜286, 290
───原価計算·········2, 6, 12, 37, 78, 286, 288, 290
───原価の設定·········12
───在庫·········220
───消費額·········48
───製造間接費配賦額
·········122
───製造間接費配賦率
·········111
───操業度·········109〜112, 114, 117〜121, 123
標準値·········122, 202, 220, 235, 238, 283
───と実績値の比較·········201
標準超過投資·········199
標準配賦額·········112
標準比率·········122
ファブリック・仕上事業部··· 66
フィルム事業部·········66
フォーミュラ・チャート··· 108, 131, 209, 261, 283, 287, 288
不確実性の数量化·········252
不確実性の評価·········252
不完全な事業部制組織·········81
副事業部·········152
副社長·········71
付属品事業部·········89
普通株（式）·········53, 76, 246
不動産勘定·········152
不動産部門·········31
部品・付属品グループ·········82
部分的管理可能費
·········111, 112, 115
部門·········21, 180, 280, 287
───共通費·········47, 285
───長·········133, 135
───報告書·········134
───予算·········171, 172
プラスティック事業部·········66
プラント鉄道システム·········11
不利差異·········45, 48, 49, 285
プログラム·········138

索　引　313

プロジェクト……　20, 128, 135,
　　138, 139, 140, 146, 156,
　　260, 269, 279, 280, 287
──・ナンバー……　140, 141
──のコスト……　141, 160
──の承認…………　141
──評価…………………　7
プロダクト・ミックス……　264
プロフィット・センター
　…………　78, 282, 287, 290
分権管理………………　61, 77
文庫・社報部門…………　172
文書部………………………　66
──長……　31, 66, 157
平均生産操業度…………　191
平均の資本回転率……　109, 118
平均の製造コスト……　118
平均の操業度……………　118
平均の販売費……………　118
平均の必要資本額………　118
平均投資利益率……　119, 247
ペイント・化学製品製造部……　63
ベンチャー事業…8, 243, 246,
　　248, 251, 265, 269
ベンチャー事業価値
　…………　258, 259, 271
──概念……　253, 258
──評価
　……　244, 258, 260, 264
ベンチャー事業組織………　270
ベンチャー事業投資案
　……………　260, 261, 290
──の評価……　243, 273
ベンチャー事業の現在価値
　………243, 252, 265,
　　273, 274, 290
ベンチャー事業のプランナー
　………………………　252
ベンチャー事業評価………　252
──システム
ベンチャー事業部長………　270
ベンチャー事業分析………　251
ベンチャー事業への投資案……　78
ベンチャー・プランナー……　258
変動の間接費……………　177
変動予算…………………　12
法律部門……………………　31
保険料……　91, 93, 128, 171
補助材料…………………　200
補助事業部………………　132
補助部門
　……　61, 132, 205, 246, 260
──費…………………　210
ボーナス・給与委員会……　66
本格的な事業部制組織……　100

マ

前受金………………………　95
前払費用………………　93, 139
マーケット戦略…………　252
マーケット・プラン……　270
マーケット・モデル……　252, 263
マーケティング活動……　251
マーケティング機能……　251
マーケティング戦略……　272
マーケティング・モデル
　………………………　254, 261
マネジメント・コントロール
　…1, 4, 5, 8, 22, 37, 50, 278,
　　281, 284, 286, 287, 291
──のための管理会計
　………………………　291
マネジメント・ツール
　………………………　186, 234
未決済勘定………………　153
未償却固定資産…………　266
見積運転資本額…………　131
見積営業利益……………　19
見積コスト………………　180
──節約額…………　179
見積節約額………………　39
見積総投資………………　19
見積総費用………………　152
見積投資額……………　107, 168
未払債務…………………　95
未来…………………………　1
無煙火薬部門……………　31
無形資産…………………　94
無償提供用食費…………　171
メンテナンス作業賃金
　………………………　169, 171
メンテナンス部門…………　172
メンテナンス用材料費
　………………………　169, 171
目標値……………………　238
目標投資利益率
　……………　17, 82, 87, 237
目標利益…………………　89
持株会社………　2, 5, 28, 30, 32,
　　35, 50, 52, 53, 57, 60,
　　61, 179, 258, 280
モンサント化学会社……　12

ヤ

冶金調査研究部門…………　169
有価証券類………………　93
有機化学薬品事業部……　66
優先株式………………　53, 246
有利差異………………　48, 285
輸送費……………………　109

ユナイテッド・モーターズ・
　グループ………………　53
予算……　2, 41, 78, 281, 288
予算管理………　5, 12, 185, 212,
　　235, 237, 238, 281, 284, 290
──システム…………　10
予算システム………10, 12, 13
予算執行…………………　156
予算総額…………………　171
予算値………　201, 202, 235
予算統制……　11, 12, 45, 281, 282
予算の削減………………　176
予算の作成………………　206
予算編成…………………12, 281, 282
──プロセス…………　180
予測営業利益……………　213
予測純利益………………　213
予測値………　201, 238
──と実績値の比較…　201
予測投資額………………　213
予測販売高………………　213
予定支出額………………　131
予定投資額………………　130

ラ

ライマン紡織工場…………　6
ライマン・ミルズ会社……　10
ラフリン・アンド・ランド火薬
　会社……………………　30
利益……　108, 187, 254, 288, 289
──管理………………　12
──責任………　279, 282
──分析………　119, 124
リエンジニアリング………　249
力学調査研究部門…………　169
リサーチ活動ごとの部門予算
　………………………　180
リサーチ・セクション
　………　153, 161, 163, 180
──における割当予算
　………………………　156
──の経常予算………　161
──の主任……………　164
──の組織……………　156
利子コスト………………　109
リトポン…………………　189
旅費……………………　111, 171
ルイビル・ナッシュビル鉄道
　………………………　6, 11
歴史…………………………　1
歴史家………………………　1
──のフィルター……　23
歴史研究……　1, 3, 6, 9, 23, 292
歴史的の考察………………　9
歴史哲学……………………　1

レミントン銃器製造会社… 249
レーヨン 245
連結損益勘定 34
連結貸借対照表 34
連邦所得税 129
労務・人事部門 172
労務費 92, 128
ロッキード航空機会社 13
ロレイン・スティール社 30
ロワー・マネジメントのための
　会計 11

ワ

割当予算… 5, 7, 17, 19, 20,
37, 39, 78, 127, 131, 136,
143, 168, 179, 211, 260, 269,
281, 287, 288
割当予算委員会… 137, 138, 152
　――の委員長 145
割当予算作成 15

割当予算指図書 152
割当予算システム…20, 22,
34, 41, 78, 126, 136, 139,
179, 180, 243, 244, 278,
279, 281, 288～291
　――における意思決定 274
　――の実施マニュアル 280
割当予算申請書 131, 270
割当予算の作成者 145
割当予算の実施マニュアル 127
割当予算の承認 42, 212
割当予算の申請 34
　――・要求 290
割当予算の手続き 137
割当予算の評価・承認 268
割当予算の評価・判定 129, 131, 132, 290

割当予算の要求 138, 152, 163, 270
　――書 132, 145, 152
　――・申請 137
割当予算マニュアル 106, 127, 137, 179, 288
割当予算要求 132
　――書 280
　――の書式 161
割引キャッシュ・フロー 7, 8, 20～22, 243, 260, 262, 264, 271, 286, 288, 290, 291
　――法 78, 252, 253, 255～257, 260, 273
　――を含む現在価値 273
割引現金価値法 13
割引清算価値 264
割引率 256, 258, 264, 265

【欧文索引】

A－Z

A.C.スパーク・プラグ社… 164
accounting pay roll and cost 172
accounts payable 95
accounts receivable 108, 209
accrued profits 94
activity based costing 8
administrative 109, 172
　―― expense 209
advances 95
Alfred D. Chandler, Jr. 60, 207
Alfred du Pont 28
Alfred P. Sloan, Jr 81, 154, 289
American Accounting Association 3
American Iron and Steel Association 17
American Management Association;AMA 186
annual basis 212
antitrust laws, the 32
appropriation 5, 211, 244
　―― request, an 138
　―― system 20
assistant treasurer 37, 208
auditor 31

auxiliary department 205, 246
Barksdale 工場 45, 48
base price 110
bills payable 95
black powder operating department 31
board of directors 203
bonus & salary committee 203
Buick Motor Company, the 52
burden or overhead 90
business director 155
Cadillac 事業部 165
Canadian Group 53
capital budgeting 7
Carnegie Steel Company, the 6
Carney's Point 工場 40, 279
Carpenter の文書 188
cash 108, 209
　―― & cash items 93
　―― advances 95
　―― flow 252
cellulose manufacturing department 63
C. F. Kettering 154, 164, 169, 174, 178
chart room 187
chart system 21, 287
charter 15

Chas. L. Patterson 45, 282
chemical control 169
chemical department 206
chemical research experimental department 31
Chevrolet 事業部 165
Chevrolet Group 53
Coleman du Pont 207
committee on audit 203
comptroller 31
construction appropriation 11
control chart 21
　―― system 20
control committee 155
cost 17
　―― drivers 8
　―― model 262
　―― of sales 108, 209
　―― of the road, the 16
　―― per ton-mile 6
credits for rentals - scrap etc. 171
deferred expense 139
department 66
depreciation 171
　―― reserve 139
development department 31, 206, 246
direct material 169
direct overhead 169
direct salaries & wages 169

索　引　315

discounted cash flow … 7, 243
division …………… 15, 66
divisional organization …… 2
Donaldson F. Brown
　………… 37, 83, 105, 207
donations and contributions
　………………………… 171
Du Pont 工場………… 48, 189
Du Pont 雷管部 ……………… 198
dyestuffs department ……… 63
dynamics research ……… 169
earnings………………… 108
──── as % of sales … 108
Eastern Dynamite Company,
　the ……………………… 30
Edward Hallett Carr ……… 1
Edwin A. Gee ……………… 261
elastomer chemicals depart-
　ment ………………………… 66
E. I. du Pont de Nemours and
　Company, the …… 1, 28, 32
E. I. du Pont de Nemours Com-
　pany, the ………… 2, 29, 32
E. I. du Pont de Nemours
　Powder Company … 2, 211
electrical research ……… 169
electricity ………… 169, 171
electrochemicals department
　………………………… 66
Eleuthere Irenee du Pont … 28
employment and personel
　………………………… 172
engineering department
　………………… 31, 208, 249
engineering service……… 169
executive committee
　………………… 31, 205, 246
explosive manufacturing
　department ………… 39, 63
explosives department …… 66
fabrics & finishes department
　………………………… 66
farm eng. research ……… 169
Felix du Pont, A ………… 40
film department …………… 66
finance committee…31, 203, 246
finished product ………… 209
fixed assets ……………… 138
fixed capital ……………… 93
formula chart ……… 108, 209
Frederic W. Taylor ……… 30
free meals ……………… 171
freight & delivery … 109, 209
fuel research……………… 169
functionalized organization… 2

G. E. Holbrook …………… 251
general …………………… 172
──── director………… 155
General Electric Company, the
　………………………… 11
general manager …………… 31
General Motors Company, the
　………………………… 52
General Motors Corporation,
　the ……………………… 2
General Motors Group …… 53
General Motors Research
　Corporation, the ……… 153
General Motors Securities
　Company ………………… 56
general overhead ………… 169
general technical committee
　………………………… 153
GM 社…2, 7, 19, 30, 34, 52,
　53, 56, 57, 60, 61, 77, 78, 80,
　82, 84, 85, 99, 123, 126,
　136, 165, 169, 179, 185, 202,
　235, 244, 277, 289, 292
────における価格設定政策
　………………………… 110
────の大株主………… 126
────の価格設定政策… 105
────の勘定科目分類表… 139
────の勘定分類……… 146
────の経営管理組織… 146
────のコントローラー … 153
────の修正予算案…… 174
────の総合技術委員会… 153
────のリサーチ・セクション
　………………………… 155
────の割合予算システム
　………………………… 138
GM 証券会社 ……………… 56
GM リサーチ社
　…… 153, 169, 174, 180, 289
────の一般経費予算… 172
────のエンジニアリング・
　サービス部門 ………… 180
────の活動部門……… 169
────の業務活動別の予算
　………………………… 171
────の当初予算案…… 174
────の予算………… 180
good-will ………………… 93
Gunpowder Trade Association,
　the ……………………… 30
Hamilton MacFarland
　Barksdale ……45, 207, 282
Handeyside Construction
　Company, the ………… 166

Harrison ラジエーター社 … 164
Hazard Powder Company, the
　………………………… 30
Henry Bradley Plant ……… 11
Hercules 工場 ……………… 49
high explosives operating
　department ……………… 31
H. J. Heinz Company, the（H. J.
　ハインツ社）…………… 12
H. Thomas Johnson
　…………… 6, 181, 243, 277
──── & R. S. Kaplan…… 2
indirect expense ………… 171
indirect labor ……… 169, 171
industrial and biochemicals
　department ……………… 66
industrial department
　………… 66, 205, 235, 246
inspection ………………… 172
insurance ………………… 171
international department … 66
inventories………… 93, 108
investment center ……… 78
investment model ……… 262
Irenee du Pont ………… 279
Jim Garvin……………… 235
John J. Raskob ……… 71, 210
Johnson ………………… 7
Johnson & Kaplan … 6, 8, 9, 13,
　14, 19～21, 244, 261,
　274, 286, 287, 291, 292
────の歴史研究………… 7
Johnson Company, the …… 30
Jonathan N. Harris ……… 12
J. P. Morgan and Company（J.
　P. モルガン商会）………… 56
Laflin & Rand Powder
　Company, the …………… 30
land and buildings ……… 93
legal department ………… 31
library and bullentin …… 172
Lockheed Aircraft Corporation
　………………………… 13
Lorain Steel Company, the … 30
Louisville & Nashville Railroad
　Company, the …………… 6
Louisville and Nashville Rail-
　road Company, the ……… 11
Louviers 工場 …… 47, 48, 285
Lower Management… 2, 5, 19,
　286, 288
Lyman Mills, the ……… 6, 10
machinery of all kinds …… 93
maintenance …………… 172
──── - labor ………… 169

―――― - material ··· 169, 172
management accounting ··· 1
Managers Securities Company,
　the ································ 57
marginal cost ··············· 7
market model ·············· 261
marketing model ············ 261
mechanical engineering ··· 169
membership dues & publica-
　tions ························· 171
metallurgical research ··· 169
Middle Management···2, 19, 284
military department ········ 31
mill cost ····················· 210
―――― as % of outside sales
　····························· 221
―――― of gross sales; as %
　of gross sales ··········· 189
mill cost of sales ····· 109, 209
―――― as % of gross sales
　····························· 191
miscellaneous ·········· 93, 171
―――― securities ············ 93
Monsanto Chemical Company
　··································· 12
net assets ···················· 94
new devices committee ··· 157
New York and Erie Railroad
　Company, the ············· 10
Oakland 事業部··············· 164
office bldgs. ················· 206
Oldsmobile 事業部 ········· 164
operating ratio ··············· 17
operations ··················· 139
―――― committee ········· 81
operative earnings ········· 209
―――― as % of outside sales
　····························· 221
―――― as % of sales····· 209
opportunity ·················· 262
organic chemicals department
　··································· 66
O. T. Kreusser ··············· 164
outside sales ················· 209
outstanding obligations ····· 95
paints & chemicals manufac-
　turing department ········ 63
patent board·················· 249
patent section ·············· 157
patents ······················ 93
penetration ················· 262
percent of net income to gross
　receipts ···················· 35
per cent profit on sales ··· 191

percentage of profit on sales,
　the ························37, 207
permanent investment
　························· 108, 209
photo products department··· 66
Pierre S. du Pont ··· 28, 56, 60,
　71, 81, 126, 136, 179
pigments department ········ 66
plant system ·················· 11
plastics department············ 66
portion of experimental produc-
　tion overhead ············ 169
prepaid expense ········93, 139
president ····················· 31
production as % of capacity
　························· 191, 221
productive labor ············· 90
productive material············ 90
profit center ·················· 78
program, a····················· 138
project, a ····················· 138
purchases department ····· 31
purchasing receiving shipping
　& traffic···················· 172
rate of return on capital
　employed ················· 108
rate of return on capital
　invested, the·········37, 207
rate of turnover of invested
　capital, the ··········37, 207
ratio of gross receipts to net
　investment ················ 35
raw materials ·············· 209
real estate department ····· 31
re-engineering ·············· 249
Relevance Lost····· 2, 6, 8, 21,
　181, 243, 287
Remington Arms Company,
　the ························· 249
Repauno 工場 ···········48, 190
research budgets············ 134
research garage ············ 169
research section ············ 153
return on investment
　········ 6, 35, 130, 203, 279
return on the investment
　employed ················· 192
R. H. Dunham ········40, 41, 29
Robert S. Kaplan ············· 6
R. S. Kaplan ····· 181, 243, 277
sales ···················· 108, 209
―――― department ········ 31
scranton mills ·············· 200
secretary ···················· 31
secretary's department··· 66, 246

securities of subsidiaries ··· 93
selling expense········ 109, 209
semi - works research··· 169
semi-finished product ······ 209
service department ········· 206
service garage ·············· 172
Sloan の報告書 ··· 81, 82, 88,
　91, 97, 154
smokeless operating depart-
　ment ························· 31
special research ·········· 169
staff departments·············· 66
standard···················· 47
steam ······················ 169
stock & stock record ······ 172
Struthers, Wells & Company ··· 11
supplies ················· 169, 171
T. C. Davis ····· 186, 209, 235
T. Coleman du Pont ········· 28
taxes ······················· 171
technical director ········· 155
telephone & telegraph ··· 171
textile fibers department ··· 66
tools ················· 169, 171
Top Management ······ 5, 19,
　20, 34, 41, 57, 78, 84, 131,
　132, 179, 185, 238, 24, 271,
　278, 279, 281, 284, 288, 290
―――― による意思決定の手段
　····························· 126
―――― による業績評価の手段
　····························· 237
total budget ·············· 171
total investment ···108, 209, 211
total manufacturing cost of
　product sold ·············· 210
transfer prices ················ 20
transportation of employes··· 171
traveling expense ········· 171
treasurer ··············31, 208
treasurer's department
　··················66, 205, 246
turnover············· 108, 192, 209
United Motors Group ········ 53
W. E. Buxbaum ············· 269
Western Railroad Corporation
　··································· 7
Westinghouse Electric & Manu-
　facturing Company ········ 12
William C. Durant ···52, 56, 81
William G. Ramsay ······38, 278
W. J. Davidson ········ 154, 164
working capital ···93, 108, 209
W. S. Carpenter ····· 187, 201

《著者紹介》

高梠真一（こうろぎ・しんいち）

1954 年	熊本市に生まれる
1977 年	大分大学経済学部卒業
1979 年	大分大学大学院経済学研究科修士課程修了
	中九州短期大学助手，専任講師，助教授（商経学科）
	九州共立大学専任講師，助教授（経済学部）を経て
1989 年	久留米大学助教授（商学部）
1993 年	University of Illinois 客員研究員（〜 94 年）
1997 年	久留米大学教授（商学部）
2003 年	博士（経営学）神戸大学
2008 年	Hagley Museum and Library 客員研究員（〜 09 年）

［主要著書等］

『アメリカ鉄道管理会計生成史─業績評価と意思決定に関連して─』（単著）
同文舘出版（日本生産管理学会学会賞）

『アメリカ管理会計生成史─投資利益率に基づく経営管理の展開─』（単著）
創成社（日本管理会計学会学会賞，日本原価計算研究学会学会賞，日本
会計史学会学会賞）

『管理会計の道標─原価管理会計から現代管理会計へ─』（編著）税務経理
協会

『管理会計入門ゼミナール』（編著）創成社

『現代簿記概説』（共著）税務経理協会

『ビジネス研究の課題』（共著）白桃書房

『企業システムの探究─制度・組織・市場─』（共著）同文舘出版

『人の幸せにつづくビジネスの研究』（共著）中央経済社

『近代会計史入門』（共著）同文舘出版

『マネジメント思想の進化』（共訳）文眞堂

（検印省略）

2019 年 3 月 10 日　初版発行　　　　　　　　　　　　略称 ─発展史

アメリカ管理会計発展史
─事業部制組織への適合─

著　者	高　梠　真　一	
発行者	塚　田　尚　寛	

発行所　東京都文京区　　**株式会社　創 成 社**
　　　　春日 2 - 13 - 1

電　話　03（3868）3867　　Ｆ Ａ Ｘ　03（5802）6802
出版部　03（3868）3857　　Ｆ Ａ Ｘ　03（5802）6801
http://www.books-sosei.com　振　替　00150-9-191261

定価はカバーに表示してあります。

©2019 Shinichi Korogi　　　　組版：スリーエス　印刷：エーヴィスシステムズ
ISBN978-4-7944-1531-8 C3034　　製本：カナメブックス
Printed in Japan　　　　　　　　落丁・乱丁本はお取り替えいたします。

―――――――― 簿記・会計選書 ――――――――

アメリカ管理会計発展史 ―事業部制組織への適合―	高梠真一	著	3,600円
アメリカ管理会計生成史 ―投資利益率に基づく経営管理の展開―	高梠真一	著	3,500円
グローバル社会と不動産価値	山本 卓	編著	2,100円
投資不動産会計と公正価値評価	山本 卓	著	2,500円
不動産会計と経営行動 ―公正価値と環境リスクを背景に―	山本 卓	著	2,200円
企業不動産の会計と環境 ―IFRS時代のCREのために―	山本 卓	著	2,500円
財務情報と企業不動産分析 ―CREへの実証的アプローチ―	山本 卓	著	2,600円
会計不正と監査人の監査責任 ―ケース・スタディ検証―	守屋俊晴	著	3,800円
キャッシュフローで考えよう! 意思決定の管理会計	香取 徹	著	2,200円
会計原理 ―会計情報の作成と読み方―	斎藤孝一	著	2,000円
IFRS教育の実践研究	柴 健次	編著	2,900円
IFRS教育の基礎研究	柴 健次	編著	3,500円
現代会計の論理と展望 ―会計論理の探究方法―	上野清貴	著	3,200円
簿記のススメ ―人生を豊かにする知識―	上野清貴	監修	1,600円
複式簿記の理論と計算	村田直樹 竹中徹 森口毅彦	編著	3,600円
複式簿記の理論と計算　問題集	村田直樹 竹中徹 森口毅彦	編著	2,200円
非営利組織会計テキスト	宮本幸平	著	2,000円
社会化の会計 ―すべての働く人のために―	熊谷重勝 内野一樹	編著	1,900円

（本体価格）

―――――――― 創成社 ――――――――